책으로 크는 아이들

백화현의 가정독서모임 이야기

책으로
크는
아이들

2010년 4월 10일 처음 펴냄
2023년 5월 25일 10쇄 펴냄

지은이 백화현
펴낸이 신명철
펴낸곳 (주)우리교육
등록 제 313-2001-52호
주소 03993 서울특별시 마포구 월드컵북로 6길 46
전화 02-3142-6770
팩스 02-6488-9215
홈페이지 www.urikyoyuk.modoo.at

ⓒ 백화현, 2010
ISBN 978-89-8040-664-7 03370

*이 책의 내용을 쓰고자 할 때는 저작권자와 출판사의 허락을 받아야 합니다.
*잘못된 책은 바꾸어 드립니다.
*책값은 뒤표지에 있습니다.

이 도서의 국립중앙도서관 출판시도서목록(CIP)은
서지정보유통지원시스템 홈페이지(http://seoji.nl.go.kr)에서 이용하실 수 있습니다.
(CIP 제어번호:CIP2010001161)

백화현의 가정독서모임 이야기

책으로 크는 아이들

백화현 지음

우리교육

어린 시절 나를 책의 세계로 이끌어 준 오빠와
우리를 길러 주신 부모님께
이 책을 바칩니다.

 ## 친구들과 함께 한 책 여행,
배움과 나눔과 만남의 이야기

이 책은 나와 우리 두 아이, 그리고 그 친구들이 함께 모여 책을 읽고 글을 쓰고 토론을 하고 여행을 하며, 마음을 나누고 만남을 이루고 배움의 기쁨을 몸으로 체득해 나간 7년 동안의 독서모임 이야기이다.

이 모임은 2003년에서 2006년까지 활동한 1기 모임과 2007년부터 현재까지 활동하고 있는 2기 모임으로 이루어져 있다. 1기 모임은 대학교 2학년을 마친 후 현재 군복무 중인 우리 큰아이와 그 친구들이 중학교 2학년 때부터 고등학교 2학년 때까지 모여 활동했고, 2기 모임은 현재 고등학교 2학년인 작은아이와 그 친구들이 역시 중학교 2학년 때 시작하여 지금까지 활동하고 있다. 아이들은 시험이나 방학 기간을 제외하고는 거의 매주 일요일 저녁 우리 집에 모여 활동했는데, 1기 모임은 책을 읽고 글을 쓰고 여행하는 일이 중심을 이루고, 2기 모임은 책을 읽고 글을 쓰고 토론하고 탐구하는 활동이 주를 이루었다.

어찌 보면 지극히 사적이고 사소한 이야기일 수도 있고, 또 자칫 이러한 독서모임 활동을 하고 싶어도 할 수 없는 이들에게 상처를 줄 수도 있는 이야기를 굳이 출간할 필요가 있을까, 하는 망설임이 없었던 것은 아니다. 그러나 갈수록 '성적'과 '경쟁'만을 앞세우는 가정과 학교와 이 사회의 틈바구니 속에서 점점 더 메마르고 거칠어져 가는 우리 청소년들을 보며, 그 길이 아닌 다른 길도 있다는 것을 보여 주고 싶었다.

많은 사람들이 현대는 인문학이 죽은 시대라고 말한다. 인간은 이제

돈과 경쟁의 노예가 되어 더는 진실이니 선이니 정의니 하는 정신적인 가치들을 추구하지 않게 되었다고 한다. 아이들은 이제 사춘기가 되어도 '나는 누구인가' 와 같은 질문으로 고민하지도 않고 그럴 시간도 없다고 한다. 어렸을 때부터 부모와 이 사회로부터 강요당한 경쟁에 내몰리고 교사가 던져 주는 파편적인 지식들을 외우고 또 외우느라 협력과 나눔의 소중함을 체험할 기회도 배움의 기쁨을 체득할 기회도 가질 수 없다고 한다.

맞는 말이다. 우리 사회는 지나치게 긴장하고 불안해하고 있다. 아니 우리뿐 아니라 세계가 신자유주의의 광풍 속에서 소수의 권력과 자본에 휘둘리며 몹시 불안해하고 초조해한다. 차분히 앉아 자신을 돌아보고 진실을 논하기에는 시간이 너무도 빨리 달리고 하루하루의 삶이 위태롭다.

그러나 급할수록 돌아가야 한다. 돈과 경쟁만을 내세우는 소수의 권력과 자본에 휘둘려 자신을 잃고 이웃을 잃고 인간이 추구해야 할 소중한 가치들을 포기해서는 안 된다. 이런 때일수록 가던 길을 멈추고 주위를 둘러보며 나는 누구이며 삶이란 무엇인지 곰곰이 다시 생각해 봐야 한다. 남들이 내모는 대로 아무런 생각 없이 앞만 보고 달리다가는 우리 모두 스프링 벽^{한번 뛰기 시작하면 무조건 앞만 보며 달리다 벼랑에서 떨어져 죽고 만다는 아프리카의 양} 꼴을 면할 수 없다.

독서모임 아이들은 내 이런 생각들이 잘못되지 않았음을 확인할 수 있게 해 주었다. 그림책과 동화책으로부터 시작하여 동서양의 고전문학과 철학, 종교, 신화, 역사, 정치, 경제, 과학, 환경 등 여러 영역의 책들을 함께 읽고 글을 쓰며, 나는 누구이고 삶이란 무엇이며 무엇이 진실이고 선이며 정의인지를 토론하는 동안, 아이들은 놀랄 만큼 자아가 튼튼해지고 친구들에게 너그러워졌으며 정신이 확장되어 나아갔다. 또한 책을 읽고 함께 여행을 하며 아이들은 자신의 마음을 여는 법을 배우고 만남의 소중함을 익히며 인간에 대한 이해와 사랑을 배워 나갔다.

이 책은 그 성장의 과정을 담아 놓은 것이다. 1장에서는 독서모임의 배경이라고 할 수 있는, 아이를 어떻게 키울 것인가에 대한 엄마로서의 고민과 바람을 풀어 놓았고, 2장에서는 2003~2004년에 이루어진 1기 독서모임의 활동 내용, 3장에서는 책을 읽고 떠난 여행을 소개하였다. 그리고 4장에서는 2007~2009년까지 2기 독서모임의 활동을 담았다.

나는 독자들이 이 책에 실린 아이들의 글을 한 편 한 편 섬세히 읽어 주기를 바란다. 글이 빼어나서가 아니라, 아이들이 이러한 독서활동을 하며 무엇을 느끼고 생각하고 배워 나갔는지 그 마음과 정신에서 일어난 일들을 자세히 들여다보지 않고서는 아이들의 변화를 알 수 없고 이 독서모임에서 배울 수 있는 것도 없을 것이기 때문이다.

우리 가정독서모임에서 진행한 프로그램을 일반 가정에서 그대로 실행하기는 어려울 것이다. 하지만 책을 좋아하고 이러한 모임의 필요성을 절감하는 부모라면 적절히 변형하여 적용하거나 새롭게 만들어 운영해 볼 수 있을 것이다. 그러나 궁극적으로, 나는 이러한 독서모임이 한 가정에서 운영되기보다는 공공도서관이나 독서운동 시민단체, 그리고 학교에서 더욱 다양한 형태로 활발하게 운영되었으면 한다. 특히 2기 독서모임의 주된 프로그램인 독서토론이나 탐구활동과 같은 것은 학교의 모든 교과목 시간에 늘 이루어지길 바란다. 우리의 교육이 지금처럼 아이들의 손과 발을 묶어 둔 채 파편적인 지식만을 강조한다면 아이들은 배움의 기쁨을 잃은 채 시들어 가고 그만큼 우리의 미래도 암울해질 것이기 때문이다.

이 책이 세상에 나올 수 있었던 데에는 우리 독서모임에서 유난히 자료 정리를 잘하는 은선이와 유미, 그리고 우리 작은아이 한솔이의 힘이 컸다. 이 아이들은 활동하며 썼던 글과 여러 자료들을 공책과 클리어 파일에 잘 정리해 두었는데 만일 이러한 자료들이 없었더라면 아예 책 출간은 엄두도 내지 못했을 것이다. 아이들에게 무척 고맙다.

또한 책 출간을 결심하고 책의 목적과 방향, 내용의 틀을 구상하고자 집을 떠나 혼자 있고 싶었을 때, 선뜻 자기가 살고 있던 집을 통째로 내주며 보름 넘게 기거할 수 있도록 도와 준 춘천의 김용대 선생님과 이를 적극적으로 독려해 준 우리 남편이 없었더라면 이 작업은 훨씬 더디게 진행이 되었을 것이다. 이 자리를 빌려 진심으로 감사의 말을 전하고 싶다.

또 우리의 독서여행을 더욱 풍성하게 해 주고 아이들의 성장에 큰 힘이 되어 준 고무신 학교의 고무신과 김유정 문학촌의 전상국 선생님, 산국농장의 김희목 선생님, 남원의 최병우 선생님께도 깊은 감사를 드린다. 이분들은 우리 아이들과 나에게 늘 그리움으로 존재한다.

또한 무척이나 바쁘신 와중에도 선뜻 추천사를 써 주신 책읽는사회문화재단 도정일 선생님과 문화연대 김명신 선생님, 학교도서관문화운동 네트워크 김경숙 선생님과 인천여자상업고등학교 권효진 선생님께 마음 깊이 감사드린다. 특히 도정일 선생님은 늘 먼발치에서 마음으로만 흠모하던 분이고, 김명신 선생님은 명성만 들었을 뿐 한 번도 만나 뵌 적이 없는 분이기에 그 고마움을 말로 다 표현할 수가 없다.

끝으로 거친 원고를 다듬고 멋진 책으로 만들어 준 우리교육 식구들과 김유정 문학촌의 멋진 사진을 제공해 준 호경환 님, 또 든든한 후배이자 우리 독서모임의 특별회원인 송경영 선생과 딸 송요, 7년 동안 나를 배우고 가르칠 수 있도록 해 주었을 뿐 아니라 무한한 기쁨을 얻게 해 준 우리 가정독서모임 아이들에게 사랑과 감사의 마음을 전한다.

2010년 4월
백화현

아이들은 어떻게 자라는가

아이들을 어떻게 키울까? 이 문제는 세상 모든 부모들의 관심사이고 사회의 큰 화두이며 우리가 '교육'이라 부르는 것의 책임과 과제를 처음부터 끝까지 관통하는 질문입니다. 그런데 '아이'란 누구입니까? 그가 누구이기에 우리는 그를 '잘 키워야' 한다고 말하는 것일까요? 고사리손 시절의 아이는 부모에게 기쁨이고 희망입니다. 그는 천사의 어린 사촌, 하늘이 내린 선물, 행복의 배달자 같아 보입니다. 그러나 그가 조금씩 자라 초등학교에 들어가고 제법 몸이 커지면서 중학교, 고등학교를 지나는 동안 부모들은 아이가 기쁨과 행복은커녕 어느 순간부터 고통과 좌절과 불안을 가져다주기도 하는 존재라는 것을 알게 되고, 그리고 깜짝 놀랍니다. 그때부터, 마치 믿었던 약속을 배반 당한 사람의 경우처럼 번민과 자책의 괴로운 밤이 시작되지요. 이 아이가 왜 이렇지? 뭐가 잘못 되었을까? 내가 잘못 키웠나? 학교와 사회, 우리 모두가 잘못 가르쳤기 때문인가? 나쁜 친구들 탓일까?

그래요, 아이는 모순의 존재입니다. 그는 엄마 아빠에게 기쁨을 주면서 동시에 고통을 안기고, 희망을 갖게 하면서 동시에 좌절을 맛보게 합니다. 반짝이면서 어둡고, 단맛과 쓴맛을 번갈아 안기는 모순적 존재, 꽃인가 하면 동시에 가시이기도 한 복잡성의 한 모델이 아이입니다. 그런데 아이들만 그럴까요? 아닙니다. 인간이 모두 그렇습니다. 부모들은 그들 자신이 한때는 모두 아이였음에도 불구하고 어른이 되고 나서는 그들도 그런 모순과 복잡성을 지닌 존재였다는 사실을 잊어버립니다. 그래서 아이를 낳고 키운다는 것은 부모들에게도 인간이라는 존재에 대해, 아이가 태어나 한 인간으로 자란다는 것의 의미에 대해 크나큰 배움과 깨침을 얻게 되는 일이기도 합니다. 아이들을 키우면서 우리가 무엇보다 먼저 배우게 되는 것은, 아니, 배워야 할 것은 아이들이 늘 한 가지 모습으로만 자라는 것이 아니라 여러 가지 다른 모습으로, 여러 다른 가능성을 암시하는 존재로 자란다는 사실입니다. 우리는 "내 아이가 왜 이렇지?"라며 안달하기 전에 먼저 이 사실부터 겸손하게 인정해야 합니다. 그것이 바로 인간이 자라는 모습이니까요. 또 배우고 깨칠 일이 있습니다. 아이들에게도 그들 나름의 괴로움, 그들 나름의 아픔이 있고 그 아픔과 괴로움은 대부분 "나는 엄마 아빠의 기대를 채워 주지 못한다."는 자책감에 연유한다는 사실을 부모들이 아는 일입니다. 공부를 잘 못한다는 소리를 듣는 아이들은 그 '공부'라는 것이 뭔지 깨달을 겨를도 없이 엄마 아빠가 느낄 실망감 때문에 움츠러들고 성적 스트레스에 시달리고, 심할 경우 옥상에서 뛰어내립니다. 자기 자신에 대한 실망감보다는 부모들의 좌절감을 처리할 마땅한 방법이 아이들에게는 없습니다. 그런데 아이들에 대한 부모님들의 기대 그 자체가 잘못된 방향의 것일 때는 어찌할까요? 그 잘못된 기대 때문에 아이들이 고통을 겪어야 한다면 누가 어떻게 그 고통의 낭비를 보상할 수 있을까요?

부모들이 이 문제를 성찰하고 아이들의 입장에서 아이들이 겪는 괴로움을 이해하기만 한다면 부모들이 어떤 길을 취해야 할지, 그 길이 열립니다. 내가 보기에 그 길은 간단하다면 아주 간단합니다. 첫째, 어떤 경우에도 아이들에게 공부 못한다고 윽박지르거나 짜증 내거나 낭패하는 기색을 보여 주지 말아야 합니다. 둘째, 아이들이 잘 하는 일, 웃고 즐기면서 하는 일, 자신감을 갖게 하는 일을 부모가 함께 찾아 주고 북돋아 주어야 합니다. 셋째, 공부라는 것은 아이들이 무엇엔가 궁금한 것이 있을 때, 그 궁금증을 풀기 위해 스스로 질문을 던지고 해답을 찾아나갈 때 비로소 시작되고 성공한다는 것이 교육에 관한 인간 경험의 오랜 진실입니다. 그러니까 부모들이 할 일은 아이들이 즐겁게 발견의 길에 나서도록 옆에서 도와주는 일입니다.

백화현 선생이 쓴 이 책은 내가 간단하다고 말한, 그러나 사실은 그리 간단하지 않을 그 길들을 찾아 실행에 옮겨 온 한 엄마와 아이들의 이야기입니다. 백화현 선생은 책 읽기 교육과 학교 도서관 살리기 운동에서 이미 많은 일들을 빛나게 해 온, 그 분야의 '베테랑' 교사입니다. 나는 우리 사회에도 이런 선생님이 있다는 사실에 늘 놀라고 고마워하는 사람입니다. 이 책에서 그는 그 자신이 선생님이면서도 정작 자기 아이들을 키우는 문제 앞에서는 다른 많은 부모들처럼 실망과 아픔을 경험했다고 쓰고 있습니다. 그리고 엄마와 아이들이 함께 어려움을 풀어나갈 어떤 방법을 찾아내고 실행해 옮깁니다. 그것이 '책으로 아이들 키우기', 혹은 '가정독서운동' 입니다. 그는 첫째 아이와 그 친구들을 모아 집에서 시작했던 그 방법을 벌써 여러 해째 계속해 오고 있습니다. 둘째 아이 키우는 데도 적용한 거지요. 공부가 싫었던 아이가 공부하겠다고 나서고, 아이들이 나날이 달라지고, 행복한 성장의 길로 들어서는 모습을 백 선생은 이 책에서 진솔하게, 꾸밈없이, 감동적으로 그려 내고 있습니다. 나는 백 선생의 길이 옳았다고 생각합니다. 그리고 그 길을 찾아내어 실행한 백 선생의 기록이 이 땅의 부모님들과 학교 선생님들에게 널리 읽히기를 기대합니다. 아이들은 책으로 큽니다.

도 정 일

경희대 명예교수, 책읽는사회문화재단 대표

백화현의 가정독서모임 이야기
책으로 크는 아이들

005   **프롤로그** 친구들과 함께 한 책 여행, 배움과 나눔과 만남의 이야기
010   **추 천 사** 아이들은 어떻게 자라는가 | 도정일

1장 가정독서모임 꾸리기

018   **어떻게 아이를 키울까** 아이가 잘하는 것을 찾아 진심으로 칭찬해 주자 | 아이에게 책을 주자

026   **가정독서모임 만들기** 가정독서모임을 시작하다 | 친구들과 함께 하는 가정독서모임 | 가정독서모임에도 원칙이 필요하다

2장 1기 가정독서모임 | 2003~2004년 이야기

036   **첫해, 오래도록 지속가능한 독서모임을 꿈꾸다** 책과 친해지기, 스스로 생각하는 힘 기르기 | 2003년 활동 내용과 대상 도서 | 질문하고 답하기 | 박정희 다시보기 | 활용한 책 들여다보기

050   **둘째 해, 한 걸음 깊이 들어가 활동의 틀을 잡다** 1년 활동의 틀 잡기 | 2004년 활동 내용과 대상 도서 | 주제별 책 읽기, 탐구 능력 기르기 | 인간 본성에 관한 책을 읽고 | 《마당을 나온 암탉》과 《갈매기의 꿈》을 읽고 | 2004년의 책 이야기

074   **셋째 해, 점점 바빠지는 아이들의 짧은 활동 이야기**

3장 책을 읽고 떠나는 여행 | 2005~2006년 이야기

082 **책 · 만남 · 여행**

084 **다산을 만나러 가는 길, 강진 · 해남 여행**
아이들 여행기 조각 모음 다산과 영랑, 고산의 숨결이 배어 있는 곳

099 **퇴계와 유학의 향기를 찾아서, 안동권 여행**
아이들 여행기 조각 모음 북부 경북 유학과 전통문화의 향기를 찾아 떠난 여행

136 **김유정 문학촌에서의 하루**
춘천 실레마을 '김유정 문학촌' | 김유정 다시 읽기 | 김유정 생가 마당 평상에 둘러앉아 김유정을 얘기하는 아이들 | 산국농장과 산지기 김희목 선생님 | 실레마을을 뒤로 하고

158 **《토지》와 《혼불》의 숨결을 따라, 하동 · 남원 여행**
아이들 여행기 조각 모음 하동 · 남원, 그리고 사람으로의 여행

192 **아리랑 아리랑 아라리요, 군산 · 김제 · 부여 여행** 경외의 작가 조정래 | 귀신사 주지스님
아이들 여행기 조각 모음 대단원의 마지막장, 《탁류》와 《아리랑》 줄기를 찾아서

4장 2기 가정독서모임 | 2007~2009년 이야기

220 **2007년, 새로운 아이들과 배움의 세계에 빠지다** 2007년 활동 내용과 대상 도서 | 전쟁 찬반 논술문 | 고전 읽기 찬반 논술문 | 작가 탐구 후기

238 **2008년, 탐구의 기쁨이 차오르다** 2008년 활동 내용과 대상 도서 | '언론의 진실성' 관련 논술문 | 역사 인물 탐구 보고서 | 역사 인물 탐구 후기 | '조선 건국' 찬반 논술문

267 **2009년, 아이들의 성장이 눈에 띄다** 2009년 활동 내용과 대상 도서 | 도덕이 먼저냐 경제가 먼저냐 | 아이들이 창조한 신 이야기 | 서양 고전문학 읽기 | 우리 고전 읽기 | 아이들이 쓴 진로 탐색 보고서

320 에필로그 7년간의 배움의 여정을 마치며

1

나는 7년째 우리 집에서 가정독서모임을 운영하고 있다. 우리 큰아이가 중학교 2학년이던 2003년에 아이 친구들과 시작하여 2006년까지 활동한 1기 모임과 그 바통을 이어받아 2007년, 작은아이가 똑같이 중학교 2학년이던 때에 친구들과 시작하여 현재까지 활동을 하고 있는 2기 모임. 처음 시작할 때는 과연 1년이나 버틸 수 있을까 의심스럽더니만 벌써 7년의 세월이 쌓였다. 나도 아이들도 욕심 부리지 않고 천천히, 자기 좋은 대로, 하고 싶은 만큼씩 즐기면서, 읽고 쓰고 나누고 어울렸기 때문에 가능한 일이지 않았을까 싶다. 가정독서모임을 어떻게 시작하고 꾸렸는지 소개한다.

가정독서모임 꾸리기

아이를 어떻게 키울까

가정독서모임의 내용을 풀어 놓기 전에, 엄마로서 아이를 키우며 깨닫고 배우고 간절히 소망한 것들에 대한 얘기부터 풀어 놓아야겠다. 나무가 꽃을 피우고 열매를 맺기까지는 그 뿌리의 역할이 컸을 테니 말이다. 나는 우리 아이들을 사랑한다. 두 아이를 낳아 키운 일이 세상에 태어나 내가 한 일들 중 가장 행복하고 의미 있는 일이었다고 생각할 만큼 소중하게 여기고 아낀다. 그러나 큰아이가 스물두 살, 작은아이가 열여덟 살이 되도록 키우며 아픔도 많고 갈등도 많고 사연도 많았다. 특히 큰아이가 열 살이 될 무렵까지는 마음에서 근심이 가시지 않을 만큼 아이에 대해 걱정이 많았다.

우리 큰아이는 병치레도 잦고 공부도 잘하지 못했다. 아기였을 때는 태열이 심해 온종일 엄마의 등을 떠날 줄 몰랐고 세 살부터 열 살 때까지는 병원을 제집 드나들 듯했다. 그러나 이런 병치레로 인한 근심은 아이가 공부를 못해서 생긴 근심과 고통에 비할 바가 못 되었다. 학교 아이들에게는 "행복은 성적순이 아니다. 공부 못한다고 기죽지 말아라."라는 격려를 어렵지 않게 할 수 있었건만 우리 아이가 공부를 못하니 잠을 자다가도 벌떡 일어나 아이의 미래를 걱정할 만큼 근심이 가득 찼다. '학교 아이들에게 했던 말이 빈말은 아니었는데 우리 아이에 대해 이렇게 근심하고 있는 것은 대체 무슨 까닭이란 말인가.' 하며 자꾸 되묻다 보니 더욱 갈팡질팡하여 혼란스럽기 짝이 없었다. 엄마가 이런 상황이었으니 아이는 어떠했을까. 점점 엄마 말을 신뢰할 수 없는데다 잔뜩 공부에 주눅이 들 수밖에 없는, 자신감 없고 이리저리 눈치나 살피는 아이가 되어야 했다. 이건 아닌데 싶으면서도, 어느 날 아이 외삼촌과의 일로 큰 깨달음을 얻을 때까지 나는 이러한 고통과 근심에서 벗어날 수가 없었다.

아이가 잘하는 것을 찾아 진심으로 칭찬해 주자

어느 날 참으로 우연한 일이 벌어졌다. 작은외삼촌이 집에 놀러와 아이가 끄적거린 시를 보다 생긴 일이다.
"야, 우리 조카가 시인이구나. 시가 기가 막힌데? 이거 진짜 네가 쓴 거 맞아?"라며 아이가 쓴 시에 대해 칭찬을 아끼지 않았다. 아이는 얼굴을 발갛게 물들이며 "내가 쓴 거 맞아요. 정말 그 시 잘 쓴 거예요?" 하며 어쩔 줄을 몰랐다.

꽃씨와 달

꽃씨와 달은 / 얘기를 하지요 / 조용히 말하지요

우리 마음속에 있지요 / 어떻게 우리 속에 있는지 / 알 수 없어요
우리는 / 듣기만 해야죠

비

주룩주룩 비 / 시원하게 내리는 비 / 흔들흔들 비
비비비 / 정말 잘 춘다 / 흔들흔들 웃는다

"너 언어감각이 정말 뛰어나구나. 사물을 보는 눈도 순수하고. 대단해! 시인이 되어도 좋을 것 같구나. 삼촌 꿈이 시인이었는데, 너 알아?"
그러더니 둘이 주거니 받거니 얘기가 길었다. 우리 아이가 그토록 오랫동안 얼굴을 발갛게 물들이고 눈을 반짝이는 모습을 그날 처음 보았다. 그날 본 아이의 표정은 오래도록 나를 뒤흔들었다. 아이는 그날 반짝반짝 빛나고 있었다. 기쁨에 떨며 어쩔 줄을 몰랐다. 나도 그 시들을 본 적이 있었는데 왜 나는 삼촌 같을 수 없었을까?
이 우연한 사건은 엄마로 살아온 지난 10년을 처음부터 되돌려 몇 번이고 다시 생각하게 할 만큼 내게는 두고두고 커다란 사건으로 남았다. 나는 분명 우리 아이를 사랑하고 우리 아이의 행복을 간절히 바라는데, 왜 아이는 자꾸 내 눈치를 살피고 나는 아이를 윽박지르며 기쁨이 사라져 가는 것일까?

이것은 내 지나친 욕심 탓이었다. 또 공부 못하는 것에 대해 지나치게 근심하고 있는 탓이었다. 아이의 문제가 아니라 내 문제였고 내가 변

해야만 할 일이었다. 내가 마음을 비우고 근심을 내려놓지 않는 한 우리 아이는 행복해지기는커녕 자꾸만 움츠러들 수밖에 없고 공부를 잘하지도, 자신의 다른 재능을 발휘하지도 못할 터였다. '칭찬은 고래도 춤추게 한다.'는 말이 맞았다. 우리 아이에게 필요한 것은 못하는 것에 대한 질책이 아니라 잘하는 것에 대한 칭찬이었다.

한순간에 나를 온전히 바꿀 수는 없었지만, 이후로 나는 아이가 잘하지 못하는 것들에 집착하기보다는 아이가 조금이라도 잘하는 것들을 눈여겨보기 시작했다. 그런 눈으로 아이를 보니 우리 아이에게도 장점이 많았다. 똑같은 아이가 이처럼 달리 보일 수 있다는 것이 신기할 만큼, 아이는 심성이 곱고 감성이 풍부하며 노래도 잘 부르고 시도 잘 썼다. 물론 여전히 공부를 잘하지는 못했지만, 그건 내가 근심하고 윽박지른다 해서 해결될 일이 아님을 충분히 경험했기에 아이 스스로 자존감을 키우고 공부에 대한 필요성을 느낄 때까지 기다리기로 했다. 끝까지 공부할 필요성을 느끼지 못하고 잘하지 못하더라도 할 수 없는 일이었다. 세상에는 공부가 아닌 다른 것으로 살아갈 길도 많고 공부보다 더 중요한 것들이 많은데, 공부 때문에 그 모든 것들을 다 잃게 할 수는 없는 일이었다.

아이는 눈에 띄게 밝아지고 내 마음도 편안했다. 영어와 수학과 과학은 싫어했지만 국어와 역사를 좋아하고 피아노를 치고 시를 썼다. 특히 시는 삼촌이 칭찬해 준 이후 일기장을 온통 채울 만큼 즐겨 쓰곤 했다.

이슬

이슬이 반짝반짝 빛나네 / 사람들의 기분 좋은 말들을 / 모은 이슬
하늘 높이 올라라 / 붕 떠라

월요일

봄 같은 월요일 / 새싹 깨워 아름다움 피워 내고
사랑, 사랑 하도록 / 힘을 준다

아카시아

아카시아야 ~ / 하고 부르면 / 바람이 불어오
하늘 아래 / 우리 어깨 사이로 / 피어나는 아카시아
날아라 / 날아라

하루

하루가 뭔지 알 수가 없다. 하얀 먼지 같기도 하다. 하루가 다 가는 이 시간, 누군가 의지를 갖고 사는 하루일지 그건 아무도 모른다. 우리 나무 하루 나무 울타리 넘어 간다.

나는 지금도 아이가 쓴 이 시들을 가끔씩 꺼내 보며 아이를 믿어 주지 못하고 칭찬해 주지 못했던 지난날의 어리석음을 반성하곤 한다. 그리고 못하는 것에 대한 질책보다 잘하는 것에 대한 칭찬이야말로 아이의 성장에 훨씬 큰 힘이 된다는 사실을 잊어서는 안 된다고 몇 번이고 다짐한다.

아이에게 책을 주자

지금도 그렇지만 엄마가 되었을 때 내 가장 중요한 관심사는 아이의 책 문제였다. 나는 아이들을 책과 함께 키우고 싶었다. 그때는 경제 사정도 좋지 않아 마음껏 책을 살 수도 없고 도서관도 멀어 책을 빌려 보는 일이 쉽지 않았다. 그래도 형제와 친구들로부터 아이의 책을 얻기도 하고 조금씩 돈도 마련하여 집에 책들을 꽤나 장만하곤 했었다. 어려서부터 책을 좋아했기에 나는 책이 우리의 삶을 얼마나 풍성하게 해 주고 자신의 존재를 튼튼하게 해 줄 수 있는지 잘 알고 있었다.

나는 면 단위 자그마한 시골 마을에서 어린 시절을 보내며 자랐다. 길을 걷다 버스라도 지나갈라치면 종종 길게 연기를 내뿜으며 사라져 가는 버스에서 눈을 떼지 못했다. 저 버스는 어디로 가는 것일까? 저 길 끝에는 무엇이 있을까? 저 길 너머에도 사람이 살고 있을까? 어린아이답게 상상해 보는 것만으로도 마냥 즐겁고 가슴이 설레었다.

그러다 초등학교에 들어가 글자를 깨치고 책을 읽기 시작하면서, 나는 내 울타리 너머의 세상을 좀 더 생생하게 꿈꿀 수 있었고 마음에 큰 위로와 감동도 얻을 수 있었으며 내 정신에 날개를 달 수 있었다. 어린 시절 오래도록 내 안에서 함께 살았던 알프스 소녀 하이디, 그린 게이블즈의 엉뚱하고 씩씩한 빨강머리 앤, 이름만으로도 깊은 감동과 상상력을 불러일으켜 주던 네로, 파트라슈, 늑대왕 로보, 로오리, 조우, 메그, 달타냥, 장발장, 돈키호테…… 그들은 내게 세계로 난 창이었고 황홀한 꿈이었다.

더 자라 존재와 삶에 대한 방황으로 휘청거릴 때, 나는 누구이고 어찌 살아야 하는지 회의하고 불안해할 때, 역시 늘 곁에서 위로해 주고 길을 열어 준 것은 책이었다. 나의 분신처럼 생각이 되던 제인 에어, 나보다 더한 성장통을 겪고 있어 읽는 내내 가슴이 저릿하던 한스와 싱클레어, 비슷한 나이임에도 몹시도 우러러보이던 데미안, 삶은 먹는 일 그 이상일 수 있음을 깨닫게 해 준 조나단 리빙스턴 시걸과 노랑나비 애벌레, 내가 길을 잃고 헤맬 때마다 하늘 높이 총총 떠 내 영혼을 이끌어 준 치섬 신부님과 윤동주. 그들이 없었더라면 길고 어둡고 외로웠던 사춘기 시절을 어떻게 견뎌 낼 수 있었을까.

대학생이 되고 어른이 되어서도 그랬다. 개인과 사회, 존재와 무, 자유와 평등, 경제발전과 인권, 환경과 평화 등 궁금하고, 혼란스럽고, 행동해야 할 수많은 문제들에 대해 깊고 예리한 답들을 준 것 역시 책이었다. 소크라테스, 칸트, 사르트르, 프레이리, 김수영, 조정래, 홍세화, 하워드 진, 촘스키, 스콧 니어링……. 이들은 늘 곁에서 나를 깨어 있게 하고 배울 수 있게 해 주었다.

나는 우리 아이들에게도 이러한 책을 주고 싶었다. 부모로서 먹을 것과 입을 것을 주고 학교에 보내 주고 믿음과 사랑도 줄 테지만, 내가 그랬던 것처럼 아이는 자라는 동안 어쩔 수 없이 외롭고 불안하고 혼란스러울 것이다. 그때마다 누가 아이의 곁을 지켜 주고 위로해 주고 붙잡아 줄 수 있을까? 또 배워도 배워도 그 궁금증을 다 풀어 낼 수 없을 만큼 신비한 존재의 비밀과 드넓은 우주 공간, 태고로부터 축적되어 온 찬란한 지식의 세계, 세상에 존재하고 있는 수만큼이나 다 다른 인간의 얼굴, 그 끝을 알 수 없는 철학과 예술의 세계……. 책이 아니면 누가 아이에게 이러한 신비의 세계를 끝없이 펼쳐 보여 주고 조곤조곤 설명해 줄 것인가?

나는 우리 아이들에게도 이러한 책을 꼭 주고 싶었다. 이러한 책과 친해지는 일은 학교 공부를 잘하느냐 못하느냐의 문제보다 훨씬 더 중요하고 가치 있는 일이라고 생각했고 그만큼 포기할 수 없는 문제였다. 우리 큰아이가 시 쓰기를 따로 배운 적이 없었음에도 그 같은 시를 쓸 수 있었던 것은 어쩌면 어려서부터 많은 책들 속에서 자랐기 때문일 것이다. 가정독서모임을 운영하기 전까지는 특별한 프로그램을 진행한 적이 없지만, 아이들이 어렸을 때 동화와 동시들을 틈나는 대로 읽어 주고 들려주었다. 그리고 아이들이 책을 장난감처럼 가지고 놀 수 있도록 집안 곳곳에 책을 쌓아 두었고 가끔씩 주말에는 아이들을 데리고 서점에 가서 한나절씩 놀다 오곤 했다.

아이들을 키우면서 많이 혼란스럽고 스스로 상처 받고 아이들에게 상처 주는 일도 많았지만 두 아이를 진심으로 사랑하고 아이들도 그 사랑을 알고 있었기에 엄마가 저지른 많은 잘못들을 용서할 수 있었을 거라고 생각한다. 그러나 내가 엄마로서 사랑만이 아니라 지혜도 함께 가질 수 있었더라면 얼마나 좋았을까, 하는 안타까움은 지금도 마음 한구석에 남아 늘 나를 성찰케 하고 배우게 한다.

가정독서모임 만들기

가정독서모임을 시작하다

큰아이가 중학생이 될 때까지 책 읽히는 일은 별로 어렵지 않았다. 아이는 스스로 두루두루 책을 읽고 시도 쓰며 발랄하게 지냈다. 그런데 어찌된 일인지 중학생이 되면서 점점 동화와 소설, 시집들을 손에서 놓으며 만화책에만 빠져들었다. 또한 지나치게 '성적'을 비관하며 스스로 움츠러들었다. 어렸을 때 엄마로부터 받은 상처가 채 아물기도 전에 중학교에서 선생님들마다 '공부'를 강조하니 그리 되는 것 같았다. 초등학교 때와는 달리 아이가 좋아하고 잘하는 '일기 쓰기'와 '시 쓰기'가 없어져 제 능력을 발휘할 기회도 없고 위로 받기도 힘들었다. 힘이 되어 주고 싶은데 행여 잔소리로 생각하지나 않을까, 오히려 부담으로 다가가지나 않을까, 상처만 더 깊게 하지나 않을까, 이래저래 눈치를 보느라 선뜻 손을 내밀지도 못한 채 오래도록 애만 태웠다.
아이에게 절실히 필요한 것은 위로와 자존감이었다. 아이에게는 "너도

1기 가정독서모임. 아이들은 2년 동안을 꼬박 특별한 경우를 빼고는 매주 일요일 저녁 7시 30분부터 9시 30분까지 우리 집에 모여 활동했다.

잘하는 것이 많아. 너는 너대로 아름다운 사람이야. 배움은 지겨운 일이 아니라 즐겁고 경이로운 일이란다."라며 마음 깊이 울림을 주고 스스로 그러함을 믿을 수 있도록 지속적으로 위로하고 격려하며 그 길을 이끌어 줄, 가슴 따뜻한 친구와 지혜로운 스승이 필요했다. 나는 책이 그 일을 잘해 줄 수 있지 않을까 생각했다. 내 어릴 적 경험과 교사가 되어 제자들을 대상으로 전개했던 독서운동의 결과가 그것을 확신케 해 주었다. 졸저 《학교 도서관에서 책 읽기》백화현 외 지음, 우리교육, 2005에서도 밝힌 바 있듯이 내가 독서운동과 도서관 살리기 운동에 뛰어들게 된 것은 달동네 학교에서의 경험 때문이었다.

많은 아이들이 무기력하고 학습에 흥미가 없고 턱없이 지식이 부족했다. 아이들 대부분이 열등감 속에서 자신을 믿지 못하고 꿈도 꾸지 않았다. 그러나 여러 선생님들과 힘을 모아 도서관을 살리고 독서운동을 대대적으로 전개하자, 1년 만에 교과서를 내팽개치던 아이들이 교과서를 펼치고, 글에는 살이 붙고, 자신의 진로를 진지하게 고민하기 시작했다. 2년째에는 토론과 탐구 수업이 가능해졌고 독서시간을 확보하느라 교과서 수업을 줄였음에도 오히려 성적이 올랐다.

그때 나는 책을 통해 아이들이 자신을 새롭게 발견하기를 원했고 상처 받은 마음에 위안을 얻기 바랐으며 세상에는 숱하게 많은 사람들이 숱하게 다른 방식으로 자신의 길을 걸어가고 있다는 것을 보여 주고 싶었다. 그들 속에서 친구를 만나고 스승을 만나고 역할 모델을 만나길 바랐고, 인간 한 사람 한 사람이 매우 소중한 존재이며 꿈을 꾸고 그 꿈을 이루기 위해 노력하는 모습이 얼마나 아름다운 일인지 스스로 깨달아 갈 수 있기를 바랐다. 그럴 수 있다면 아이들은 공부가 필요하면 스스로 열심히 공부하게 될 것이고 공부가 아니어도 된다면 다른 방식으로 열심히 살아갈 수 있을 거라 생각했다. 나는 그만큼 책의 힘을 믿었고 책은 아낌없이 자신의 힘을 아이들에게 발휘해 주었다.

우리 아이에게도 책은 똑같이 해 줄 수 있으리라 생각했다. 그러나 아이가 좋아하는 '만화' 만으로는 부족할 거라고 생각했다. 만화 역시 얼마만큼은 아이를 위로하고 꿈을 꾸게 해 주겠지만, 그것은 휘발성이 강하고 부서지기 쉬워 진정으로 아이를 위로하거나 변화시키기에는 역부족일 것이라 생각했다. 설혹 그렇지 않다 하더라도 편독이란 편식만큼이나 아이의 성장을 왜곡시킬 수 있기에 좀 더 다양한 분야의 책들을 폭넓게 읽었으면 했다. 그러나 아이에게만 맡겨 두었을 때 이 일은 쉽게 이루어지지 않았다.

흥미 위주의 책 읽기가 아닌, 사람의 마음에 깊은 감동과 위안을 주고 인간에 대한 이해와 사랑의 마음을 깊게 해 주며 폭넓은 지식과 정신

을 고양시켜 줄 책들을 꾸준히 읽어 나가는 일이란 쉬운 일이 아니다. 극소수의 타고난 독서가들을 제외하고는 잘 갖춰진 독서환경과 학교에서 그런 책들을 읽어 나갈 기회를 적극적으로 마련해 주지 않는 한 흥미 위주의 책 읽기를 벗어나기가 힘들다. 아이들이 초등학교 때까지는 다양한 책들을 읽다가도 우리 아이처럼 중학생이 되면서부터 곧바로 만화책에만 빠져들게 되는 까닭은, 중학교부터는 성적에 대한 스트레스는 많고 폭넓게 독서할 기회와 필요성은 오히려 줄어드는, 단편적인 지식 위주의 수업 내용과 평가 방법 때문일 것이다. 선진국의 여러 나라들처럼 학교가 나서서 아이들을 자연스럽게 책의 세계로 이끌어 주고 폭넓게 책을 읽고 탐구할 기회를 준다면 좋겠지만 아직 우리는 그러한 형편이 안 되니 어떡해야 할까? 달리 맡길 데가 없으니 내가 우리 아이와 함께 그 길을 직접 찾아 나설 수밖에 없었던 것이다.

'가정독서모임'을 시작하게 된 것은 이런 이유들 때문이다. 큰아이를 드넓은 책의 세계로 이끌고 싶고 책의 힘을 얻게 하고 싶은 엄마의 마음에서 비롯된 것이다. 그런데 생각만큼 쉽지 않았다. 본래 엄마는 아이에게 그다지 위엄 있는 존재도 아니고 서로가 긴장해야 할 관계도 아니다 보니 약속도 쉽사리 잊어버리고 학교에서처럼 다양한 활동들을 해 볼 수도 없었다. 단둘이 하려니 재미도 없었다. 그래서 아직 초등학교 3학년밖에 안된 작은아이도 함께 하자 하여 셋이서 해 보기도

했지만 역시 탄력이 붙지 않고 재미도 없었다.

그렇게 6개월을 흐지부지 보내다가 큰아이가 1학년을 마칠 무렵 좋은 생각이 떠올랐다. 친구들을 불러 모아 독서동아리 형태로 하면 좋겠다는 생각이 든 것이다. 소그룹 형태의 독서동아리 운영 경험은 내게 풍부하니 어렵지 않게 이끌 수 있을 테고, 제자들이 그랬듯이 우리 아이들에게나 친구들에게나 책 읽기만이 아닌, 정신적으로 힘든 청소년 시절에 서로 마음을 나누고 생각을 교류하며 아름다운 추억거리도 풍성하게 만들어 갈 수 있는 좋은 기회가 될 것이라 생각했다. 우리 아이들도 대찬성이었다. 친구들 또한 어렵지 않게 모았다. 우리 아이들만 대상으로 하여 재미도 없고 내용도 없이 비실거리던 '가정독서모임'이 친구들과의 즐거운 만남의 장으로 변신하며 힘차게 새 출발을 하게 된 것이다.

친구들과 함께 하는 가정독서모임

우리 독서모임에 제일 먼저 온 친구는 윗집에 사는 큰아이의 친구였다. 이 아이는 중학교에 들어가면서 단짝이 되었는데 아빠가 무척이나 책을 좋아하고 성적보다 인간성을 더 중요하게 여기며 의식이 깨어 있는 분이었다. 이런 집 아이라면 나도 마음 편히 모임을 꾸려 갈 수 있겠다 싶어 대환영했다. 그러나 한 명으로는 좀 심심했다. 함께 할 아이들이 더 있었으면 했다.

마침 떠오르는 아이들이 있었다. 우리 집 가까이 사는 아이들로 세 자매가 모두 지난 학교 제자들이었다. 내가 직접 가르친 아이는 둘째였는데 무척이나 착하고 지혜로운 아이였다. 그러나 우리 큰아이보다 두

학년이나 위어서 혼자 참여하면 어색해 할 것 같아 내가 가르친 적은 없지만 큰아이와 학년이 같은 셋째와 함께 참여하면 좋겠다 싶었다. 그런데 둘째는 동생들과 함께 모임을 하는 것이 어색할 것 같다며 동생이 하고 싶어 하니 동생만 참여하게 해달라고 했다. 이렇게 하여 모임원은 셋이 되었다.

그런데 어떻게 빠질 수 있겠나. 취미란에 '독서' 말고는 달리 쓸 게 없고 형 친구들을 제 친구들보다 더 좋아하고 따르는 우리 작은아이. 이미 형과 함께 독서모임을 시작했고 동아리 말이 나오자 작은아이가 더 흥분하고 좋아했는데. 이렇게 하여 모임원은 넷. 처음은 그렇게 시작했다. 그러나 한 달여가 지나자 우리 큰아이와 삼총사로 지내던 친구 중 모임에서 빠진 아이가 씩씩대며 항의를 해 왔다. 어떻게 자기만 뺄 수 있느냐면서. 우리 큰아이 말로는 그 친구는 책과는 담을 쌓고 살기 때문에 책모임에 끼고 싶어 할 줄은 생각지도 못해 그랬다는데, 불러서 이야기해 보았더니 책 읽는 것은 좋아하지도 않고 잘 읽지도 못하지만 이번 기회에 자기를 바꿔 볼 테니 꼭 넣어달라고 했다. 그래서 다섯. 그런데 남자아이 넷에 여자아이가 하나다 보니 여자아이가 혼자서 잘 버텨 낼 수 있을까 걱정도 되고 쓸쓸해 보여 여자아이가 한 명만 더 있었으면 싶었다. 그때 마침 학교에서 한 여자아이가 '다른 과목 공부는 혼자서 할 수 있겠는데 국어만큼은 좀체 방법을 모르겠다.'면서 상담을 청해 왔기에 모임을 권하여 여섯. 이렇게 1기 '가정독서모임'은 중학교 2학년 남자아이가 셋, 여자아이가 둘, 초등학교 4학년 남자아이 하나, 총 여섯 명의 아이들로 구성이 되어 기나긴 책 여행을 함께 떠나게 되었다.

가정독서모임에도 원칙이 필요하다

학교처럼 정해진 틀이나 내용이 없다 보니 막막하기는 했다. 지난 학교에서 근무할 때 개발하여 나름대로 좋은 성과를 얻은 36차시 단계별 독서지도 프로그램(학교 도서관에서 책 읽기) 참조이 있긴 했지만 정규 수업도 아닌데다 정해진 기간도 없고 저희끼리 어울려 놀고 읽으며 자연스럽게 책과 친해지고 추억을 만들어 가는 것이 더 중요했기에 프로그램은 아이들을 지켜보면서 아이들과 함께 만들어 가는 것이 좋을 것 같았다. 그러나 간곡히 당부한 것들은 몇 가지 있었다. 우리 모임 운영에 필요한 원칙 같은 것이었다.

성실하게 참여하자
- 함께 만들어 간다는 생각 잊지 않기
- 못 오게 될 경우에 연락하기
- 숙제 잘해 오기
- 시간 잘 지키기

자기 속도대로 한 걸음씩 꾸준히 걷자
- 잘하는 친구 시샘하지 않기
- 못한다고 무시하거나 구박하지 않기
- 즐기면서 꾸준히 노력하기

손가락 새로 빠져 달아나는 것들을 소중히 여기자
- 독후활동에 연연하지 말고 읽는 일 자체를 즐기기
- 함께 만들어 가는 추억거리 소중히 여기기

나도 아이들도 이 모임의 목적을 뚜렷이 했으면 싶었다. 이 모임을 생각하게 된 것은 앞서 말한 바처럼 크게 두 가지였다. 하나는 '편독'을 벗어나 다양한 책들을 넓고 깊게 읽어 보는 것이고, 또 하나는 모임 활동을 통해 아름다운 추억거리들을 풍성하게 만들어 가는 것. 그러나 어떤 모임이든 구성원끼리 서로 배려해 주고 아끼며 책임감 있게 활동할 때 아름답게 성장할 수 있듯이 이 모임 역시 그럴 거라고 생각했다. 그래서 처음 이 모임을 생각했을 때 큰아이에게 한 것처럼 다른 아이들에게도 이 모임을 구상하게 된 동기며 내 경험들을 이야기해 주고, 서로를 풍성하게 성장시켜 나갈 수 있는 좋은 모임이 될 수 있도록 책임감 있게 활동하되 지나친 욕심을 부리지 않도록 당부했다. 또, 이 모임은 다른 친목 모임들과는 달리 '책'이라는 매개물을 사이에 놓고 활동을 하는 것인 만큼 한 걸음 한 걸음이 그리 쉽지는 않을 것 같아 금세 포기하는 일이 없도록 당부하고, 지나치게 친구들 눈을 의식하거나 눈앞의 성과에 연연하다 정작 책이 주는 즐거움과 말이나 글로 표현할 수 없는 더 많은 느낌과 감동들을 놓치지 않도록 조언한 것이다.

아이들은 무척 좋아했다. 책 읽기가 서툴러 다른 아이들이 100쪽을 읽는 동안 채 30쪽도 못 읽어 내는 아이마저도 자기가 책을 읽게 된 게 기적 같다며 좋아했다. 이 아이들은 이때부터 2년 동안을 특별한 경우(시험 때나 방학 때 등)를 빼고는 매주 일요일 저녁 7시 30분부터 9시 30분까지 우리 집에 모여 활동했다. 또 고등학교에 들어가면서 탈퇴한 한 아이를 빼고는 2년을 더 만나며 책을 읽고 함께 여행을 떠나는 등 체험 중심의 책 읽기 활동을 계속 했다. 티끌 하나하나가 모여 태산을 이루고 물방울 하나하나가 모여 장강을 이룬다더니 이 독서모임이 꼭 그랬다.

2

'가정독서모임'은 정해진 틀도 없고
친구들과 어울려 친목 모임처럼 활동한 탓인지
아이들이 매우 좋아했다.
이 모임을 통해 아이들은 혼자라면 엄두가 나지 않을
책들도 꽤 많이 읽을 수 있었고,
힘든 사춘기 시절을 친구들과 책으로부터 위안을 얻으며
지낼 수 있었으며, 배움은 매우 즐겁고
경이로운 일이며 그 깊은 끝을 알 수 없을 만큼
깊고 광활함을 체험적으로 깨달아 갈 수 있었다.

1기 가정독서모임
2003~2004년 이야기

첫해,
오래도록 지속가능한 독서모임을 꿈꾸다

아이들은 매주 일요일 저녁 7시 30분만 되면 우리 집으로 모였다. 각자 집에서 저녁을 먹고 모이는 것이어서 나는 간단한 차와 간식거리만 준비하면 되었다. 때때로 아이들이 간식거리를 가져오기도 했지만 행여 부담이 될까 싶어 차츰 가져오지 못하게 했다. 이 모임은 나와 아이들의 특별한 만남이고 오래도록 편안하고 즐거워야 할 모임이기에 그런 일로 아이들을 신경 쓰게 하고 싶지 않았다. 아이들의 엄마로부터 여러 제의를 받기도 했지만 역시 같은 이유로 일체의 것을 거절하고, 내가 할 수 있는 만큼 준비하여 아이들을 대접하고(?) 아이들이 편안한 마음으로 책을 읽고 생각을 나누고 즐겁게 모임을 할 수 있도록 도왔다.

2003년 첫해에는 쉽고 재미있으면서 생각할 거리가 많은 책들 중에서 아이들이 원하거나 내가 권하고 싶은 책들을 중심으로 함께 읽으며 다양한 독후활동과 토론을 하였는데 점차 스스로 생각하는 힘 기르는 데에 초점을 맞춰 가게 되었다. 하지만 미리 계획된 프로그램이 아니라 그때그때 아이들과 상의하며 함께 만들어 간 것이라서 체계도 없고 치밀하지도 않다. 그러나 미리 염두에 둔 것은 모여서 함께 활동할 때와 집에서 각자 책을 읽을 때를 구분하고자 했는데, 모여서 활동할 때는 '책의 맛' 보다는 '읽기의 방법'을 익히며 함께 토론하며 생각을 나누고 키워 갈 수 있는 데에 초점을 맞췄고, 집에서 혼자 읽을 때는 읽고 싶은 책들을 자유롭게 읽으며 충분히 '맛'을 음미하며 읽어 보도록 권유했다. 따라서 텍스트 역시 모여서 활동할 때 읽는 것들은 주제가 분명하고 토론하기 좋은 그림책이나 짧은 동화와 단편소설 위주였음에 비해 각자 읽는 책들은 문학성이 풍부한 장편소설과 인문서가 많았다.

책과 친해지기, 스스로 생각하는 힘 기르기

2003년에는 아이들이 책과 친해지며 책을 읽고 질문하고 답하기도 하고 서로의 생각도 나누며 스스로 생각하는 힘을 길러 나갈 수 있게 하는 데 초점을 맞췄다. 그래서 2003년 상반기에는 초등학교 저학년 수준의 그림책과 동화책들을 읽으며 '질문하고 답하기' 활동을 여러 차례 했고, 시간을 조금씩 남겨 자유 시간에는 우리 집 서가에 있는 책들을 자유롭게 읽을 수 있게 했다. 하반기 역시 비슷하게 진행했는데 점차 텍스트를 초등학교 고학년 이상의 동화와 소설, 비문학 류의 책들로 바꾸어 나갔고 토론과 탐구 과제 발표를 늘려 나갔다.

함께 읽는 텍스트의 주제와 내용은 인권, 분단(통일), 전쟁, 환경, 사랑, 인간의 본성 등을 다룬 것들로 생각하고 토론하기에 좋은 것들을 우선적으로 선택했다. 그리고 그 밖의 책들은 집에서 각자 좋은 대로 1주일

우리 집 서가에는 어린이·청소년용 책이 3천 권 쯤 있다.

에 적어도 1권씩은 읽도록 권했는데, 아이들이 책을 추천해 달라고 할 때는 서가에 있는 책들(우리 집 서가에는 어린이·청소년용 책이 3천 권 쯤 있다.) 중 아이가 좋아함직한 책들을 몇 권 가져다주고 직접 훑어본 후 결정하게 했다. 만일 꼭 추천해 주고 싶은 책이 있는데 우리 집에 없을 때는 내용을 간단히 소개해 준 후 학교 도서실에서 빌려 읽거나 사서 보도록 권했다. 실제로 아이들은 함께 모여 활동할 때 읽은 책보다 개인적으로 혼자 읽은 책들이 더 많았다. 특히 여자아이 둘은 어찌나 책을 읽어대던지(1주일에 2~4권씩) 책 추천해 주기가 겁날 정도였다. 2003년 함께 모여 활동한 내용과 대상 도서를 소개한다.(개인적으로 각자 읽은 책은 제외했으며, 대상 도서에서 출판사 이름이 바뀌거나 개정판이 출간된 경우에는 최신 서지사항을 반영했다.)

2003년 활동 내용과 대상 도서

월	회	활동 내용	대상 도서
1	1	인사 나누기 그림책 읽은 후 본 것, 느끼고 생각한 것 쓰고 발표하기	《돼지책》 앤서니 브라운, 웅진닷컴, 2001
	2	줄거리 쓰고 주어진 질문에 답하고 발표하기	《우리 누나》 중 〈잇자국〉 오카 슈조, 웅진닷컴, 2002
	3	8컷 장면화 그리기(공책 한 쪽)	《국어시간에 수필읽기1》 중 〈외할매 생각〉 전국국어교사모임, 나라말, 2000
	4	질문 던지고 답하기(5개)	《동물과 대화하는 아이 티피》 티피 드그레, 이레, 2001
	5	질문 던지고 답하기(5개)	만화책 《삽 한자루 달랑 들고》 장진영, 내일을여는책, 2000
	6	질문 던지고 답하기(5개)	《문제아》 중 〈아빠와 큰아빠〉 박기범, 창비, 1999
	7	6~7컷으로 등장인물 표정 변화 그리기	《중학생이 알아야 할 소설1》 중 〈동백꽃〉 김유정, 신원문화사, 1995
2	8	비교하며 읽기, 장애우 문제 토론하기 (장애우 관련 책 2권 이상 읽고, '가장 좋은 책은?' '장애우 문제를 어떻게 생각하나?'에 대해 토론하기)	장애우 관련 작품 《내게는 소리를 듣지 못하는 여동생이 있습니다》 진 W. 피터슨, 중앙미디어, 2004 《우리 누나》 오카 슈조, 웅진닷컴, 2002 《오체불만족》 오토다케 히로타다, 창해, 2001 《세상을 선물한 개》 마츠이 스스무, 북하우스, 2002
	9	마음에 드는 작품 골라 8컷 장면화 그리기	《흑설공주 이야기》 바바라 G.워커, 뜨인돌, 2002
	10	단편 골라 읽고 인물과 인터뷰하기(3개)	한국 현대 대표 단편소설
3	11	독후감 써서 발표하기	각자 읽고 싶은 작품
	12	핵심어 중심으로 마인드맵하기	〈소나기〉 황순원, 중학국어1-2
	13	핵심어 중심으로 마인드맵하기	〈기억속의 들꽃〉 윤흥길, 중학국어2-1

월	회	활동 내용	대상 도서
3	14	두 작품의 소년과 소녀 벤다이어그램으로 표현하기	〈소나기〉〈기억속의 들꽃〉
	15	8컷 장면화 그리기(채색까지)	〈소나기〉〈기억속의 들꽃〉 중 택1
4	16	내용 요약하기	《문학 작품의 감상》 중학국어2-1
	17	자유 독후활동하기	읽고 싶은 책
5	18	비교하며 읽기 (가장 마음에 드는 작품은?)	분도출판사 '분도그림우화' 시리즈 중 《점과 선》 노턴 저스터 《홍옥아씨》 중국전설 《꼬마곡예사》 프랑스전설 《지나쳐간 사람들》 앤 슐리벤 《저만 알던 거인》 오스카 와일드
	19	자유 독후활동하기	읽고 싶은 책 읽기
	20	작품 2개 골라 읽고 내용 요약 후 비교하기	《자전거 도둑》 박완서, 다림, 1999
6	21	분단을 소재로 한 작품 읽기	**분단 소재 작품** 《그리운 매화향기》 장주식, 한겨레출판, 2001 《상처 입은 세기의 거장 윤이상》 최지숙, 교학사, 2000 《문수의 비밀》 배선자, 채우리, 2002 《DMZ》 박상연, 민음사, 1997
	22		
	23	질문하고 답하기 (분단 소재 작품 하나 택하여)	
	24	'분단의 문제점과 극복 방법'에 대해 토론하기	분단 소재 작품 (과제 : 독서 퀴즈 대상 도서 읽기)
7	25	이 책을 추천합니다 (추천 글 써서 발표하기1)	추천하고 싶은 책1
	26	이 책을 추천합니다 (추천 글 써서 발표하기2)	추천하고 싶은 책2 (과제 : 탐구하고 싶은 소설 조사하기)
	27	과제 발표(탐구 내용 발표하기)	내가 탐구한 소설 (과제 : 탐구하고 싶은 시인과 시 조사하기)
8	28	탐구 내용 발표하기	내가 조사한 시인과 시
	29	책 읽고 조사한 내용 쓰기1	내가 알고 싶은 주제 관련 책1
	30	책 읽고 조사한 내용 쓰기2	내가 알고 싶은 주제 관련 책2

월	회	활동 내용	대상 도서
8	31	독서 퀴즈대회	독서 퀴즈대회 대상 도서 《검은 여우》 베치 바이어스, 사계절, 2002 《다영이의 이슬람 여행》 정다영, 창비, 2003 《지구 속 여행》 쥘 베른, 열림원, 2007 《최열 아저씨의 지구촌 환경 이야기 1·2》 최열, 청년사, 2002 《창가의 토토》 구로야나기 데츠코, 프로메테우스, 2004 《마당을 나온 암탉》 황선미, 사계절, 2000
9	32	제일 마음에 드는 신화 1개 골라 그 이유 쓰기	《그리스 로마 신화》
	33	질문하고 답하기(5개)	읽고 싶은 책
	34	명작동화 패러디하기	명작동화
10	35	질문하고 답하기(5개)	'창비 재미있다! 우리 고전' 시리즈 중 《박씨 부인전》 김종광, 창비, 2003
	36	우리 고전 더 읽고 질문하고 답하기	'창비 재미있다! 우리 고전' 시리즈 (과제 : 전쟁 관련 책 읽기)
11	37	'정당한 전쟁도 있을까?' 토론하기	〈기억속의 들꽃〉 윤흥길, 중학국어2-1 《무기 팔지 마세요》 위기철, 청년사, 2002 《처절한 정원》 미셸 깽, 문학세계사, 2005
	38	박정희 다시 보기	박정희 관련 책과 자료 《알몸 박정희》 최상천, 인물과사상사, 2007 《다시 쓰는 한국현대사2》 박세길, 돌베개, 1989 그 밖의 인터넷 자료
	39	독후감 발표하기	박정희 관련 책과 자료
	40	인권 문제 토론하기 (경제가 우선일까, 인권이 우선일까?)	인권 관련 책들 《십시일反》 박재동 외, 창비, 2003 《난 두렵지 않아요》 프란체스코 다다모, 랜덤하우스코리아, 2004 《청년 노동자 전태일》 위기철, 사계절, 2005
12	41	탐구 주제 정하여	자기가 정한 탐구 주제 관련 책
	42	관련 책 읽고 탐구하기	

이 프로그램은 시작할 때 미리 정한 것이 아니라 아이들과 활동을 하면서 함께 만들어 간 것이다. 이때 《학교 도서관에서 책 읽기》에서 소개한 '36차시 단계별 독서수업 프로그램'을 활용하였는데, 시작 단계에서는 책을 찬찬히 읽는 버릇을 들이기 위해 '작품의 주요 사건 장면 화로 그려 보기', '마인드맵으로 내용 파악하기' 등의 활동을 했지만 점차 책을 읽으며 스스로 질문을 제기하고 답을 찾을 수 있는 힘을 기르기 위해 '질문하고 답하기'를 몇 번이고 반복했다. 이것은 사고의 힘을 기르기 위한 훈련인데 이렇게 스스로 문제를 제기하고 답을 찾아 나가는 동안 자칫 작품을 피상적으로만 읽던 습관에서 벗어나 작중 인물의 성격과 갈등 내용을 좀 더 자세히 들여다보게도 되고 뒤에 숨어서 이 모든 것들을 만들어 내고 조종해 나간 지은이의 생각과 의도에 대해서도 깊이 생각해 볼 수 있게 된다. 또 나아가 이렇게 어떤 문제에 대해 스스로 질문을 던지고 답을 찾아 나갈 수 있는 사람은 삶에 대해서도 그럴 힘이 생겨 삶을 보다 주체적으로 살아갈 힘도 얻는다. 학교에서는 제한된 책들과 정해진 시간 속에서 활동을 해야 하기 때문에 충분히 해 볼 수 없지만, 가정독서모임은 아무런 제한도 제약도 없기에 아이들의 상태를 봐 가면서 몇 번이고 반복해 볼 수 있었다. 우리 가정독서모임 아이들은 자기가 할 수 있는 만큼씩 재밌어하며 다들 열심히 했다.

점차 책 읽기에 속도도 붙고 아이들 스스로 생각하는 힘도 길러진 듯하여 1학기 끝 무렵부터는 탐구 활동 과제를 간간이 내주어 스스로 탐구하고 싶은 주제를 정해 읽고 싶은 책과 자료들을 찾아 읽고 모임에 와서 발표를 하는 활동도 넣고, 그동안 열심히 활동한 것을 격려하기 위해 독서 퀴즈대회도 열어 푸짐한 상품(1등 도서상품권 3만원, 2등 2만원, 3등 1만원, 그밖에 과자)도 주는 이벤트도 마련하고, 민족 분단, 인권, 환경, 전쟁 등에 관련한 책들을 읽을 수 있는 만큼씩 읽은 후(대체로 여자아이 둘은 대상 도서들을 다 읽었고 남자아이들은 1~3권씩 읽었다.) 주제 토론도 하였다.

잠깐 아이들의 독서공책을 들여다보며 아이들의 활동 모습과 생각을 엿보도록 한다. 지루함을 피하기 위해 《삽 한 자루 달랑 들고》를 읽고 '질문하고 답하기' 한 내용과 '박정희 다시 보기' 활동을 위해 관련 책을 읽고 쓴 독후감 한 편만 소개한다.

질문하고 답하기

《삽 한 자루 달랑 들고》의 지은이에게 질문하고 답합니다

조은선 | 난우중 2학년

질문 1 흑돼지농장을 경영하던 사람은 어떻게 되었을까요?
아마 지금쯤 훌훌 털고 일어났을 거예요. 빚이 있더라도 우선 살아야 하니까 주저앉아 있을 수는 없는 거죠.

질문 2 처음 농사를 지을 때 잡초 뽑기 굉장히 힘들어 보이던데 왜 약을 치지 않으셨어요?
약을 치면 환경에 좋지 않아요. 그리고 약을 쳐서 쉽게 해 버리면 제가 어렵게 한 게 아니라서 보람이 없을 거예요.

질문 3 강화도에 와서 살면 아이들 교육에 안 좋지 않을까요?
확실히 이곳은 학교도 적고 학원도 없는 시골입니다. 하지만 도시보다 깨끗하고 놀 공간도 많습니다. 아이들이 나중에 커서 고향을 찾게 될 것입니다. 제 아이들의 고향은 넓은 들판에 바다가 보이고 나무도 있는 곳입니다. 이런 고향을 가진다면 추억도 많겠죠? 저는 아이들에게 추억을 남겨 주고 싶습니다. 그리고 자연과 더불어 살며 자연을 알아가는 것이야말로 진정한 교육이 아닐까 싶습니다.

질문 4 지은이는 만화가인데 왜 강화도에 내려와서 농사를 짓게 되었나요?
강화도는 경치도 좋고 깨끗한 곳이니까 아이들 자라기에도 좋고 조용하니까 창작을 하는데도 도움이 될 것입니다. 이런 곳에서 농사를 지으며 자연과 어울리는 법을 배운다면 더 좋은 작품을 구상하게 될지도 모릅니다. 그리고 저는 그림이 좋아서 그리고 그것으로 돈을 벌었습니다. 그러나 점점 그림보다 돈에 연연하게 되고 저는 그것이 싫었습니다. 돈에 휘둘리지 않고 강화도로 와 농사를 지으며 자급자족해서 돈의 구속에서 자유롭고 싶었습니다.

질문 5 돈 안 버는 농사를 지으면 왜 행복해질까요?
돈 안 되는 농사는 내가 먹고 살 것만 지으면 되고 그건 쉬우니까 다른 일에 신경 안 쓰고 편할 수 있어요. 그러나 애초에 돈 버는 농사는 돈에 욕심을 두고 있기 때문에 노심초사하며 근심이 끊이질 않기 때문에 그럴 거예요.

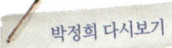
박정희 다시보기

박정희 대통령을 다시 생각해 본다

박유미 | 관악중 2학년

흔히 박정희 대통령을 평가할 때 독재는 했지만 경제는 발전시킨 사람이라고 한다. 또 경제 발전이 사회, 문화, 정치에 끼친 군자정권의 독소도 덮어 줄 수 있다고 생각한다. 하지만 박정희 정권 때 본격적으로 조성된 정치와 경제가 긴밀한 관계를 갖는 정경유착, 정부가 금융을 다스리는 관치금융, 또 부익부 빈익빈의 주원인이 되는 재벌 독점 체제들이 결국 1997년 말의 IMF 사태의 근본적 원인이 되었다. 물론 김영삼 정권의 경제 정책 실패가 직접적 원인이긴 했지만 말이다.

또, 경제 건설의 일차적 원인을 박정희가 정권을 잡았기 때문이라고 보는 경우가 많은데 그것은 하루 13시간에서 18시간의 노동을 한 피땀 어린 노동자들의 희생이 있었기에 가능한 일이었다. 근로 조건 개선을 요구하다 분신자살의 길로 접어든 전태일을 보면 잘 알 수 있다.

박정희는 경제 발전에 필요한 자본을 외국에 의존하고 한·일 협상을 통해 얻는 등 일제에 당한 36년간의 수모를, 민족적 자존심 같은 것은 어디서도 찾아볼 수 없는 행동으로 외자 도입을 해 갔다. 한일 회담은 식민지 지배에 대한 철저한 반성이 이루어지지 않은 채 맺어진 협상이었고 일본의 자본이 박정희 군사 독재 정권에 물적 기반을 형성해 주었다. 또한 외자 경제 체제는 한국을 무역 적자국이자 외채 과잉 국가로 만듦으로써 경제 운영이 독자성을 상실하게 되는 원인을 제공하고 말았다.

이렇게 외채 도입과 수출 신장을 바탕으로 공업 부문에서 큰 발전을 이루었지만, 생산재들은 외국에 의존하고 이승만 정권 때부터 이어져 온 소비재 생산 중심의 구조를 바꾸지 못했고 자본과 기술 역시 대외 의존을 하게 되어 자연히 원료 또한 대외 의존도가 높아졌고 중소기업 들은 망해 가는데 대기업은 경쟁할 기업이 없어 독점을 해 가고 무엇 보다 좀 전에 언급한 노동의 일방적인 희생 위에 실현된 수출 지향을 바로잡지 못했다.

또한, 도시화와 공업화가 급격히 진행되었음에도 농업 부문은 하락했 다. 통일벼와 새마을 운동으로 웬만큼 끌어올리기는 했지만 도시의 공 업화로 몰리는 바람에 1차 산업은 점점 쇠퇴해 갔다.

유신 체제로 국민은 기본권을 잃었으며 5,6,7,8,9대 대통령을 지내며 독재를 한 박정희 대통령을 우리는 어떻게 봐야 할까?

빠른 근대화는 부실한 근대화가 되어 많은 부작용을 낳았다. 역사에 '만약' 이라는 말은 존재하지 않는다지만 구 일본군 장교 출신의 박정 희보다 다른 지도력에 의해 더 민주적인 방향으로 모아져 근대화의 속 도를 늦추는 단점이 있더라도 정치, 경제, 문화, 사회에 걸친 전반적인 발전이 좀 더 탄탄하게 이루어졌더라면 좋았을 거라는 생각을 한다.

아직 많이 어설프고 아이의 생각이 지은이의 입장과 관점을 그대로 따 라가는 경향은 있지만, 그래도 읽은 책에 대해 나름대로 질문을 던지 고 답을 마련하는 것이나 읽은 자료들을 자기 것으로 만들어 조리 있 게 정리해 내는 폼이 꽤 의젓하다. 여자아이들이 어려운 용어까지 써

가며 진지하게 발표할 때 남자아이들은 눈이 휘둥그레져 '저런 말들을 어떻게 다 외웠대?' 하는 눈치들이었지만 남자아이들 역시 자기가 할 수 있는 만큼씩 책도 읽고 발표도 하며 모임 자체를 즐기는 듯 보였다.

활용한 책 들여다보기

활동에 활용한 책들은 대부분 이미 널리 알려진 책들인데, 1회 때에 함께 읽은 《돼지책》은 알다시피 세계적인 그림책 작가인 앤서니 브라운의 작품으로 '양성평등'이라는 무거운 주제를 담고 있으면서도 이야기를 매우 재치 있고 간결하게 끌고 가 어린아이들은 물론 어른들도 재미있게 읽으며 생각을 가다듬어 볼 수 있게 해 주는 그림책이다. 나는 이 책을 학교에서 학생들에게뿐 아니라 선생님과 학부모에게도 추천해 주는데 읽는 사람들마다 좋은 반응을 보인다.

장애우와 환경, 인권, 민족 분단 및 전쟁 관련 책들은 우리 집에 소장하고 있는 책들 중에서 학교 아이들로부터 좋은 반응을 얻었던 것들을 고른 것이다. 또 《상처 입은 세기의 거장 윤이상》은 내가 윤이상을 마음 깊이 흠모하다 보니 선택한 것이고(당시에는 어린이·청소년용 윤이상 책은 교학사 것밖에 없었는데 근래에는 산하, 창비 등 여러 출판사에서도 출간하여 선택의 폭이 넓어졌다.), 독서 퀴즈 대상 책들은 함께 읽고 구체적인 활동까지는 못하더라도 아이들이 꼭 읽었으면 좋겠다 싶은 책들 중에서 여행, 모험, 환경, 성장 영역을 골고루 섞어 아이들과 함께 고른 것들이다.

그리고 특별히 소개하고 싶은 책은 아이들과 18회째에 함께 읽은 '분도그림우화' 시리즈인데 이 책들은 한 권을 읽는데 10~20분이면 될 만큼 짤막하지만 울림이 크고 깊어 어린아이들보다는 청소년과 어른들에게 더 권하고 싶은 책들이다. 특히 그 시리즈 중 《저만 알던 거인》과 《점과 선》은 아직까지도 개인적으로 늘 곁에 두고 보는 작품이고 읽기 교재로도 애용하고 있다.

《저만 알던 거인》은 오스카 와일드의 작품으로, 내가 초등학교를 다닐 때 국어 교과서에서 처음으로 황홀하게 읽은 〈키다리 아저씨〉의 원작이라서 더욱 각별한 것인지 모르겠다. 밖에는 꽃이 피고 새가 우는데 담장을 높이 쌓고 1년이 가고 2년이 가도록 겨울 나라에 갇혀 사는 거인과 늘 담장 너머에는 무엇이 있을까 궁금해 하는 아이들. 아이들은 담장에 조그맣게 뚫려 있는 구멍을 발견하고 호기심에 그 안으로 들어간다. 거인은 무시무시할 만큼 화를 내며 아이들을 쫓아내 버리지만 아이들은 슬금슬금 다시 들어오기를 반복하고, 은근히 아이들을 기다리던 거인이 울고 있는 한 꼬마를 안아 올리자 눈과 서리로 얼어붙었던 그의 정원에도 꽃들이 피어나고 새가 울기 시작한다.

지극히 단순한 내용이지만, 거인과 아이, 높고 긴 담장, 담장에 뚫려 있는 자그마한 구멍, 하얗게 얼어붙은 정원, 아이를 안아 올리자마자 붉게 피어나는 꽃, 기뻐 우짖는 새 등 이미지가 강렬하고 신비스러운데다 누구라도 공감할 수 있는 '사랑의 힘'을 주제로 하고 있어 흡인력도 대단하고 여운도 길게 남는 멋진 작품이다.

《점과 선》 역시 개인적으로 장 지오노의 《나무를 심은 사람》과 맞먹을 만큼 아끼는 책인데, 내가 한참 '나는 왜 이리도 고지식하고 한 문제를 지겨울 만큼 생각하고 또 생각하는 것일까?' 하며 스스로 답답하여 울적해 있었을 때 읽은 책이라 더 크게 다가왔을지 모르겠다. 우화의 주인공 선(직선)은 시작이요 끝이며 완전한 아름다움을 지니고 있는 점을 사랑한다. 그런데 점은 선이 뻣뻣하고 고지식하다며 자유분방한 곡선인 헝클이를 사랑한다. 선은 어떻게 해야 자신도 멋있어질지 생각하고 또 생각하다가 집중력을 발휘하여 몸을 구부려 본다. 자기 몸이 구부러진다는 사실을 알게 된 선은 더욱 노력하고 집중하여 몸에 각도 만들고 이리저리 구부려 가며 정사각형, 삼각형, 다변형, 사면체 등을 만들어 가다가 드디어 온갖 형태의 도형을 자유자재로 만들며 무아지경의 아름다움을 창조해 나간다. 점은 이런 선의 변한 모습에 반하여 선을 사랑하게 된다.

일반 책들과 달리 이 책에는 저자가 직접 밝힌 '교훈'이라는 문장도 맨 뒤에 씌어 있다. '벡터, 즉 일정한 방향이 있는 힘이라야 목적을 달성할 수 있다.'라는 말인데 본문의 내용을 읽으면서도 많이 놀랐지만 그 교훈을 읽고는 더 놀랐다. 내가 전혀 알아채지 못한 교훈이었을 뿐 아니라 읽는 동안은 내내 나는 직선에 가깝다고 생각하다가 그 교훈의 말에 그만 자유분방이라는 허울을 쓰고 방향 없이 이리저리 나대는 헝클이나 아직도 방향을 잃고 우왕좌왕하고 있는 나나 다를 게 없다는 생각이 든 탓이다. 지금도 때때로 이 책의 본문과 뒤에 쓰인 교훈 문장을 읽곤 하는데 읽을 때마다 새롭고 힘찬 기운이 느껴져 참 좋다.

둘째 해,
한 걸음 깊이 들어가 활동의 틀을 잡다

1년을 함께 활동하다 보니, 아이들은 책 읽는 속도도 빨라지고 어떤 영역의 책이든 큰 무리 없이 읽게 되는 것 같았다. 물론 그동안 책과 담을 쌓고 살던 아이는 대상 도서들 중 쉬운 것만 골라 다른 사람이 3권 읽을 때 1권을 읽고 초등학생인 우리 작은아이는 너무 어렵다 싶을 때는 참관만 하겠다고 하며 형, 누나들의 이야기를 듣고만 있기도 했지만, 아이들은 모두 예전에 비해 훨씬 다양하게 많은 책들을 읽게 되었다며 뿌듯해했다. 또, 1년 동안 독서 기록장에 써 놓은 글들을 보고 서로 감탄하기도 하고 지난 에피소드들을 들추어내며 서로 놀리고 즐거워하며 우정도 돈독히 쌓아 나갔다.

1년 활동의 틀 잡기

이제 한 걸음 깊이 들어가도 되겠다 싶었다. 아이들 역시 좀 더 높은 수준의 책들을 읽고 싶어 했다. 그리고 겨울 방학 과제로 내준 탐구 내용을 보니 웬만한 대학생 뺨칠 만한 것들도 많아('경제와 도덕은 만날 수 없나', '청소년 문제의 실태와 해결 방안', '허균 탐구', '우주의 생성과 운행 탐구' 등) 주제별 책 읽기를 좀 더 강화하여 스스로 탐구 능력을 길러 가면 좋겠다는 생각이 들었다. 지난해에는 처음 해 보는 모임이라 나도 아이들도 감히 1년의 프로그램을 미리 만들어 본다는 생각은 해 볼 수 없었지만 이제 모임의 틀도 잡히고 책 읽기에 속도도 붙어 우리는 함께 1년의 활동 내용을 미리 짜 보기도 했다. 물론 실제 활동할 때는 더러 바뀌고 보완이 되기도 했지만 큰 틀은 유지하며 1년의 활동을 풀어 나갔다.

2004년 활동 내용과 대상 도서

월	회	활동 내용	대상 도서
1	1	탐구 보고서 발표하기	탐구 보고서(지난 과제)
	2	인간의 본질 관련 책 읽기	인간의 본질 관련 책 《공자의 일생》《노자1·2》《장자1·2》 채지충, 대현출판사, 1998 《꽃들에게 희망을》트리나 포울러스, 소담출판사, 1991 《돼지가 철학에 빠진 날》스티븐 로, 김영사, 2001 《참 소중한 생명》허후아이홍, 아이필드, 2001 《하리하라의 생물학 카페》이은희, 궁리, 2002
2	3	'인간이란 무엇인가'에 대한 글쓰기	(과제 : 글 다듬어 오기)
	4	'인간이란 무엇인가' 발표하고 토론하기	각자 써 온 글 (과제 : 패러디 작품 써 오기)
	5	패러디 작품 발표 및 수정하기	패러디 작품
	6	좋아하는 시 3편 고르고 감상 및 이유 써서 발표하기	좋아하는 시집 (과제 : 시집 읽고 제일 좋은 시 한 편 골라 시 감상문 써 오기)
3	7	과제 발표하기 시 창작하여 발표하기	참고하고 싶은 시집 (과제 : 시집과 시조집 읽기)

월	회	활동 내용	대상 도서
3	8	과제 발표하기 시 창작하여 발표하기	참고하고 싶은 시집 (과제 : 시집과 시조집 읽기)
	9	기요시에게 편지 쓰기	《안녕, 기요시코》시게마츠 기요시, 양철북, 2003
	10	비교하며 읽기	위의 책
4	11	작품 속 인물에게 질문하고 답하기	《안녕, 기요시코》 중 〈도토리 마음〉 (과제 : 시집 읽고 감상문 쓰기)
	12	과제 발표하기 평시조 창작하기	여러 시조집 (과제 : 좋아하는 시인 조사하기)
	13	과제 발표하기 시 창작하기	여러 시집 (과제 : 시집 읽고 감상문 쓰기)
5	14	과학 관련 책 읽으며 정리하기	과학 관련 책 《구름》 구드룬 파운제방, 일과놀이, 2000 《멋진 신세계》 올더스 헉슬리, 소담출판사, 1997 《우리 조상들은 얼마나 과학적으로 살았을까》 황훈영, 청년사, 1999
	15		《파인만 씨, 농담도 잘하시네1·2》 리처드 파인만, 사이언스북스, 2000 《과학의 즐거움》 알베르 자카르, 궁리, 2002
	16	과학의 발달 어떻게 봐야 할까? (과학의 발달로 인해 인류는 혹시 더 불행해진 것은 아닐까?) 토론하기	과학 관련 책
6	17	민족 분단(통일) 관련 책 읽기	민족 분단(통일) 관련 책 《그리운 매화향기》 장주식, 한겨레출판, 2001 《상처 입은 세기의 거장 윤이상》 최자숙, 교학사, 2000 《문수의 비밀》 배선자, 채우리, 2002 《DMZ》 박상연, 민음사, 1997
	18		《GO》 가네시로 카즈키, 북폴리오, 2006 《우리 통일 어떻게 할까요》 강만길, 당대, 2003
	19	통일 찬반 토론하기	위의 책(과제 : 통일 찬반 논술문 써 오기)
7	20	독서 퀴즈대회	독서 퀴즈대회 대상 도서 〈기억속의 들꽃〉 윤흥길, 중학국어2-1 《구름》 구드룬 파운제방, 일과놀이, 2000 《아홉 살 인생》 위기철, 청년사, 2001 《안녕, 기요시코》 시게마츠 기요시, 양철북, 2003

월	회	활동 내용	대상 도서
7	20	독서 퀴즈대회	《박씨 부인전》 김종광, 창비, 2003 (과제: 고대소설 · 신소설 · 현대소설의 특징 비교 조사하기. 한 작품 이상씩 읽기)
8	21	과제 발표	과제물 (과제: 이광수 · 김동인 비교하기)
8	22	이광수 · 김동인 비교하기	이광수 작품, 김동인 작품
8	23	좋은 책 소개하기	각자 읽고 싶은 책
9	24	역사 관련 책 읽기	역사 관련 책 《새롭게 쓴 5교시 국사시간》 윤종배, 역사넷, 2005 《친일파 99인 3》 반민족문제연구소, 돌베개, 1993 《꿈에 본 복숭아꽃 비바람에 떨어져》 조정욱, 고래실, 2002
9	25		《눈으로 보는 한국 역사 시리즈》 교원, 《내 머리로 생각하는 역사 이야기》 유시민, 푸른나무, 2005
	26	역사 관련 책 읽은 소감 나누기	위의 책
	27	비교하며 읽기	《마당을 나온 암탉》 황선미, 사계절, 2000
	28		《갈매기의 꿈》 리처드 바크, 문예출판사, 2000
10	29	조나단과 잎싹, 《마당을 나온 암탉》과 《갈매기의 꿈》 벤다이어그램으로 비교하기	위의 책
	30	잎싹과 조나단, 나는 누굴 꿈꾸나 수필로 쓰기	위의 책
11	31	'정일이냐 스기하라냐' 토론하기	《GO》 가네시로 가즈키, 북폴리오, 2006
12	32	고전소설 읽고 소감 나누기	《춘향전》《심청전》《양반전》《구운몽》 《수호지》《마지막 수업/별》《제인 에어》《어린 왕자》《바보 이반 이야기》 《데미안》《폭풍의 언덕》《레미제라블》 《죄와 벌》《호밀밭의 파수꾼》 《올리버 트위스트》《안네의 일기》 《노인과 바다》《백경》 등
12	33		
12	34		
12	35		
2005 1	36		
	37		

활동한 주제와 영역을 크게 나누면, 1~2월은 인간의 본성(철학), 2~4월은 시 창작 및 시집 읽기(시), 5월은 과학과 인류의 행복(과학), 6월은 통일 찬반(정치사회), 7~8월은 국문학의 이해(국문학), 9월은 역사(우리 역사), 10~11월은 가치관(성장), 12월은 고전 읽기(동서양 고전소설)다. 지난해에 비해 갑자기 수준이 높아져 너무 무리한 것 아닌가, 하는 생각이 들기도 하겠지만 대상 도서를 고를 때 같은 주제의 책이라도 난이도를 고려하여 다양하게 선정한데다 반드시 그 책들만 읽어야 하는 것도 아니고 다 읽어야 했던 것도 아니라서, 아이들은 자유롭게 각자 읽을 수 있는 만큼씩 읽고 할 수 있는 만큼씩 발표와 토론을 하며 크게 힘들어 하는 것 같지는 않았다. 그래도 이렇게 자유로운 모임일수록 아이들은 더 잘하고 싶은 마음과 자존심 때문에 자칫 무리를 할 수도 있고 알게 모르게 많은 상처를 받을 수도 있어 아이들을 주의 깊게 살펴보며 각별히 신경을 쓰기는 했다. 이 모임은 누구와 경쟁을 하기 위한 것이 아니라 서로를 격려하고 즐겁기 위한 것임을 이따금 확인시키고, 그럼에도 책임감 있게 활동하는 것은 잊지 말아 달라고 당부하곤 했다.

주제별 책 읽기, 탐구 능력 기르기

2004년은 주제별 책 읽기와 탐구 활동이 중심이었는데 이 활동을 풀어 나가는 동안 내가 한 일은 거의 없었다. 처음에 틀을 짤 때와 대상 도서들을 고를 때는 신경을 썼지만 실제로 아이들이 활동을 할 때는 각자 책상 위에 쏟아 놓은 책들을 알아서 읽을 만큼씩 읽고 서로 상의하며 보고서도 쓰고 평가도 했기 때문에 평가할 때 약간의 조언을 해 주는 일 말고는 내가 특별히 해 줄 일이 없었다. 아이들은 이제 자체적으로도 모임을 잘 끌어갔고 스스럼없이 활동을 했다.

아이들의 활동 내용 중 시 창작 활동에서 너무 뜻밖의 시로 우리 모두를 깔깔대게 한 우리 큰아이 시 한 편과 인간의 본성에 관한 책들을 읽고 '인간이란 무엇인가'에 대해 자신의 생각을 정리한 글 한 편, 《마당을 나온 암탉》과 《갈매기의 꿈》을 엮어 읽고 잎싹과 조나단을 비교하며 쓴 '잎싹과 조나단, 나는 누굴 꿈꾸나' 수필 한 편을 소개한다.

시발

장벼리 | 남강중 3학년

시발

시발 시발
우리들에게는 오히려
친근감을 가져다주는 욕

친구의 따스한 한 마디
시발
정답게 길을 걷다
시발

우리는 우리는
시발이라는 무언가에 홀린 듯
시발시발 거린다.

어른들의 고지식한

잔소리를 들어도
우리의 마음 속에는
시발

모든 사람이 한번이라도
해본 말
시발

오히려 우리에게는
하루라도 안 들으면 허전한 말
그 말은
시발.

시발
나쁜 욕이지만
나에게는
시의 한 소재가 된다.

고맙다
시발아.

이 시는 우리 아이가 장난으로 쓴 거라면서 아무에게도 안 보여 주려는 걸 억지로 빼앗아 읽어 보다 모두 책상을 치고 웃었던 시이다. 시가 어찌나 기발하고 재미있던지 나는 이 시를 학교에서도 시 수업 자료로 아주 잘 써먹고 있다. 이 시를 받아든 아이들은 너나 할 것 없이 고함을 지르며 "욕 시다~! 시발시발 시발시발~!" 하며 신이 나서 책상을 두들기고 깔깔대며 한바탕 법석을 떨곤 한다.

시는 우리의 마음을 위로하고 정서를 풍요롭게 해 줄 뿐 아니라 사물을 '달리 볼 수 있는 눈'을 키워 주기도 한다. 시를 읽다 보면 늘 보던 꽃, 늘 보던 나무도 새롭게 다가오고 날마다 똑같이 겪는 일상도 다른 의미로 다가온다. '시발' 역시 그런 시였다. 아주 나쁜 욕, 애초에 시의 소재로 쓸 수 있다는 생각조차 해 볼 수 없었던 그런 '욕'이 이처럼 재밌고 통쾌한 시가 되어 나타난 것이다. 일단 이렇게 시작하고 나면 아이들은 그동안 시에 대해 가지고 있었던 편견과 부담감을 훌훌 벗어 버린다. 그만큼 시 수업이 한결 수월해지고 유쾌해진다.

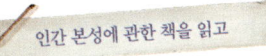
인간 본성에 관한 책을 읽고

인간이란 무엇인가

박유미 | 관악중 3학년

우리가 잘 알고 있는 철학자 소크라테스는 "너 자신을 알라."라는 유명한 말을 남겼다. 이 말은 나 자신의 정체성에 대해 묻는 말로 '인간이 도대체 무엇인가'라는 질문으로 이어볼 수 있다고 생각한다. 그렇다면 정말 인간이란 무엇일까?

첫째, 인간은 생각하는 존재이다. 즉, 사고하는 능력인 이성을 가지고 있다. 데카르트는 "나는 생각한다. 고로 나는 존재한다."라는 명언을 남긴 철학자로 유명하다. 그는 또한 회의론자로도 유명한데, 모든 것을 회의할 수 있지만 자신이 생각하고 있다는 것 자체는 회의할 수 없다고 했다. 또 아리스토텔레스도 '이성적 동물'로 인간을 말하기도 했다. 인간은 자신이 할 행동에 대해 옳고 그름을 생각하고 절제하는 능력을 가지고 있다. 동물들은 본능에 의지하는 반면에 인간 세계의 거의 모든 활동이 생각하는 능력에 의해 이루어진다고 해도 과언이 아니므로 인간은 이성을 가진 생각하는 존재이다.

둘째, 인간은 호기심을 가진 존재이다. 인간이란 무엇이냐고 고민하게 된 원인 자체가 호기심에서 비롯되었기 때문이다. 철학뿐 아니라 다른 학문들도 인간의 알고자 하는 마음 때문에 이렇게까지 발달되었다고 볼 수 있다. 만약 인간에게 호기심이 없다면 발달도 어느 정도에서 멈출 테고 공부하는 것에도 재미가 없을 것임에 틀림없다.

셋째, 인간은 고도의 의사소통을 할 수 있다. 또 문자를 사용한다. 인간뿐만 아니라 다른 동물들도 자신들끼리 의사소통을 한다. 꿀벌은 꿀의 위치를 전달하기 위해 8자 모양의 춤을 추고 개미는 페로몬을 발사한다. 하지만 농담 같은 주고받는 말(대화)은 하지 못한다. 돌고래들이 기본적인 대화까지는 가능하다고 하지만 문자로 기록하는 일은 하지 못한다. 그런데 인간은 자유로운 의사소통과 문자 기록도 할 수 있다.

넷째, 인간은 뇌가 발달한 똑똑한 동물이다. 인간이 진화하면서 직립보행에 필요한 신체 부위가 먼저 발달하고 뇌가 나중에 발달됐다는 주장이 거의 확실해지고 있다. 지금 인간이 먹이 사슬의 최상위자가 된 것은 바로 지능 때문이다. 만약 힘으로라면 호랑이나 사자가 인간을 지배하고 있어야 마땅하다. 하지만 동물 중 가장 지능 수준이 높은 인간이 이 세계를 지배하고 있다.

다섯째, 인간은 끝없는 욕망을 지닌 존재이다. 이런 속담이 있다. '바다는 메워도 사람 욕심은 못 메운다.' 이처럼 인간의 욕망은 이루어질수록 더 큰 것을 바라게 된다. 예를 들어, 아주 굶주렸을 때는 아무거나 먹을 것만 있으면 만족하다가도 배가 좀 불러지면 이것저것 가리는 것이 많아지고 자꾸 고급의 것을 찾게 되는 것과 같다. 이처럼 인간은 한없는 욕망으로 더 좋은 것을 바라는 존재이다.

이렇게 나름대로 '인간'에 대해 생각해 보고 정리해 봤다. 아마 영원히 '인간이란 무엇인가'에 대한 정확한 답을 얻지는 못할 것이고 그 답도 존재하지 않을 것이다. 철학은 참 쉬우면서도 어려운 학문인 것 같고 인간도 그런 존재인 것 같다. 이번 기회로 여러 책들을 읽으며 깊이 생각해 볼 수 있었음에 감사한다.

글에서도 엿볼 수 있듯 아이는 이 활동을 기회로 철학책을 여러 권 읽었다. 원래 주어진 것은 대상 도서 중에서 3~4권만 읽으면 되는데 추천한 것을 다 읽었음은 물론이고 우리 집 서가에 있는 다른 철학 책들도 여러 권 뒤적거렸다. 자기는 학원을 다니지 않기 때문에 시간이 넉넉하다면서 책들의 숲을 조용조용 걸어 다니는 이 아이를 보면서 가슴이 뭉클해지곤 했었다. '인간이란 무엇인가?' 그 거대한 물음에 대한 답을 마련하느라 얼마나 고생을 했을까? '적당히'라는 말을 전혀 모르는 이 아이에게 너무 큰 짐을 안겨 준 것은 아닐까 하여 마음 한편이 무거워지면서도 눈을 맑게 빛내며 한 줄 한 줄 자신이 마련한 답을 써 내려 가는 아이의 모습이 얼마나 예쁘고 대견했는지 모른다.

《마당을 나온 암탉》과 《갈매기의 꿈》을 읽고

잎싹과 조나단, 나는 누굴 꿈꾸나

조은선 | 난우중 3학년

얼마 전 《갈매기의 꿈》과 《마당을 나온 암탉》을 읽었다. 나는 이 두 권의 책에서 같으면서도 상반된 이미지를 얻을 수 있었다. 《갈매기의 꿈》의 조나단에게서는 성인으로 추앙받는 예수나 부처의 이미지를 보았다. 예수 그리스도나 부처는 먼저 깨달으며 먼저 가르치며 무엇보다 모두를 사랑하는 전형적인 성인의 예이다. 그러나 잎싹은 많이 다르다.

네 살 때쯤 내가 외할아버지 댁에 갔을 때 밤새도록 몹시 앓은 적이 있다고 한다. 그때 우리 할아버지는 한숨도 못 주무시고 나를 업고 집에서 외양간, 외양간에서 집을 반복해서 오가며 별들에게까지 기도를 하며 걸으셨다고 한다. 지금도 할아버지는 내가 시골에 내려갈 때마다 "아이고 이쁜 내 새끼, 내 강아지."하며 주름진 얼굴에 함박웃음으로 맞아주시고 무엇이든 하나라도 더 주려 애 쓰신다.

나는 잎싹에게서 우리 할아버지의 잔영을 보았다. 잎싹이 초록머리에게 주었던 헌신적이자 희생적이었던 슬프고도 숭고한 사랑에서 어린 나를 업고 밤새 별을 보고 걸으셨던 할아버지의 기억을 붙잡을 수 있었다. 조나단은 재능이 있고 그에 합당한 진리, 이상, 노력을 가지고 끝내는 빛 속으로 사라지는 성인의 모습을 하고 있다. 조나단은 엘리트 중의 엘리트이다. 그러나 잎싹은 엘리트라고 말하기에는 무리가 있다. 애써 부화시킨 알도 자신의 온전한 알이 아니었으며 끝내는 족제비에게 죽임을 당한다. 그러나 자기 자신에 대한 끝없는 도전, 양계장 주인의 부속품으로 살아가는 삶이 아니라 자기 삶의 주인으로 서기 위해 끝없이 노력하는 삶을 살았다. 그리고 자유를 얻게 되었을 때 초록머리를 위해 자신의 삶을 내어 준다.

'성탄제'라는 시에서 아버지의 사랑을 예수 그리스도의 숭고한 사랑으로 승화시켰듯 나는 나에 대한 할아버지의 사랑을 인류를 향한 성인들의 사랑으로 승화시키며 나에게 할아버지의 잔영을 보여 준 잎싹의 길고 험난했던 삶 역시 성인으로 승화시킴으로써 조나단과 잎싹의 같으면서도 다른 이미지를 얻었다.

많은 갈등 속에서 나는 잎싹의 삶에 대해 더 강한 끌림을 얻었다. 조나단은 처음부터 평범하지 않은 삶을 살았다. 부모조차 말릴 정도로 다른 새들과는 뭔가 특별한 꿈을 꾸고 역시 특별한 새가 되었다. 하지만 잎싹은 너무나 평범했다. 양계장의 수많은 닭들 중 하나로 그저 그런 닭이었다. 조나단이 스스로의 힘으로 완전한 비행을 할 때 잎싹은 결코 스스로 완전한 부화(자신의 알을 품어 부화시키는)를 할 수 없었다. 만약에 잎싹이 완전한 알을 낳을 수 없었던 것처럼 조나단에게도 온전한 비행을 할 수 없는 불완전한 날개를 가졌더라면 그럼에도 그는 그러한 진리에 도달할 수 있었을까? 조나단이 애초에 예수 그리스도나 부처와 같은 성인이었다면 잎싹은 그저 평범한 닭, 아니 어쩌면 더 모자란 닭에서 성인으로 승화가 된 것이라고 보았다. 조나단에게서는 결코 찾아볼 수 없었던, 마치 우리 외할아버지를 닮은 희생적인, 인간미가 넘치는 캐릭터 잎싹에게서 더 큰 가능성과 매력을 느끼게 된 것이다.

내가 앞으로 인생을 살면서 불우한 사고로 장애를 가지게 되거나 도무지 헤어 나올 수 없는 굴레에 갇히게 되더라도 나는 잎싹이 자기 삶의 주인이 되어 자유를 찾았듯이 나 역시 절망이나 슬픔에게 혹은 그 누군가에게 내 삶의 주인 자리를 내어 주지 않고, 잎싹이 족제비에게 물려 죽는 최후의 순간에도 결코 초록머리 곁을 떠나지 않던 당당함과 자신의 후회 없는 삶에 대한 자부심을 가졌듯이, 조나단처럼 많은 갈매기의 우러름을 받지 못하더라도, 훗날 그 누구에게도 칭송받지 못하고 작은 단칸방에서 최후를 맞이하더라도, 나를 승화시켜 나갈 수 있기를, 잎싹의 승화된 삶을 살 수 있기를 바란다.

아이가 글을 발표하는 동안 글을 읽는 아이의 떨리는 음성과 처연한 눈빛이 어찌나 애절하고 감동적이던지 가슴이 뭉클했다. 이 아이는 언니들과의 우애도 유별나 주위를 놀라게 할 때가 많았는데, 작은언니는 모임이 조금이라도 늦게 끝날라치면 우리 집 문 앞에 와 서성거리길 여러 번 했다. 두 손을 꼬옥 잡고 가는 자매의 뒷모습이 그리 아름다울 수가 없었다.

책은 많이 읽는 것도 좋지만 한 권이라도 온전한 내 것으로 만드는 것이 더 좋다. 가슴에 폭 안겨 오는 낱말 하나를 따라 까마득히 잊고 있던 추억의 길을 이리저리 거닐어 보기도 하고 문장 사이사이 난 오솔길을 따라 끝없이 상상을 풀어 놓으며 가슴을 설레어 보는 것, 작품을 읽는 재미는 무엇보다 이런 데에 있을 것이다. 이럴 때 그 작품은 나에게서 새롭게 태어나 온전히 내 것이 된다.

아이들은 이미 그 길에 들어서 있었다. 하나씩 아이들에게서 새롭게 탄생되어 나오는 작품들을 보며, 이런 설렘, 이런 기쁨을 이 땅의 모든 아이들이 함께 할 수 있다면 얼마나 좋을까, 하는 마음이 문득문득 솟구치곤 했다.

2004년의 책 이야기

2004년 활동에 활용한 책들 역시 이미 널리 알려진 책들 중에서 아이들에게 읽히고 싶거나 읽을 수 있음직한 것들을 주제별로 여러 권씩 골랐다. 아이들의 읽기 수준을 고려하여 낮은 단계에서 높은 단계까지 고루 섞일 수 있게 했고 비슷한 수준의 책인 경우에는 소재나 접근 방식, 관점이 다른 것들을 택하고자 했다. 이 책들을 다 읽기야 힘들겠지만 행여 다 읽는 아이가 있을 수도 있고 자신이 직접 읽지는 못했다 해도 그 책을 읽은 아이들의 발표를 들으며 더 넓게 생각을 열어갈 수 있도록 배려한 것이다.

1월과 2월, '인간의 본성'을 주제로 했을 때 고른 책들은 《공자의 일생》과 《노자1·2》《장자1·2》《꽃들에게 희망을》《참 소중한 생명》《돼지가 철학에 빠진 날》《하리하라의 생물학 카페》 등이었다. 역시 소장하고 있는 책들 중에서 아이들이 읽을 만한 것으로 동양 철학과 서양 철학이 고루 섞이면서 쉽게 읽을 수 있는 것부터 어려운 것까지 섞으려 하다 보니 그렇게 된 것이다.

《공자의 일생》과 《노자1·2》《장자1·2》는 대만의 유명한 만화가 채지충의 '만화중국고전 시리즈' 55권 중의 하나인데 만화와 글이 양쪽에 나란히 있어 만화를 보며 놓친 내용은 글을 읽으며 보충하고 글만 읽을 때의 따분함은 만화로 풀 수 있어 참 좋다. 글 읽기 싫어하는 아이들 중에는 그냥 만화만 보는 경우도 많은데 만화의 내용이 짧지만 정곡을 찌르는 것들이라 그것만으로도 크게 부족하지는 않다. 그중 《공자의 일생》과 《노자1·2》《장자1·2》를 특별히 선택한 것은 동양 사상의 주류인 유교와 도교에서는 인간을 어찌 생각하는지 살펴보게 하려는 것이었다.

《꽃들에게 희망을》은 알다시피 애벌레와 나비의 이야기를 통해 맹목적인 경쟁으로 인해 자아를 상실해 가는 인간 사회를 풍자한 우화이다. 철학책은 아니지만 자아 정체성의 문제와 '어떻게 사는 것이 잘 사는 것인가'를 생각하게 해 주는 작품이라 골라 보았다.

《참 소중한 생명》은 중국의 '화설철학' 시리즈 네 권을 우리말로 번역하여 출간한 시리즈 중 하나로 철학과 철학자들의 이야기를 담은 《참 반가운 철학》, 철학의 대상을 다룬 《참 궁금한 세상》, 철학의 방법에 관한 《참 자유로운 생각》과 함께 철학의 본질을 다루고 있는 철학 입문서이다. 네 권의 책이 모두 딱딱한 이론 중심의 것이 아니라 이야기 형태로 구체적인 삶을 중심으로 풀어 나가고 있기 때문에 쉽고 재미있게 철학을 접할 수 있게 하는데, 특히 《참 소중한 생명》은 옛이야기와 작은 에피소드들이 많고 '내가 왜 살아야 하나, 나는 살 가치가 있는 존재일까?'라는 의문이 제기되곤 하는 청소년 시기에 읽으면 좋을 것 같아 선택했다.

이에 비해 《돼지가 철학에 빠진 날》은 서구적 시각에서, 《하리하라의 생물학 까페》는 생물학적 관점에서 인간의 본질을 다룬 책인데 두 책 모두 추상적이고 무거운 주제들을 구체적인 질문이나 이야기를 통해 재치 있고 박진감 넘치게 풀어 가는 것이라서 평소 이런 문제에 관심을 갖고 있는 아이나 책을 잘 읽는 아이들일 경우에는 큰 무리 없이 읽어 갈 수 있다. 우리 아이들 역시 여자아이 둘은 두 권을 다 거뜬히 읽었고 초등학교 5학년인 작은아이는 《돼지가 철학에 빠진 날》을, 중3 남자아이들은 《하리하라의 생물학 카페》를 좋아했다.

3, 4월의 시집 읽기 활동 때에는 특별히 지정 도서로 정한 것은 없었지만, 김소월, 윤동주, 한용운, 이육사, 한하운 등 이미 아이들이 교과서를 통해 알고 있는 시인의 시집뿐 아니라 서정홍의 《우리 집 밥상》, 이오덕의 《일하는 아이들》, 오규원의 《나무속의 자동차》, 백석의 《집게네 네형제》 등과 같은 동시집으로부터 여러 시들이 함께 묶여 있는 《한국인이 가장 좋아하는 명시 100선》《시가 내게로 왔다》《신경림의 시인을 찾아서》《한국의 명시》《영원한 세계의 명시》 등과 우리나라 옛 시의 향기를 맡을 수 있는 《정민의 한시 이야기》《한국의 명시조》 등 다양한 책들을 쏟아 놓은 후 마음껏 골라 읽도록 했다. 아이들은 이 책 저 책 뒤적이며 마음에 드는 것을 골라 읽기도 하고 따로 자기가 읽고 싶은 시집을 가지고 와서 읽기도 하는 등, 이 활동을 하는 동안 각각 적게는 3~4권 많게는 10여 권에 이르는 시집들을 읽었다.

그리고 시집 읽기 사이에 끼어 있는 《안녕, 기요시코》는 줄곧 시집만 읽고 있다 보면 따분해할까 싶어 넣어 보았다. 이 책은 어렸을 때 말을 심하게 더듬어 외로움과 부끄러움, 상처가 많았던 저자의 자전적 성장 소설로 친구가 없어 외로웠던 초등학교 1학년 꼬마였을 때 상상의 친구 '기요시코'를 만들어 함께 지내던 이야기로부터 대학생이 되어 '기요시코'를 마음에서 떠나보내게 될 때까지의 성장 과정을 7편의 단편에 담은 것이다. 한 편 한 편이 가슴에 감동을 불러일으키고 읽어 나가는 동안 인간이 얼마나 아름답고 소중한 존재인지를 새삼 깨달을 수 있어 특히 자신의 존재 문제로 고민이 많은 청소년 시절에 읽어 볼 만하다 싶어 골랐다.

원래는 과학의 달인 4월로 잡혔다가 아이들의 중간고사 시험으로 인해 5월로 밀려나게 된 '과학'을 주제로 한 책 읽기에서 선택한 책들 역시 과학의 발달에 의문을 제기하는 책들로부터 과학의 즐거움을 느끼게 해 주는 책들까지, 쉽게 읽을 수 있는 책부터 꽤 어려운 책까지 다양하게 골라 보았다.

《구름》은 핵의 위험성을 경고하는 동화로서 독일의 한 원자력 발전소에서 핵 누출 사고가 일어나 엄마와 아빠를 잃고, 동생의 죽음마저 지켜봐야 했던 한 소녀의 아픔과 슬픔, 또 그것의 극복 과정을 적나라하게 담아 낸 작품이고, 《멋진 신세계》는 올더스 헉슬리에 의해 1932년에 태어난 이래 아직까지도 전 세계 많은 사람들에게 애독되는 작품으로, 과학의 발달로 인해 인간이 모두 인공적으로 제조되어 '엄마'와 '아빠'라는 말이 '개새끼'에 버금가는 욕이 되어 버리고 '행복'과 '사랑'의 감정마저도 조작되는 인류의 미래를 그려 낸 섬뜩한 소설이다.

그에 비해 《과학의 즐거움》과 《파인만 씨, 농담도 잘하시네 1·2》는 과학이라는 학문이 얼마나 매력적이고 우리의 일상과 가까이 있는 것인지를 경험적으로 보여 주는 책들이다. 《과학의 즐거움》은 프랑스의 집단 유전학의 권위자인 저자(알베르 자카르)가 여러 학교에 초빙되어 초등학생들과 중·고등학생들을 만나며 서로 질문하고 답하며 얻게 된 생각들을 풀어쓴 것으로, 과학의 즐거움을 엿볼 수 있게 해 줄 뿐 아니라 '어떻게 사는 것이 잘 사는 것인가', '진정한 공부란 어떤 것인가' 등의 문제까지도 깊이 생각해 볼 수 있도록 이끌어 준다. 또 《파인만 씨, 농담도 잘하시네1·2》는 천재적인 물리학자 리처드 파인만의 엉뚱하고 기발한 삶의 에피소드들을 통해 물리학의 원리와 과학적 발견들을 농담처럼 풀어 놓은 책으로 과학을 좋아한다면 초등학교 5,6학년 아이들도 읽고 즐거워 할 만큼 기지가 넘치고 재미있다. 그러나 이 두 책은 기본적으로 과학에 대한 관심과 지식을 필요로 하고 있어 과학에 흥미가 없거나 과학적 지식이 부족한 아이들이 읽기에는 다소 버겁다. 반면에 《우리 조상들은 얼마나 과학적으로 살았을까》는 우리 조상들의 지혜로운 생활 습관과 전통 문화 속에 깃들어 있는 과학적 사실들을 하나씩 들추어 보여 주는, 역사와 문화와 과학이 한데 어울려 숨 쉬는 생활 과학 이야기라서 비교적 쉽게 읽어 볼 수 있다. 우리 아이들은 대체로 이 책과 앞의 동화와 소설을 좋아했었다.

6월의 민족 분단 문제는 지난해에도 다루었지만 너무 가볍게 다룬 듯 하여 다시 잡아 보았다. 작년 대상 도서였던 《그리운 매화향기》《상처 입은 세기의 거장 윤이상》《문수의 비밀》《DMZ》에 《GO》와 《우리 통일 어떻게 할까요》를 추가했다. 이 책들은 모두 민족 분단으로 인한 아픔과 고민, 그 실상 등을 직접적으로 다루고 있거나 은연 중 깨닫게 해 주는 작품들인데, 《그리운 매화향기》는 주한미군 문제, 《상처 입은 세기의 거장 윤이상》은 윤이상의 통일에 대한 노력과 인권 문제, 《문수의 비밀》은 이념의 차이로 인한 친구간의 갈등과 이산가족 문제, 《DMZ》은 남과 북의 이념적 갈등 문제, 《GO》는 재일교포 문제와 일본 내의 남북 갈등 문제를 특별히 생각해 볼 수 있도록 돕고, 《우리 통일 어떻게 할까요》는 이러한 문제들을 총체적으로 검토하며 생각을 정리해 볼 수 있도록 도와주는 책이다.

아이들에게 당시 적극적으로 권한 책은 재일교포 작가 가네시로 카즈키의 작품 《GO》였다. 다른 책들은 이미 읽은 아이들도 있고 《우리 통일 어떻게 할까요》는 중학생이 읽기에 다소 무리가 있지만, 《GO》는 저자 스스로 밝히고 있듯 "이 소설은 나의 연애를 다룬 것이다. 그 연애는 공산주의니 민주주의니 자본주의니 평화주의니 귀족주의니 채식주의니 하는 모든 '주의'에 연연하지 않는다."라는 말처럼 재일 한국인 남자 고등학생과 일본 소녀와의 '사랑 이야기'이다. 게다가 문장의 속도도 빠르고 일어나는 사건마다 어찌나 아슬아슬하고 통쾌한지 한 번 읽기 시작하면 도저히 눈을 뗄 수가 없다. 뿐만 아니라 작가가 애써 '이것은 연애소설일 뿐이다.'라고 강조를 하고 있음에도 일본에서 태어나 일본에서 자란 아이가 재일 한국인이라 하여 일본 아이들로부터 이지메를 당하고 일본 내의 한국계와 조총련계 어디에도 발붙이지 못하며 혼자 당하고 혼자 싸워 나가는 모습을 보면 웃다가도 눈물이 나고 통쾌하면서도 마음이 아파온다. 이 작품은 단순한 연애소설이 아니다. 그렇다고 무슨 '주의'를 앞세우는 것도 아니다. 그렇기에 오히려 읽는 이에게 생각할 여지를 넓게 열어주는, 청소년에게 권하기 딱 좋은 작품이다.

7월의 독서 퀴즈 대상 도서는 새로 책을 읽히려 한 게 아니라 아이들을 격려하기 위해 그동안 읽어 온 작품들과 학교에서 배운 작품들 중에서 선택한 것이라 특별한 건 없다. 7월 중순부터 8월 중순까지는 내가 다른 일들로 바빠 모임을 갖지 못하고 아이들에게 과제를 내주었는데, 아이들이 중학교 3학년이다 보니 우리의 근대 문학 작품들을 읽어 보는 것도 좋을 듯하여 한국 근대문학의 선구자들이면서도 대조적인 성격을 지닌 이광수와 김동인의 작품을 읽고 비교해 보게 한 것이다.

9월의 '역사'를 주제로 활동할 때 선택한 책들은 《5교시 국사시간》과 《친일파 99인 3》《꿈에 본 복숭아꽃 비바람에 떨어져》《눈으로 보는 한국 역사 시리즈》《내 머리로 생각하는 역사 이야기》였다. 《5교시 국사시간》과 《친일파 99인 3》은 꼭 읽어 보도록 권하였지만, 조선시대 화가들의 삶과 그들의 작품을 통해 조선의 역사와 문화를 보여 주고 있는 《꿈에 본 복숭아꽃 비바람에 떨어져》와 '역사란 무엇인가' 라는 화두를 갖고 동서양의 역사를 좌우로 횡단하며 서슴없이 비판을 가하고 있는 《내 머리로 생각하는 역사 이야기》는 중학생 아이들이 읽기에는 버겁다 싶어 관심 있는 사람만 읽어 보라 한 책들이다. 그리고 초등학생용으로 우리 큰아이와 작은아이가 어렸을 때부터 즐겨 읽던 《눈으로 보는 한국 역사 시리즈》는 다른 책들을 읽기 힘들어 하는 아이가 있을 경우를 대비하여 준비했다.

모두가 함께 읽은 《5교시 국사시간》은 제1장 '이 땅에 사람의 역사가 움틀 때' 로부터 제7장 '하나 되어 물결치리라' 에 이르기까지 우리 민족이 이 땅에 뿌리내리고 흔들리고 꽃 피워오면서 겪은 숱한 아픔과 고통과 희열과 환희가 학교 현장에서 경험한 내용들과 함께 아이들의 눈높이에 딱 맞게 빠른 속도로 전개되고 있어, 아이들이 쉽게 우리 역사 속으로 들어가 볼 수 있겠다 싶어 선정했다. 아이들 역시 재미있다며 잘 읽어 나갔다. 물론 한두 아이는 읽고 싶은 부분만 골라 읽으며 휙휙 건너뛰기도 했지만 그러면 또 어떤가.

《친일파 99인 3》은 왜곡된 역사를 바로잡아 민족의 정기를 곧추 세우고자 하는 반민족연구소에서 오랜 연구와 노력 끝에 출간하게 된 《친일파 99인》 시리즈 중 마지막 권으로 1권과 2권이 정치적 인물들을 다루고 있는 데 비해 3권에는 아이들도 이미 알고 있는 작가와 음악가, 화가 등이 실려 있어 한번 살펴보게 했다. 역사란 죽어 버린 과거가 아니라 현재를 살아가는 우리의 좋은 거울인 만큼 친일파들의 행적을 통해 '배움'을 얻었으면 하는 마음에서 선택해 본 것이었다. 아이들은 한 권을 다 읽지는 않고 차례를 훑어보면서 관심 있는 사람들 중심으로 읽을 수 있는 만큼씩만 읽었다.

10월에는 프로그램에 변화도 줄 겸 아이들의 가치관 형성에도 도움이 될 만한 책을 고르다가 비슷하면서도 상반된 《마당을 나온 암탉》과 《갈매기의 꿈》을 엮어 읽으며 같은 점과 다른 점도 비교해 보고, 작품의 주인공인 잎싹과 조나단 중 자신이 더 좋게 생각하는 인물은 누구인지 생각해 보며 자신을 더 깊이 들여다보게 하였다.

나는 《마당을 나온 암탉》을 동양판 《갈매기의 꿈》이라 생각한다. 이 작품들은 우선 '우화'라는 점이 같다. 또한 《마당을 나온 암탉》의 잎싹과

《갈매기의 꿈》의 조나단은 먹고 살기 위해 혹은 목숨을 부지하기 위해 어쩔 수 없이 어느 만큼은 '나'도 포기하고 '자유'도 포기하는 평범한 사람들과 달리, 먹고 사는 삶 '그 너머'를 꿈꾼다. 반면에 잎싹은 그 꿈을 이루었을 때 그것을 고스란히 초록머리에게 내어줌으로써 자아를 완성시킨다. 조나단이 더 멀리 더 높이 나는 법을 터득하여 남들의 지도자가 되는 것과는 다른 모습이다. 둘 다 초월을 꿈꾸고 완전한 자기완성을 이룬다는 점에서는 같으나 잎싹은 여자이고 조나단은 남자라는 것, 잎싹은 한없이 아래를 향해 있고 조나단은 한없이 위를 향해 있다는 점은 대조적이다. 그래서 잎싹은 땅을 무대로 해야 했고 조나단은 하늘을 무대로 해야 했을 것이다. 이처럼 잎싹은 다분히 동양적이고 조나단은 다분히 서양적이다. 곧 동양 여자인 황선미는 잎싹을, 서양 남자인 리처드 바크는 조나단을 내세워 동양과 서양의 이상적 인간형을 제시한 셈이다.

이렇게 두 작품을 한데 엮어 읽다 보면 이런 재미난 점들을 발견하게도 되고 이런 비교를 통해 작품을 더 깊이 이해할 수 있다. 또 두 인물 중 자신이 누구와 더 닮아 있고 더 닮고 싶어 하는지 살펴보면서 자신을 더 깊이 알아갈 수 있어 좋다.

11월에 다시 《GO》를 살펴보게 된 것은 11월에는 아이들이 중3이라 시간이 바빠(10월과 11월에 연달아 중간고사와 기말고사 시험을 치렀다.) 다른 것을 새롭게 하기 힘들어 《GO》에서 나오는 대조적인 두 인물 스기하라(주인공)와 그의 친구 정일이를 비교하며 역시 자신을 더 깊이 들여다보게 한 것이었다. 앞서도 말한 바 있듯 스기하라는 재일 한국인인 자신의 운명을 지극히 개인적이고 물리적(권투를 배워 일본 아이들을 하나씩 쓰러뜨리는)인 방법으로 풀어 나간다. 그에 비해 친구 정일이는 일본 내 한국 아이들을 규합하여 머리를 써 가며 조직적으로 대응해 나간다. 이 둘을 비교하며 자신이 누구를 더 닮았는지 또 누구를 더 지지하고 있는지 살피다 보면 자신의 내면을 더 깊이 들여다볼 수 있게 되고 미처 알아채지 못하고 있던 자신의 국가관이나 세계관도 검토해 볼 수 있어 좋겠다 싶었던 것이다.

12월과 이듬해 1월 중순까지는 동서양의 고전소설들을 자유롭게 읽는 시간을 가졌다. 책상 위에 이미 이름이 널리 알려져 있는 동서양 고전 작품들을 쏟아 놓고 아이들은 읽고 싶은 것부터 읽을 수 있는 만큼씩 읽었는데 두세 권 읽은 아이부터 열 권 넘게 읽은 아이까지 다양했다. 또 간간이 읽은 책에 대해 함께 소감도 나누고 잡담도 하며 나는 거의 개입하지 않고 저희끼리 활동했다.

어린 시절과 청소년기에 자유롭게 읽은 고전(비문학 포함)이야말로 인간에 대한 이해와 사랑, 상상력의 원천이다. 특히 동서양의 고전소설은 어린이와 청소년 시기에 반드시 읽을 필요가 있다. 어떤 작품이 시대를 넘어서 오랫동안 사람들에게 읽혀진다는 것은 그만큼 본질적이고 보편적인 가치를 지닌 것이라 할 수 있을 텐데 '나' 역시 그러한 보편적인 인간성의 바탕 위에 서 있는 존재가 아닌가. 그런데 소설은 그러한 사실들을 직접적이고 딱딱한 방법으로서가 아니라 수많은 비유와 상징, 살아서 생생히 숨 쉬고 있는 인물들과 사건들을 통해 우리의 감성과 상상력을 통해 들어오는 것이기 때문에 특히 정서를 풍부히 가꾸어야 할 어린이와 청소년에게 꼭 필요한 것이다. 그리고 이때는 누군가의 의도에 따라 한 방향으로 읽기보다는 자유롭게, 자기 마음대로 상상하고 자신과 내밀하게 속삭이며 읽는 것이 좋다. 그랬을 때라야 자기를 온전히 드러낼 수 있고 마음껏 펼쳐 나갈 수 있다.

셋째 해,
점점 바빠지는 아이들의 짧은 활동 이야기

2년 동안 독서모임을 함께 한 아이들은 작은아이를 빼고는 모두 고등학생이 되었다. 고등학교 내신 성적이 대입에 큰 비중을 차지하는데 이렇게 느슨하고 느릿한 독서모임을 계속해야 할 것인지 말 것인지 또 한다면 어떤 형태로 해야 할 것인지 고민이 많았다. 큰아이 친구 남자아이 둘은 친구들과 모임 활동을 하는 것은 좋아했지만 책 읽기는 썩 좋아하지도 않고 열심히 하는 것 같지도 않아 더 걱정스러웠다. 아이들과 함께 의논하는 게 좋을 듯하여 고민을 풀어 놓았더니, 우리 큰아이와 여자아이 둘은 당연히 모임은 계속되어야 하고 이제 고등학생이 되었으니 논술문 같은 글도 써 보고 싶다는 의사를 밝혔다. 그러나 남자아이 둘은 지금까지는 책 읽기 활동보다 친구들과 어울리는 게 좋아 모임을 해 왔지만 이젠 학교 공부에 좀 더 신경을 쓰고 영어와 수학에 치중하고 싶다며 탈퇴의 뜻을 비쳤다. 섭섭했지만 우리의 입시 현실을 모르는 바도 아니어서 책 읽기 때는 아니더라도 가끔씩은 만나자며 헤어지게 되었다.

그런데 한 달쯤 후 바로 윗집에 사는 아이가 아빠한테 태어나서 처음으로 회초리를 맞는 일이 벌어졌다. 아이네 집에서는 그때까지 우리 독서모임이 아예 해체된 줄 알고 있다가 나와 우연히 길에서 만나 그간의 사정 이야기를 듣게 된 아이 엄마가 아빠에게 사실을 알려 준 데서 비롯된 것이었다. 아이가 전하는 말에 의하면, 아빠는 우선 사실을 제대로 말하지 않은 데 대해 몹시 분노를 하고 또 자신의 너무도 어리석은 선택에 통탄을 했다는 것이다. 아이 아빠는 "네가 공부를 못하고 대학을 못 가도 이보다 더 실망스럽고 슬프지는 않을 것이다. 네가 뜻밖의 좋은 기회를 만나 좋은 책들을 읽으며 정신이 쑥쑥 자라는 것 같아 정말 고맙고 행복했었는데 이렇게도 어리석을 줄이야……." 하시며 내내 비통해 하셨다는 것이다. 아이는 비로소 책 읽기와 우리 독서모임에 대해 진지하게 생각해 보게 되었는지, 열심히 새로운 마음으로 다시 시작해 보고 싶다는 의사를 밝혀 왔다. 그래서 고등학생 남자아이 둘과 여자아이 둘, 이제 6학년이 된 우리 작은아이까지 하여 다섯 명이 3년째 독서모임을 다시 함께 해 나가게 되었다.

3월부터 5월까지 우리 작은아이를 제외한 고등학생들은 주로 토론과 글쓰기에 치중했는데, '학교 공부 잘해야만 하나?', '영어 공용화 실시해야 하나?', '사회정의는 질서(안보)에 우선해야 하나?' 등과 같은 주제로 토론을 한 후 논술문을 써서 서로 고쳐 주고 다시 다듬기도 하면서 느리지만 깊이 있게 나갔다(작은아이는 옆에서 저 좋은 책들을 읽었다.). '공부'와 관련해서는 인터넷 자료와 자신의 경험을 토대로 토론을 하고 글을 써서 대상 도서는 따로 없었고, '영어 공용화'는 《한국어가 사라진다면》시정곤 외, 한겨레출판, 2003과 《국제어 시대의 민족어》복거일, 문학과지성사, 1998를, '사회정의와 질서'에는 《쎄느강은 좌우를 나누고 한강은 남북을 가른다》홍세화, 한겨레출판, 2008를 주도서로 하고 각자 알아서 더 읽고 싶은 책이나 자료들을 구해서 읽도록 했다. 그리고 아이들이 논술문 쓸 때 도움을 받을 수 있는 책을 추천해 달라기에 《3일이면 터득하는 글쓰기 기술》박승억, 소피아, 2004을 추천해 주었다.

《한국어가 사라진다면》은 만일 '우리나라에 영어 공용화가 실시된다면'이라는 가정 아래 영어 공용화 실시 원년인 2023년과 그로부터 30년 후, 60년 후, 100년 후, 500년 후에 일어날 일들을 가상하여 쓴 다큐 형태의 소설이다. 우리말을 아끼고 사랑하는 소장학자 5명(시정곤·정주리·장영준·박영준·최경봉)이 함께 썼는데 '가상 시나리오'에 불과한데도 사이사이 저자들이 제시하고 있는 역사적인 실증 자료들로 인해 마치 실제 같은 생각을 하게 만든다. 이 책에 의하면 우리말은 영어 공용화 실시 100년 후에는 완전히 자취를 감추게 되고 우리나라 사람들은 그때까지 영어를 국어로 사용하다가 이제는 최강국으로 떠오르는 중국을 따라가기 위해 '중국어 공용화'를 외치게 된다. 그리고 500년 후, 513년 전에 제작하여 매설했던 타임캡슐이 발견되면서 그 안에 있던 우리말 관련 자료를 해독하게 되고 '우리말'은 너무도 과학적이고 간명한 언어임이 판명되어 '세계적인 언어'로 부활하게 된다.

영어 공용화 문제를 다룬 책 중에서 중고생이 읽기에 이만큼 좋은 책은 없다. 특히 책 뒤에 부록으로 1998년 복거일의 《국제어 시대의 민족어》 이후 뜨겁게 공방전이 벌어졌던 '영어 공용화 찬반' 논쟁 자료들이 30편 넘게 실려 있는데, 이 자료들은 우선은 본문의 글이 '영어 공용화 반대' 입장을 취하고 있기 때문에 자신도 모르는 새 그쪽으로 생각할 수밖에 없었던 독자들에게 반대 입장에서도 생각해 볼 기회를 제공해 주어 좋기도 하고, 지상논쟁을 벌인 사람들이 다들 논리적인 글쓰기의 달인들인 만큼 논술문을 공부하는 데도 많은 도움을 받을 수 있어 좋다.

반면에 《국제어 시대의 민족어》는 영어 공용화 논쟁에 단초를 제공한 책이라는 데는 의의가 있지만 '영어 공용화'를 주장하기 위해 민족주의와 자유주의를 대립시킨 것도 억지스럽고 영어 공용화가 된다 해도 '우리말은 그대로 사용될 것'이라는 주장도 설득력이 없는데다 아이들이 읽기에는 어려운 용어가 많아 참고로만 훑어보라 일렀던 책이다.

'사회정의와 질서(안보) 어느 것이 우선인가?'라는 주제의 대상 도서였던 《세느강은 좌우를 나누고 한강은 남북을 가른다》는 주제가 먼저 정해진 후 책이 선정된 것이 아니라 책을 먼저 선정한 후 주제를 잡은 특수한 경우다. 워낙 개인적으로 홍세화 선생님을 흠모하는 탓도 있지만 중학교 국어 교과서에도 소개된 바 있는데다, 보기 드물게 대학생이었던 때나 나이가 지긋해진 지금이나 변함없이 '살아있는 정신'의 모범을 보여 주는 분이기에 아이들에게도 꼭 소개할 필요가 있다고 생각한 때문이다. 《나는 빠리의 택시운전사》를 선택하지 않고 《쎄느강은 좌우를 나누고 한강은 남북을 가른다》를 선택한 것은 이 책이 읽기에도 쉽고 아이들의 공감을 불러일으킬 만한 내용이 많았기 때문이다.
이 책은 남민전 사건에 연루되어 본의 아니게 20년 넘게 파리에서 거주해야만 했던 저자가 프랑스 사회라는 거울을 통해 우리 사회를 성찰하고자 한 문화비평 에세이다. 총 5부 25개의 소제목으로 되어 있는 내용 중에서 하필 '사회정의는 질서(안보)에 우선해야 하는가?' 라는 소제목을 토론 주제를 삼은 것은 이 책의 핵심 테마가 '사회정의'인데다 그것의 중요성에도 불구하고 우리 사회에서는 그동안 이 문제를 너무도 소홀히 다룬 듯싶어 아이들에게 생각해 볼 기회를 주기 위함이었다. 이후로 아이들은 홍세화 선생님의 열렬 팬이 되기도 하고 우리 사회에서 일어나고 있는 여러 문제들에 대해 저희끼리 토론을 하는 등 사회 문제에 대해서도 큰 관심을 보이기 시작했다.

《3일이면 터득하는 글쓰기 기술》은 논리적인 글쓰기의 방법을 안내한 책인데 제목 그대로 3일 동안만 잘 읽고 따라해 보면 글쓰기의 원리를 훤히 깨칠 수 있을 만큼 쉽고 명쾌하게 설명이 되어 있다. 즉 첫날, 여러 예들을 통해 논리적 글쓰기의 기본을 익히고 둘째 날, 개요 짜기와 문장 쓰기 및 풀어쓰기와 개념화 훈련을 해 본 후에 셋째 날, 논리적 연결사의 활용과 소재의 선택과 사례의 활용, 대안적 주장에 대한 비판을 공부해 볼 수 있도록 짜임새 있게 구성을 해 놓았는데, 글을 쓸 때 흔히 겪는 어려움들을 정확하게 지적하고 있는데다 그 해결책까지 사례를 들어가며 명쾌하게 안내하고 있어 이쪽 분야에 관심이 있는 중고생이라면 혼자서도 충분히 읽고 터득할 수 있는 책이다. 실제로 우리 독서모임 아이들도 각자 이 책을 몇 번이고 읽으며 논술문 쓰기의 기초를 익혔다.

5월 이후로는 고등학교 아이들이 몹시 바빠졌다. 그렇다 보니 모임에 빠지는 아이들이 종종 생기게 되고 책을 예전만큼 읽어 내지도 못했다. 모임도 계속 하고 싶고 책도 마음껏 읽고 싶어 했지만 모의고사에 정규고사에 영어, 수학, 과학, 사회 등 넘어야 할 산이 많았다. 어떻게 해야 이 모임이 아이들의 교과 공부와도 동떨어지지 않으면서 아이들의 삶을 위로하고 격려할 수 있을지 고민이 되었다. 아이들과 의논 끝에 내린 결론은 이후로는 책을 읽고 현장 답사를 하는 독서 기행 중심으로 꾸려 나가자는 것이었다. 즉 예전처럼 매주 모여 여러 영역의 책들을 읽으며 다양한 활동을 하는 것이 아니라 학기별로 하나의 독서 기행 프로젝트를 마련하여 관련된 책들을 정한 후 각자 좋은 방식으로 책들을 읽고(모임에 나와 함께 읽든 혼자서 읽든) 기말고사가 끝난 후부터는 함께 모여 읽은 책들에 대한 발표도 하고 구체적인 여행 준비를 하여 떠나자는 것. 아이들은 모임은 모임대로 유지가 되면서 당당히 빠질 수 있는 권리(?)도 생긴데다 함께 여행을 떠날 수 있다는 데에 대해 흥분을 감추지 못했다. 나 역시 전혀 새로운 방식의 프로그램에 가슴이 설레고 아이들의 행복해 하는 모습에 힘이 났다. 이때로부터 2년 동안 우리는 5차례에 걸친 독서 기행을 함께 하며 책 안의 기쁨과 책 밖의 기쁨을 동시에 누리는 멋진 경험을 할 수 있었다.

3

책은 그냥 읽기만 해도 좋다.
그러나 작품의 공간적 배경을 직접 밟아
보기도 하고 작가가 나고 자란 곳,
종일 뒤척이며 글을 쓰던 현장을
직접 찾아가게 되면 그들의 숨결을
생생히 느낄 수 있어 더욱 더 좋다.
더구나 여행을 하며 좋은 사람들과 마음을 나누고
함께 공유할 수 있는 추억을 만드는 일,
그 길 위에서 만나게 될 아름다운 사람들,
일어나게 될 멋진 사건들, 그것은 상상하는 것만으로도
우리를 들뜨게 하고 삶을 풍성케 한다.

책을 읽고
떠나는 여행
2005~2006년 이야기

책 · 만남 · 여행

내가 어렸을 때 우리 집에는 서울에서 대학을 다니던 오빠 덕에 꽤 많은 책이 있었다. 오빠는 동생들 생일이나 방학이 되어 내려올 때 우리가 좋아하는 책들을 선물해 주곤 했다. 그때 선물 받은 《알프스의 소녀 하이디》는 잠잘 때도 옆에 끼고 잘 정도였고, 《삼총사》《흑기사》《장발장》《시튼 동물기》《파브르 곤충기》 등도 마르고 닳도록 읽었다. 그러다 4학년 때 우리 학교에 어떤 독지가가 도서관을 세워 주었는데 교실 한 칸 정도밖에 되지 않는 작은 도서관이었지만 내게는 우주보다 더 크게 느껴질 만큼 웅대하고 신비롭게 생각되었다. 지금과는 달리 문을 꼭꼭 잠가 놓고 1주일에 한 번씩만 시간을 정해 책을 보게 해 주고 대출을 해 주었는데, 1주일 내내 나는 그 시간을 기다리곤 했다. 빨간 표지의 세계소년소녀명작전집과 세계위인전기전집, 보들보들한 우리나라 옛이야기와 고전소설 등, 책은 내 울타리 밖 세상을 넘겨다 볼 수 있게 해 주고, 아름다운 사람들과의 만남을 가능하게 해 주었으며, 꿈꾸는 법도 알려 주었다. 나는 책을 읽는 것도 좋아했고 책이 열어 주는 길을 따라 멀리멀리 여행을 떠나 보는 것도 좋아했다

그러다 때로는 뜬금없이, 직접 작품 속 배경지와 인물들을 찾아가고 싶고 만나 보고 싶은 마음이 들끓어 오를 때가 있었다. 상상과 추상으로 존재하는 그들(혹은 그것들)을 구체적인 형상으로 직접 보고 느끼고 싶었다. 그러나 그것은 현실적으로 불가능한 일이었다. 당시의 어른들 중에는 그런 아이를 이해할 수 있는 사람도 드물었거니와 설혹 이해할 수 있다 하더라도 경제적으로 뒷받침이 되지 않았다.

부모가 되어, 우리 아이들에게는 그 길을 열어 주고 싶었다. 세계까지는 아니더라도 우리의 책을 읽고 우리의 인물들과 작품 속 배경지를 찾아다니며 직접 느끼고 호흡해 볼 수 있도록 돕고 싶었다. 더구나 좋은 사람들, 함께 할수록 더 짙은 향기가 배어나는 사람들과 함께 하는 여행이라면 얼마나 황홀할 것인가.

소박하고 정갈한 무위사, 그 품에 안겨 있으면 저절로 마음이 평온해진다.

다산을 만나러 가는 길,
강진 · 해남 여행

가정독서모임 아이들은 1학기 기말고사가 끝난 2005년 7월 중순에 모두 다시 모였다. 생각만으로도 좋은지 온통 여행 이야기뿐이었다. 우리는 문학기행 지도를 펴 놓고 여행지 하나하나를 살펴보았다. 아이들은 서울을 멀리 벗어나고 싶어 했다. 윤이상과 이중섭의 통영, 율곡과 신사임당의 강릉, 《토지》의 하동 등 여러 곳들이 물망에 올랐으나 결국 우리가 택한 곳은 강진과 해남, 다산과 영랑과 고산의 숨결이 배어 있고 아직도 순수 자연이 넘실댄다는 바로 그곳이었다.

영랑과 고산도 좋았지만 나는 아이들이 이 기회에 다산에 대해 좀 더 알았으면 싶었다. 내가 중고등학생이었을 때 그랬던 것처럼 우리 아이들 역시 다산에 대해서 '실학을 집대성한 사람'이고 '거중기를 만든 사람'이라는 정도의 지식은 있었지만 그 말이 갖고 있는 의미에 대해서 깊이 생각해 본 적도 없고 또 그의 인격이나 삶에 대해서는 거의 아는 바가 없었다.

내가 다산에 대해 특별한 관심을 갖게 된 것은 교사가 된 지 얼마 안 되어 아이들에게 들려줄 훈화 자료를 찾다가 발견한 〈애절양哀絶陽〉이라는 시 때문이었다. 나는 지금도 그 시를 처음 만났을 때의 놀라움과 감동을 잊을 수가 없다.

노전 마을 젊은 부인 서러운 울음소리
현문 향해 통곡하고 하늘에 울부짖네
지아비 군에 가서 돌아오지 못할 수는 있어도
예로부터 남자의 절양은 들어 본 적이 없다네
시아버지 상에는 이미 상복 입었고
갓난아이 배냇물도 채 마르지 않았는데
삼대의 이름 군적에 실리다니
가서 하소연하려 해도 문지기는 호랑이처럼 지켜 서 있고
이정이 호통치며 마구간 소만 끌고 갔네
칼을 갈아 방에 들자 붉은 피가 자리에 가득
자식 낳아 군액 만났다며 스스로 한탄하네
무슨 죄가 있어 잠실궁형인가
민땅 자식들 거세한 것도 슬픈 일인데
낳고 낳는 이치는 하늘이 부여한 것이기에
하늘땅 닮아 아들딸 되는 법
말 돼지 거세함도 가슴 아프다 하는데
후손 이을 사람이야 말해 무엇하리오

> 부자들은 1년 내내 풍류나 즐기면서
> 쌀 한 톨 비단 한 치 바치는 일 없으니
> 다 같은 백성인데 왜 그리 공평하지 못할까
> 객창에서 거듭거듭 시구편을 읊조리네.

한 구절 한 구절이 어찌나 놀랍고 생생하든지 바로 내 눈앞에서 그 일들이 벌어지고 있는 듯했다. 국사시간을 통해 '황구첨정'이니 '백골징포'니 하는 말들은 들어 보았지만 벼슬아치들의 수탈과 횡포로 인해 백성들이 스스로 거세까지 해야 했다니 어찌 이런 일이 있을 수 있나 싶고, 이런 이야기를 그대로 그려 낸 다산이 새삼 놀랍고 존경스러웠다. 대대손손 양반으로 자란 사람이 평민의 편에 서서 그들의 처지와 아픔을 이토록 절절히 표현해 내는 일이 어찌 쉬운 일이었을까. 이처럼 백성들의 고통에 대해 깊은 이해와 연민이 있었기에 그는 추상적인 성리학을 벗어나 구체적이고 실제적인 '실학'에 관심을 쏟게 된 것일까? 마치 세종대왕이 '이르고자 하는 바가 있어도 이르지 못하는 어린(어리석은) 백성들'을 근심하고 염려하다 훈민정음을 창제하게 된 것처럼 다산은 이리저리 채이고 밟히며 죽도록 일을 해도 굶주림을 벗어나지 못한 채 스스로 거세까지 해야만 했던 백성들이 너무도 가슴 아파 '실학'에 몰두하게 된 것인지도 모르겠다.

그 이후로 다산은 내 마음 한쪽에 깊숙이 자리하게 되었다. 그러나 특별히 따로 책을 읽거나 공부를 해 볼 기회는 없었는데 마침 독서모임 아이들과 그의 책들을 읽고 그가 18년 동안이나 유배 생활을 한 강진에 갈 기회가 생긴 것이다.

그때 책상 위에 쏟아 놓은 책들은 《웅진위인전기 정약용》 김도연, 웅진북스, 1996 《다산 정약용—유학과 서학의 창조적 종합자》 금장태, 살림, 2005 《다산 정약용 유배지에서 만나다》 박석무, 한길사, 2003 《윤선도》 김일광, 파랑새어린이, 2007 《고산 윤선도 시선》 허경진, 평민사, 2007 《모란이 피기까지는》 김영랑, 미래사, 2002 《신경림의 시인을 찾아서1》 신경림, 우리교육, 1998 《한국의 명시》 김희보, 가람기획, 2001 《나의 문화유산답사기1》 유홍준, 창비, 1993 등이다.

이들 중에서 고등학교 아이들은 《다산 정약용》과 《고산 윤선도 시선》 《모란이 피기까지는》《신경림의 시인을 찾아서1》 중 〈김영랑〉편, 《나의 문화유산답사기1》 중 〈남도답사일번지〉 등을 읽고 우리 작은아이는 《웅진위인전기 정약용》과 《윤선도》《모란이 피기까지는》과 《나의 문화유산답사기1》 일부를 읽었다. 그리고 여행 떠나기 직전에 지금까지 읽은 책들에 대한 소감도 나누고 인터넷에서 관련 자료들을 더 찾아 봤으며 여행지에 대해서도 조사했다.

숙소는 미리 인터넷 자료들을 통해 검토한 후 직접 주인과 통화하여 결정했는데, 강진 버스터미널에서도 가깝고 간단한 음식을 해 먹을 수 있는 부엌도 제공해 주겠다는(주인네 식구가 사용하는 부엌을 함께 쓸 수 있게 해 주겠다고 함.) 모텔이 있어 그리로 정했다. 그러나 여행의 구체적인 일정과 이동 수단은 현장에 가서 직접 부딪히며 결정하기로 했다. 아이들을 책임 맡아 가는 것이라서 신경이 쓰이긴 했지만 인원도 많지 않고 다 큰 아이들이라서 크게 걱정되지는 않았다.

드디어 7월 28일, 고등학교 1학년 넷과 우리 작은아이와 나는 7시 30분

강진 김영랑 생가 안방

백련사에서, 1기 독서모임 아이들

발 강진행 고속버스에 몸을 실었다. 작은아이가 멀미를 두어 번 한 것 빼고는 별 탈 없이 12시 30분쯤 강진에 도착했다. 강진은 자그마하고 조용한 곳이었다. 전화로 예약해 둔 모텔 간판이 바로 눈에 띄어 무척이나 반가웠다. 방은 6인실 온돌 방 하나와 2인실 침대방 하나를 얻었는데 깨끗한 편이었고 주인아저씨와 아주머니의 인상도 좋아 대체로 만족스러웠다.

점심을 먹고 김영랑 생가에 가려는 순간 폭우가 쏟아져 내렸다. 모텔 현관 앞에서 비가 주춤해지기를 기다리는 동안 우리는 주인아저씨와 이런저런 얘기도 나누고 강진과 해남에 대한 여러 안내도 받을 수 있었다. 그때 아저씨는 우리가 계획하고 있는 여행지들을 다 둘러보려면 버스로는 시간이 모자라고 택시는 경비가 너무 많이 들 것 같으니 차를 하루 렌트하는 게 어떻겠느냐는 것이었다. 자기 조카에게 본래는 7인승이었지만 뒷좌석을 뜯어 내 짐칸으로 만드는 바람에 5인승이 된

목백일홍이 흐드러진 백련사 앞마당

소박한 맞배지붕의 무위사

차가 한 대 있는데 운전이랑 안내도 해 주며 하루 12만원이면 된다는 것 아닌가. 무척 반가운 제안이긴 했지만 5인승 차에 일곱이 타야 한다는 것도 마음에 걸리고 혹시 더 좋은 방법이 있을까 싶어 바로 대답을 안 했다. 그러나 김영랑 생가를 둘러본 후 무위사를 가고 오는 동안에 택시 두 대에 6만원을 쓰고 나니 그쪽으로 마음이 굳혀졌다. 그 덕에 남자아이 둘이 강진과 해남의 도로를 달리는 내내 짐칸에서 우리와 등을 맞대고 앉아 다리도 펼 수 없었던 별난 추억거리를 만들어야 했지만 (여행 후에도 아이들은 두고두고 그 이야기를 했다.) 처음 우리가 계획했던 것보다 훨씬 알차고 저렴하게 강진과 해남을 여행할 수 있었다.

강진과 해남의 여행은 우리를 다산과 영랑과 고산에게 한 걸음 더 가까이 다가갈 수 있게 해 주었다. 그리고 그곳에서 만난 소박하고 순수한 사람들과 아름다웠던 산과 들, 강과 바다, 그리고 그곳에 넘실대던 눈부신 햇살과 푸른 바람, 달리는 길을 따라 한없이 이어지던 진분홍

빛 목백일홍을 오래도록 그립게 했다. 또한 좁은 부엌에서 직접 밥을 짓고 설거지를 한 일, 옹색한 차 안에서 다리도 못 펴고 뒤로 앉아 가야 했던 일, 녹우당을 지키고 계시던 고산의 14대 손 윤형식 할아버지와의 만남 등은 두고두고 아이들에게 이야깃거리를 제공해 주며 우정과 추억을 쌓을 수 있게 해 주었다. 뿐만 아니라 이제 어디든 함께 여행할 수 있겠다는 자신감을 얻게 되고 독서기행의 가치를 마음 깊이 깨닫게 된 것 또한 강진과 해남이 우리에게 준 소중한 선물이었다.

아이들에게는 이 여행이 어떻게 다가갔을까? 아이들의 기행문이 잘 보존되었더라면 좋았을 텐데 이때는 기행문이나 보존의 문제를 크게 강조하지 않았던 탓에 남아 있는 자료가 별로 없다. 다행히 우리 큰아이와 작은아이, 또 한 명의 아이가 기록해 둔 조각들이 있어 중복을 피해 여정에 따라 맞추어 보았다. 아이들을 따라 강진과 해남으로 떠나 보자.

아이들의 여행기 조각 모음

다산과 영랑, 고산의 숨결이 배어 있는 곳
- 2005년 여름 문학기행, 강진과 해남

첫날

우리 독서모임은 28일 강진으로 출발하였다. 고속버스를 타고 갔는데 3번이나 멀미를 했다. 그렇게 고통스럽게 멀미를 하면서 겨우겨우 강진에 도착하였다.
그곳은 비가 오고 있었는데 비를 헤치고 나가 예약해 놓은 모텔에 도착할 수 있었다. 모텔에서 싸 가지고 간 점

강진으로 출발한 첫날 비가 왔다. 김영랑 생가, 목백일홍이 있는 연못 풍경.

심을 먹고 영랑 생가로 갔는데 길을 잘못 들어 헤매다 겨우 도착할 수 있었다. 그런데 이상하게 김영랑은 지주의 아들이었다는데 왜 초가집에서 살았을까? 마당이랑 꽃밭이랑은 좋았지만 다른 부잣집처럼 기와집이 아니고 초가집이어서 신기했다. 시를 좋아하지 않는 나는 그냥 왔다갔다만 했는데 벼리 형은 "와~, 우~" 하는 이상한 소리를 내며 마당에 있는 시들

을 다 읽고 다녔다. 은선이 누나랑 유미 누나는 사진을 찍고 메모를 하고 다녔다.(한솔)

김영랑 생가는 대지주의 집이라는 느낌이 들지 않았다. 물론 요즘 세상이 화려하다 못해 답답하다는 느낌이 드니까 옛집이 더 커 보이긴 했지만. 나무들이 많고 꽃이 많고 곤충들은 비 때문에 보질 못했으니 안타깝군. 빗줄기는 점점 더 굵어지고 있었고 점점 짜증이 나려 할 무렵, 나는 김영랑의 시를 보게 되었다.

김영랑 시는 무척이나 여성스럽다. 상냥하다는 느낌이 든다. 어렵지도 않고. 수능 볼 때 김영랑 시만 나오면 100점도 맞을 수 있을 것 같은 느낌이다. 그런 헛된 망상은 접어 두고 시 감상에 몰두했다.

생가 곳곳에 적혀 있는 시들은 이해 못할 글자들만 바글바글 나열되어 있는 시가 아니라 '어,~ 이거 나도 쓸 수 있어 보이는데?' 라는 근거 없는 배짱(?)을 일으키는 시들과 '좋네~ 포근해져!' 라는 느낌의 시들이 조화롭게 꾸며져 있었다.

김영랑 생가는 대지주의 집이라는 느낌이 들지 않았다.

김영랑 생가의 장독대, 비에 씻겨 더욱 말갛게 빛난다.

누이의 마음아 나를 보아라

「오―매 단풍 들것네」
장광에 골붉은 감잎 날아와
누이는 놀란 듯이 치어다보며
「오―매 단풍 들것네」

추석이 내일모레 기둘리리
바람이 잦이어서 걱정이리
누이의 마음아 나를 보아라
「오―매 단풍 들것네」

마당 앞 맑은 새암을

마당 앞
맑은 새암을 들여다본다
저 깊은 땅 밑에
사로잡힌 넋 있어
언제나 먼―ㄴ 하늘만
내어다보고 계심 같아
별이 총총한 맑은 새암을 들여다본다

저 깊은 땅속에 편히 누운 넋 있어
이 밤 그 눈 반짝이고
그의 걸몸 부르심 같아
마당 앞
맑은 새암은 내 영혼의 얼굴

김영랑 생가, 마당 앞 새암

영랑이 산 시대는 일제 강점기였다. 이육사를 대표로 여러 시인들이 저항시와 독립시를 쓰는 동안에 김영랑은 딴 세상에서 홀로 꿈을 꾼 것 같다. 시들이 하나 같이 사랑이나 풍류를 즐기고 자연을 사랑하는 느낌이 드는 시들이다. 이 시를 통해서 본다면 세상은 참 따뜻하다. 어린 어리바리 소년 같다. 물론 강점기라고 해서 꼭 저항시나 독립시 같은 것을 써야 하는 것은 아니다. 하지만 영랑이 대지주의 자식이었다는 것이 꽤 흠이다. '지주의 자식이 아니고 프롤레타리아의 집안이었다면' 그리고 '힘이 없는 사람이었다면 어떻게 했을까?' 라는 생각이 들기도 한다. 물론 김영랑도 일제에 대항하기도 하고 민족운동을 하기도 했지만 이 시들로만 본다면 그런 느낌은 전혀 없고 이 세상이 참 평화롭다는 느낌이다. 하지만 윤기가 좔좔 흐르고 있어 현대인들이 무난하게 볼 수 있으니 좋다고 생각한다. 그러나 일제 강점기 때 나온 시 치고는 참으로 독특하고 생각이 없는 시라고 볼 수도 있을 것 같다. 하긴 엄마 말처럼 그 시대에 우리말을 이렇게 윤기 있게 갈고 닦은 것이 더 저항적이고 독립적인 것일 수도 있겠지만.(벼리)

영랑 생가 다음 코스는 무위사였다. 원래 일정대로라면 다산초당에 가야했지만 비가 많이 와 택시를 타고 무위사로 향했다. 이름 그대로 소박한 절이었다. 보통 대웅전의 지붕은 팔작지붕으로 한다는데 워낙 소박한 절이기 때문에 맞배지붕으로 했다는 점이 인상 깊었다. 처마 끝에서 풍경이 혼자 울리는 소리가 조금 멀리서도 들릴 정도로 무척 조용하였다. 비가 내려 무위사 주변의 숲은 더욱 울창하고 선명한 초록색으로 빛났다. 무위사는 그 안에 푹 안겨 있는 듯 없는 듯, 자연이 인간의 산물보다 화려한 모습이었다.

다산초당에 앉아 다산을 느껴 본다.

무위사를 마지막으로 우리는 숙소로 돌아왔다. 저녁 식사 후에 각자의 생각을 발표하고 잠이 들었다.(은선)

이튿날

29일, 아침 일찍 일어나 엄마와 함께 밥을 지었다. 왜냐하면 엄마랑 내가 오늘 아침 취사조였기 때문이다. 밥을 먹고 12만원에 빌린 용병 아저씨 차를 타고 일단 고려청자도요지에 갔다. 여러 가지 아름다운 청자들을 보고 만드는 법도 알아본 후 다산초당으로 가는 길에 다산 정약용 박물관이 보여서 그곳에서 다산 정약용의 생애, 업적 들을 보고 진짜로 다산 초당으로 갔다. 그런데 용병 아저씨가 다산초당에서 백련사를 가는 것보다 백련사에서 다산 초당을 가는 게 낫다고 해서 백련사로 가게 되었다. 백련사는

무척이나 화려한 절이었는데 어제 갔던 무
위사보단 친근감이 덜했다. 왜일까? 백련사
큰 나무 앞에서 사진도 찍고 산길을 걸어 다
산초당으로 갔다. 무척 험한 산길이었지만 형
들을 따라 한 번도 안 쉬고 갔다. 조심조심 내
려가서 다산초당에 도착했는데, 어라? 너무 초라했다. 역시 귀양살이 한
곳이라 그런 것 같다. 엄마는 현판 글씨가 무척 멋지다며 몇 번이나 사진
을 찍었다. 근데 난 잘 모르겠다. 저게 멋진 건가? 나는 그냥 정약용 선생
님이 찻상으로 썼다는 돌 위에도 앉아 보고 이리저리 돌아다녔다.(한솔)

깊은 산속의 단출한 다산초당은 청렴하고 강직했던 정약용의 이미지와 왠
지 비슷했다. 나야 잠시 다녀가는 방문객이지만 18년을 혼자 살았다는 정약
용은 어떤 기분이었을까. 예전에 〈쇼생크 탈출〉이라는 영화를 본 적이 있
다. 그 영화 중 레드라는 인물이 주인공에게 이런 말을 했던 것이 어렴풋이
기억났다. "길들여진다는 것은 처음에는 저기 보이는 울타리가 밉고 답답
하다가 나중에는 저걸 잊게 되고 그리고 나서는……. 어느 샌가 저것에 기
대게 되는 것이야." 어쩌면 정약용에게 다산초당 역시 그런 곳이었을지 모
른다. 내게는 시원하게 머리를 틔워 주는 이곳이 정약용에게는 처음에는 원
망스럽고 나중엔 잊게 되고 어느 순간 기대게 되는 그러한 18년의 세월을
보낸 곳이 아니었을까? 그래서 떠나기 전 바위에 직접 글씨를 새겼을 지도.
많은 세월이 흐른 후 관광객들은 그곳에서 사진을 찍지만 오래 전 땀방울을
훔치며 18년의 세월을 새겼을 정약용의 복잡한 심정을 떠올려 봤다.(은선)

윤선도 생가에서 14대손 윤형식 할아버지께 말씀을 들었다.

다 구경하고 내려왔더니 용병 아저씨가 기다리고 있었다. 거기서 점심을 먹고 해남으로 출발했다. 일단은 윤선도 박물관에 가서 윤선도에 대해 여러 가지를 알고 녹우당에 가서 윤선도의 14대손이신 윤 형자 식자 할아버지를 뵙고 여러 가지 말씀을 듣고 같이 사진도 찍었다. 내 공책에 할아버지가 글도 써 주셨는데 가보로 물려줄거냐? 아무튼 기분이 참 좋았다. 내가 커서 또 오게 될 때 할아버지가 그대로 계셨으면 좋겠다.
다시 차를 타고 허준 유배지를 향해 출발했다. 그런데 짐칸에 앉아 있던 벼리 형이랑 재현이 형이 계속 웃었다. "저 사람들 왜 자꾸 우리 쳐다보고 웃는 거야? 우리가 동물원 원숭이 줄 아나봐? 아, 다리도 못 펴고 죽겠다, 죽겠어." 헤헤, 형들 정말 안 됐다. 형들은 앞에 앉을 데가 없어 짐칸에서 오그리고 뒤로 앉아서 간다. 아, 미안, 형들. 내가 멀미만 안 하면 바꿔 주고 싶지만……. 그나저나 허준 유배지는 언제 나올까?

허준 유배지는 좀 멀었는데 나는 드라마를 안 봐서 바닷가에서 돌만 던지고 놀았다. 감탄을 잘하는 우리 형은 자기가 제일 존경하는 사람이 허준이라며 또 흥분을 한다.(전에는 김삿갓이라더니 언제 또 바뀐 거야?) 이번에는 땅끝전망대에 갔는데 안개 때문에 한 개도 안 보여 사진만 몇 장 찍고 해신 세트장으로 갔다. 해신 세트장은 건물이 왠지 다 중국식인 것 같아 조금 찜찜했다.

숙소에 돌아와 씻고 나는 형들이랑 놀았다. 이번에는 누나들이 밥을 할 차례라 편했다. 역시 매도 일찍 맞는 게 낫다. 밤에는 엄마가 오늘 여행 소감을 써서 발표하라고 해서 글을 썼다. 본 것은 많은데 왜 쓸 게 없을까? 엄마는 우리의 발표를 듣고 자연과 사람에 대한 얘기가 너무 없다고 했다. 엄마는 강진의 들판과 바람이 좋았고 사람들이 순하고 착하게 보여 좋았다고 했다. 듣고 보니 나도 그런 것 같았다. (한솔)

퇴계와 유학의 향기를 찾아서, 안동권 여행

강진과 해남 기행을 마친 후 고등학교 아이들은 연이어 실시되는 시험들로 인해 정기적인 모임을 갖기 어려웠다. 그러나 2학기 기말고사를 마치자마자 모두 다시 모였다. 12월 중순부터 2월 말까지 계속 될 모임이었다. 지난여름 강진과 해남 여행을 마치며 겨울에는 유교와 성리학에 대해 공부를 한 후 안동으로 떠나자는 말을 했기에 겨울 프로젝트 주제를 '퇴계를 중심으로 살펴보는 조선 시대 성리학과 서원 문화에 대한

안동기행 준비 모습

탐구'로 잡았다. 지난번 다산을 통해 실학을 맛보았으니 이제는 그 뿌리와 배경을 훑어보는 것도 좋을 것 같고 마침 고등학교 국사와 윤리 교과서에도 그런 내용들이 있어 학교 공부에도 도움이 될 듯싶어서였다. 아이들은 12월 중순부터 여행 2주 전인 2월 초까지 주제 관련 책들을 읽고 발표했으며 그때부터 여행 전날까지는 여행지 관련 책들도 읽고 40매짜리 클리어 파일에 공부한 내용들과 관련 자료들을 정리했다.

다음은 아이들 책상 위에 쏟아 놓았던 책들이다.

- 《웅진위인전기 이황》 김영수 지음, 이기연 그림, 웅진북스, 1996
- 《위인전기 이율곡》 이영준 엮음, 대일출판사, 1993
- 《만화중국고전 1~55》 만화 채지충, 번역 황병국, 대현출판사, 1997
- 《퇴계 달중이를 만나다》 김은미, 김영우 지음, 디딤돌, 2004
- 《논어, 사람의 길을 열다》 배병삼 풀어씀, 사계절, 2005
- 《동양철학에세이》 김교빈·이현구 지음, 동녘, 2006
- 《공자 노자 석가》 모로하시 데쓰지 지음, 심우성 옮김, 동아시아, 2003
- 《에세이 동양사상 유가, 불가, 도가》 심백강 지음, 청년사, 2000
- 《莊子 쓸모없는 것이 쓸모있다》 강준식 평역, 아름다운책, 2005
- 《장자-자연 속에서 찾은 자유의 세계》 장자 지음, 조수형 풀어씀, 풀빛, 2005
- 《성학십도-열 가지 그림으로 읽는 성리학》 이황 지음, 최영갑 풀어씀, 풀빛, 2005
- 《공자 속의 붓다, 붓다 속의 공자》 박민영 지음, 들녘, 2005
- 《퇴계와 고봉, 편지를 쓰다》 김영두 옮김, 소나무, 2003
- 《나의 문화유산 답사기 2·3》 유홍준, 창비, 1994
- 《신경림의 시인을 찾아서 1》 신경림, 우리교육, 1998
- 《안동역사문화기행》 안동대학교 안동문화연구소, 푸른역사, 2002
- 《무량수전 배흘림기둥에 기대서서》 최순우, 학고재, 2002
- 《조선 최고의 개혁가 조광조 위대한 개혁》 조기영, 이치, 2006

여자아이들은 부지런히 책을 읽어 위의 책들 중 15권 이상(만화중국고전 포함)을 읽은 듯했다. 그러나 남자아이들은 주로 《만화중국고전 1~55》 중 이번 주제와 관련된 책들을 골라 읽고 《퇴계 달중이를 만나다》와 《동양철학에세이》《장자》, 웅진의 《이황》 정도를 읽었다.

아이들의 겨울 여행 준비가 무르익어갈 무렵 이번에는 친하게 지내고 있는 송경영 선생네 가정독서모임도 합류하면 좋겠다는 생각이 들었다. 송 선생은 난우중학교와 관악중학교에서 함께 근무하며 학교 안과 밖에서 도서관을 활성화시키기 위한 작업들을 함께 해 온 동료 교사로 좋은 것은 꼭 나눠 주고 싶을 만큼 아끼는 후배이다. 게다가 그의 딸아이는 아직 중학교 2학년이지만 워낙 뛰어난 독서 능력과 글솜씨를 갖고 있어 우리 모임 아이들에게도 좋은 자극이 될 수 있을 것이고 그 아이에게도 이러한 공부와 여행이 큰 도움이 되겠다 싶었다.

송 선생은 무척 반가워하며 딸아이와 참가하겠다고 했다. 그러나 그쪽 독서모임 아이들은 특목고를 준비하느라 바빠 모임을 못하고 있었으니 다른 친구들 중 함께 하고 싶다는 아이가 있으면 모임을 새로 꾸려 합류시키겠다고 했다. 그래서 그쪽 팀은 1월 중순부터 관련 책들을 읽기 시작했다.

그런데 날이 다가올수록 은근히 걱정이 되었다. 7, 8년 전 남편 차를 타고 한나절 동안 하회마을과 병산서원, 도산서원을 쓱 한번 돌아본 경험 말고는 아는 사람 하나 없고 추억 한 조각 서려 있지 않은 안동 땅, 이런 곳엘 아이들을 데리고 책임을 맡아 가려 하니 여행 코스며 잠자리, 이동 수단 등 신경 써야 할 게 한두 가지가 아니었다. 지난여름에도 미리 숙소만 잡아 둔 채 무작정 떠나긴 했지만 이번에는 송 선생 팀도 합류한데다 아이들에게 여름보다 더 알차고 멋진 경험과 추억을 만들어 주고 싶었기 때문에 훨씬 더 신경이 쓰였다.

고무신과의 만남. 1월 중순쯤 학도넷('학교도서관문화운동네트워크'의 약칭. 이하 학도넷) 운영위원회를 마치고 돌아오는 길에 김경숙 선생님(학도넷 사무처장)에게 안동 기행의 고민을 얘기했다가 연락처를 받아 만나게 된 '고무신학교' 운영자. 고무신은 그 방면의 전문가였다. 안동 지역뿐 아니라 전국 방방곡곡 모르는 곳이 없고 민속과 놀이 쪽에 달통한 사람 같았다. 그런데 고무신 역시 우리 독서모임에 큰 관심을 보였다. 주로 초등학생들과 체험활동 중심의 문화기행을 진행하고 있는 그에게 중고등학생 아이들이 두 달여 동안 책을 읽으며 준비한 끝에 떠나는 독서기행은 어떤 것인지 무척이나 궁금했던 모양이다. 나는 몹시 반가워 같이 가자고 적극 권하여 우리는 함께 여행을 준비하게 되었다.

이후의 준비는 매우 빠르게 진행되었다. 먼저 안동의 계명산 휴양림에 14인실 숲속의 집(20만원)을 예약하고, 렌터카 예약(에스렌트카에서 2개월 된 11인승 그랜드 카니발을 28만원에 예약함)도 마치고 많은 경로를 거쳐 어렵사리 제일화재에 여행자 보험(총9명 9,080원)도 들었다.

그리고 여행 떠나기 직전인 18일(토) 모임에는 송경영 선생과 딸아이, 딸아이 친구 한 명도 우리 집에 와서 그동안 책을 읽으며 준비한 '퇴계를 중심으로 한 조선 시대 성리학과 서원에 대한 탐구'에 대한 발표 시간을 가졌다. 아이들이 써 온 보고서가 너무 긴데다 내용이 중복된 게 많아 돌아가며 부분적으로 발표한 후 나의 질문에 답하기도 하고 서로 궁금한 것을 묻고 답했다.

아이들은 대체로 서원에 대해서는 공부가 잘 되어 있었다. 학교에서도 배운데다 내용이 그리 어렵지 않아 서원이 생기게 된 배경이나 서원의 역할, 서원의 긍정적인 면과 부정적인 면에 대해 조사해 온 자료들을 보지 않고서도 자연스럽게 얘기했다. 그러나 성리학은 워낙 어려운 탓인지 다들 절절 맸다. 그래도 거듭 질문하고 토론하는 동안 아이들은 성리학의 중심 개념인 '이理'와 '기氣'에 대해서는 어느 정도 이해를 하게 된 듯했다. 그래서 가까스로, 이기이원론 중에서도 이理가 만물의 근본이라는 입장에서, '이理는 영원하고 기氣를 움직이게 하는 근본 법칙으로서 능동성을 가진 이理가 발동하여 기를 주재한다'고 주장한 퇴계는 왜 수양철학을 강조하며 현실 정치를 개혁하려 하기보다는 개인의 도덕성을 중시하게 되었고, '기氣만이 능동성을 가지고 발동할 수 있는 것으로 모든 현상은 기氣가 움직이는 데 따라 다르게 나타나며 이理는 기氣를 주재하는 보편적인 원리에 불과하다'라고 주장한 율곡은 왜 실천철학을 강조하며 현실 정치를 중시할 수밖에 없었는지에 대해서도 이해하게 되었다. 그러나 이것은 성리학의 문 앞에서 잠깐 기웃거려 본 것일 뿐 그 안의 거대한 숲속으로는 한 발짝도 걸어가 보지 못했을 만큼 미미한 것이었다. 그래도 이만큼이라도 스스로 공부하고 발견한 게 얼마나 대단하고 대견스러운 일인가!

2월 20일, 우리 모임은 이번 프로젝트의 백미인 안동권 여행길에 올랐다. 아쉽게도 우리 둘째아이는 중학교 배치고사 시험과 맞물려 함께 할 수 없었지만, 강진·해남 여행 때에는 없었던 송경영 선생과 딸 아이 송요, 그리고 놀이와 문화 답사의 달인 고무신이 함께 할 수 있어 좋았다. 6개월 새 장족의 발전을 이룬 이번 여행의 내용을 여행 계획서와 아이들의 기행문 조각 모음을 통해 들여다보자.

가정독서모임 '퇴계와 유학의 향기를 찾아서' 문화 답사 계획서

1. 일   시 : 2006. 2. 20.(월) 08시 - 2006. 2. 22.(수) 21시
2. 여행지 : 서울 사당동 → 영주(소수서원, 선비촌, 부석사) → 안동(도산서원, 퇴계 종택, 이육사 생가, 하회마을, 병산서원) → 영양 주실마을(조지훈 생가) → 서울
3. 참가자 : • 학생 - 장벼리, 박재현, 박유미, 조은선, 김송요
          • 교사 - 송경영, 백화현   • 가이드 - 고무신
4. 목   적 : 책을 통해 익힌 지식을 문화 답사를 통해 더욱 풍성하게 키우고 친목을 돈독히 한다.
5. 준비물
   • 사전 준비물 : 성리학(이황과 이이 이기론 비교) · 유교 · 불교 · 도교 · 이육사 · 조지훈 · 조광조 · 부석사 · 소수서원 · 선비촌 · 하회마을에 대한 조사 자료집(40매 클리어 파일 1권으로 정리), 조선 시대 성리학과 서원에 대한 탐구 보고서 1부(18일 발표)
   • 당일 준비물 : 이동 중 간식거리 약간, 밑반찬 1개, 쌀 3끼분, 필기도구, 사전 자료 파일, 여벌옷, 칫솔, 1인당 여행 경비(15만원)

6. 일정 및 활동 내용

2.20.(월)		2.21.(화)		2.22.(수)	
시간	활동 내용	시간	활동 내용	시간	활동 내용
8시	사당역 1번 출구에서 모임	7시 30분~ 8시 40분	아침식사 및 설거지	8시~ 9시 30분	아침식사 및 설거지
8시~11시	서울~영주	8시 40분~ 14시	도산서원, 퇴계 종택, 퇴계묘, 퇴계태실, 이육사 문학관 답사	9시 30분 ~ 14시	영양 주실마을로 이동하여 조지훈 생가, 옥천 종택, 월록서당, 조지훈 문학관 답사
11시~13시	소수서원 및 선비촌 답사	14시~15시	점심식사	14시~15시	점심식사
13시~14시	점심식사	15시~18시	하회마을 부용대, 병산서원 답사	15시~19시	영양~서울
14시~16시	부석사 답사	18시~19시	저녁식사		
16시~18시	영주~안동	20시~22시	기행문 발표		
18시~20시	저녁식사 및 휴식	22시~01시	친목의 시간		
20시~23시	기행문 쓰기 및 발표				
23시~01시	친목의 시간				

아이들의 여행기 조각 모음

북부 경북 유학과
전통문화의 향기를 찾아 떠난 여행
- 2006년 겨울 안동권 문학기행

첫날, 황혼은 영원히 부석사를 빛내고

아침 6시 눈을 떴다. 어제 너무 설렌 나머지 잠을 설친 게 잘못인 듯 눈은 따갑고 신경은 예민했다. 아침을 우유로 대충 때우고 집을 나와 벼리네로 향했다. 새벽의 찬바람이 분다. 사람들은 피곤한 모습으로 집을 나선다. 벼리네에 도착하고 짐을 푼 후 밥 먹는 벼리와 좀 있다 도착할 은선이를 기다리며 조금 눈을 부쳤는데 문득 디카 생각이 나 다시 집으로 향했다. 디카를 들고 벼리네로 오자 숨 돌릴 시간 없이 바로 출발을 하였다. 벼리 아버지의 차를 타고 사당역으로 가는데 차들이 멈춰 버린 듯 움직이질 않

깃발을 세워 걸었던 숙수사지 당간지주가 우리를 반겼다. 소수서원 당산 나무 아래서 서낭당 공부도 했다.

탁청지라는 직사각형 형태의 연못. '서원에 물이 왜 있을까.'

는다. 반대 차선의 차는 잘도 가는데 이쪽은 영~ 아니다. 예정 시간 보다 좀 늦은 우리는 사당역에서 유미와 송경영 선생님과 딸 송요, 그리고 우리와 2박 3일을 같이 하실 일명 고무신 조재경 선생님을 만났다. 그리고 나서 렌터카에 올랐다. 차는 무척이나 비좁았다. 11인승이 어떻게 8명으로 꽉 찰 수 있단 말인가? 문득 지난여름 강진에서의 끔찍한 기억이 떠올랐다. 두려웠다. 이렇게 우리들의 안동 기행은 시작이 되었다.(재현)

차에서는 내내 자느라 주위를 둘러보지 못했고 멍한 정신으로 소수서원에 도착했다. 차에서 내리니 탁했던 서울 공기와 다른 느낌의 맑고 찬 공기가 이제 여행이 정말 시작됐다고 말해 주는 듯했다. 잠에서 덜 깨서 날씨가 더 춥게 느껴졌고 두꺼운 옷을 입고 오길 잘했다는 생각을 하며 고무신 선생님의 안내에 따라 움직였다.

우리를 반긴 것은 숙수사지 당간지주였고 깃발을 세워 걸었던 곳이라 한다. 강물을 밑으로 다리를 건너자 처음 본 것은 서낭당의 형태였는데 단종 복위를 꾀한 금성대군과 함께 죽은 사람을 모신 돌무덤 같은 것이 새끼를 꼬아 인상적인 나무 밑에 있었다. 소수서원을 잘 돌봐달라고 마음속으로 빌며 길을 나섰다.

탁청지라는 직사각형 형태의 연못에서 고무신 선생님은 '서원에 물이 왜 있을까'에 대해 물으셨는데, 나는 자신을 다스리기 위함이라고 생각했다. 선생님께서는 나의 말을 '수기'라는 용어로 말씀해 주셨고, 자신을 비추어보는 거울과 같은 구실도 한다고 하셨다. 끊임없이 자신을 돌아보고 성찰했을 선인들을 생각하니 탄성이 나왔다. 둥글지 않고 각진 모양인 것은 부정한 것에는 손대지 않겠다는 강직한 마음의 표현이 아니었을까 하고 생각했다.

좀 더 길을 오르자 500년 남짓 된 은행나무가 있었고 높은 곳에서 바라보는 강물의 모습은 너무나 아름다웠다. 비늘모양을 겹겹이 이루어 유유히 흘러가는 물결과 그 물결을 비추는 햇빛 덕에 강물은 더욱 눈부셨다. 그리고 정면으로 보이는 '경자 바위'와 '취한대'는 유생들의 마음을 한껏 다잡아 주었을 듯하다. 퇴계 선생이 새긴 '백운동白雲洞'과 주세붕 선생이 직접 써서 새긴 붉은 색의 '경敬' 자는 경천애인의 머리글자라고 하니, 그곳에서 하늘을 올려다보고 또 안이 모두 비치는 맑은 강물을 보고 옛 유생들은 어떤 마음가짐이었을까.

위쪽으로 좀 더 걸으니 소혼대라는 곳이 나왔는데 유생들이 공부하다가 머리를 식히는 곳이라는 설명이 있었다. 여기서 어떻게 머리를 식혔을까 생각하며 위를 보니, 소나무 숲이라고 할 만한 광경이 펼쳐졌다. 하늘을 향해 거침없이 뻗은 소나무의 기상을 보며 입신양명의 꿈을 다시 펼

퇴계 선생이 새긴 '백운동白雲洞'과 주세붕 선생이 직접 쓴 '경敬'

유생들이 공부하다가 머리를 식혔다는 소혼대

칠 용기를 얻을 유생들이 떠올랐다. 소혼대에서 잠시 쉬다가 다시 공부하러 들어가는 유생처럼 우리는 제사의 재물로 사용할 짐승의 적합 여부를 심사하고 짐승을 잡는 성생단을 거쳐 서원의 내부로 들어갔다. 양재가 한 건물로 된 독특한 형식의 일신재와 직방재는 원장과 고수의 집무실이라고 한다. 나날이 새로워지라는 〈대학〉의 한 구절과, 안과 밖을 곧고 바르게 하라는 〈주역〉에서 뽑아 이름을 지었다고 하니 현판을 한번 보면서도 마음을 다잡을 수 있었을 것 같았다. 건물 옆에 솔을 태워 향을 피우는 정료대는 늦은 밤에도 도서관인 장서각을 드나들었을 유생들의 모습을 떠오르게 했다.
안향 선생과 안보, 안축, 주세붕을 함께 모시고 제향하는 문성공묘 앞에서 고무신 선생님은 서원의 배치에 대해 설명해 주셨는데 왼쪽에는 강학당, 오른쪽에는 사당인 문성공묘를 세우는 좌학우묘, 즉 동학서묘의 배치법이라고 한다.
서원을 이렇게 둘러보고 소수박물관에 들렀는데, 소수서원에 대한 간단한 설명을 하자면 이렇다. 풍기군수였던 주세붕 선생이 평소 흠모하던 우리나라 최초의 주자학자인 안향 선생의 위패를 봉안하고 학사를 건립하여

의상대사와 선묘낭자의 전설이 깃든 '부석'   부석사 범종각   부석사 무량수전을 뒤로 하고

백운동 서원을 창건하고 퇴계 선생이 풍기군수로 재임하면서 나라에 사액을 건의하여 소수서원이라는 최초의 사액서원이 탄생하게 되었다.
도산서원이 강학기능의 서당에서 제향기능을 함께 수행하는 서원으로 변모한 것과는 다른 양상이다. '소수'라는 말의 뜻이 이미 무너진 학문을 다시 이어 닦게 한다는 것이라고 하니 소수서원이 인재 양성과 성리학 발전의 요람인 것은 당연하게 느껴지기도 했다. 그리고 박물관에서 본 '금동미륵보살 반가사유상'이 기억에 남는다. 온화한 미소를 띤 얼굴을 손가락 두 개로 살짝 괸 모습이 아주 자비로워 보여서 국사 책에 실린 것을 본 후 실제로 꼭 보고 싶었는데 이렇게 보게 되어 매우 기뻤다.
박물관을 나와서 선비촌으로 들어섰는데 독특한 모양의 지붕을 가진 한옥이 나타났다. 한쪽은 맞배지붕, 한쪽은 팔작지붕의 형태가 그것인데 형식을 깨는 독특함과 개성이 느껴졌다. 기억에 남는 집은 장휘덕의 집으로 가장 작은 형태의 가옥으로 'ㄱ'자 모양의 초가집이었다. 밖에 나와 있는 가마솥을 보며 가난한 삶 속에서도 바른 삶을 중히 여긴다는 '우도불우빈'을 실천하였을까 하고 생각해 보았다. 선비촌을 휘휘 둘러보고 점심을 먹으러 갔다.(유미)

선묘각　　　　　부석사 범종각의 목어　　　　　부석사 안양루

　식사는 묵밥집에서 했다. 묵을 양념장에 무쳐 먹거나 찍어 먹는 것 외의 방법으로 먹어 본 적이 없었기에 워낙 새로운 것을 맛보고 경험하는 것을 좋아하는 나는 묵밥 한 그릇을 다 비웠다. 은선 언니는 큰 사발에 한가득 담긴 묵밥이 부담스러운지 밥이 쥐꼬리만큼 담긴 공기만을 비웠고, 유미 언니는 그 조금 담긴 밥마저도 먹기가 벅찬지 자기 몫의 반도 해치우지 못했다. '1년만 더 있으면 괴로운 고3이 되어 하루 종일 책만 붙들고 앉아 있어야 할 텐데 이렇게 밥을 조금씩 먹어서야 어떻게 그 체력 싸움에서 버티겠어~'라며 여기저기서 주워들은 말을 인용해 잔소리를 하고 싶었지만 그랬다가는 모두들 나에게도 한소리 할 것 같아 유미 언니가 남긴 묵밥을 안쓰러운 눈빛으로 쳐다보는 것으로 내 감정을 함축적으로 표현했다. 나도 묵밥의 양이 많아 배가 몹시 부르기는 했지만, 우리가 식사를 맛있게 하고 있는지 궁금해 하시며 미소를 머금은 채로 일행의 식탁을 바라보시던 묵밥집 할머니 때문이라도 밥을 남길 수가 없었다.
　한 것도 없는 것 같은데 어느덧 오후가 되어 드디어 첫날의 마지막 답사 장소인 부석사에 가게 되었다. 불교도이면서도 그리 많은 절을 가 보지 않은 나로서는 부석사에 대한 기대가 매우 컸다. 그리고 부석사는 기대 이상의 만족감을 주었다.

부석사 오르는 길은 겨울이라 그런지 녹음으로 가득 찼다거나 꽃봉오리가 여기저기서 빼꼼히 고개를 든다거나 하는 싱그럽고 보드라운 느낌은 아니었다. 그렇지만 그 소박한 길이 이 절을 극적(고무신 선생님께서 부석사를 한 단어로 표현하자면 어떤 것이 적합하리라고 생각 하냐고 물으셨을 때에는 '정교'라고 대답했지만, 역시 생각해 보니 이곳에는 '극적'이라는 표현이 더 잘 맞는 듯하다)인 요소로 가득 차게 만든다는 것을 알게 되었다.

부석사는 정말 극적인 장소다. 의상 대사와 선묘 낭자의 전설도 전설이지만, 우아하면서도 웅장한 팔작지붕의 그늘진 범종각 밑을 지나면 순간 보이는 환한 무량수전과 봉황산(잠시 뒤를 돌아보면 전체적인 풍경에 무거움을 주지 않기 위해서 맞배지붕으로 만들어진 범종각의 뒤편 지붕을 볼 수 있다), 범종각과 비슷한 분위기의 건물인 안양루 밑으로 들어가면 보이는, 뒤편에 몰래 자리 잡고 있던 현판 안양 '문' 등 아름다운 건축물들도 부석사의 분위기에 크게 한 몫 한다. 심지어 이음쇠가 낡아 떨어져 버렸을 무량수전 왼편의 풍경이 오른쪽에서 흔들리고 있는 풍경과 만들어 내는 비대칭마저도, 이곳이 부석사이기 때문에 근사해 보인다.

의외일 수도 있겠지만, 절에서 본 것 중 가장 기억에 남는 것은 건축물이 아닌 선묘낭자의 초상화이다. 절에 여성의 사당을 지어 모신다는 말은 들어본 적도 없거니와 신라시대의 여성이 크게 대접받았으리라고 생각되지도 않는데, 부석사에는 분명 여성의 초상화가 안치된 사당이 산신각 이상으로 잘 보존되어 있다. 아마 선묘낭자를 사람이라기보다는 신에 더 가까운 존재로 여겼기 때문이 아닌가 싶다. 전설에 따르자면 부석사는 선묘낭자 덕택에 지어진 절이며, 그 전설에서 그녀는 바다에 뛰어들자 용이 되는, 전래동화에서 스님들이 주로 부리는 도술을 부릴 수 있지 않은가. 이에 비추어 볼 때, 선묘낭자는 당시 사회가 바랐던 숭고한 여성임과 동시에 스님과도 같은 재주를 부릴 수 있는 경지에 있는 자인 것이다. 이것으로 선묘낭자의 초상화가 초상화보다는 탱화에 가까운 형태를 하고 있는 이유도 설명할 수 있지 않을까 싶다.

한적한 부석사 옛길을 선생님, 언니 오빠들과 함께 천천히 내려왔다. 모두가 들떠 있음에도 조용해서 기분이 묘했다. (송요)

숙소에 도착해서 방에 딱 들어가자마자 무진장 위험해 보이는 다락방과 조그마한 방이 나왔습니다. 이 상태로는 도저히 토론을 할 수 없었기 때문에 다른 큰 숙소로 이동을 해서 맛

아이들은 그날그날 여행기를 써서 발표하곤 했다

있는 밥을 먹고 토론을 했습니다. 서로 다른 생각을 글로 적고 발표를 할 때 유미와 은선이는 그날에 보고 들은 것들 중심으로 쓴 거 같고 송요는 비판적으로 썼고 재현이와 저는 하기 싫어서 대충대충 썼답니다. 남자들이 철이 없답니다. 하하하. 그리고 송경영 선생님과 고무신 선생님과 어머니 감상도 듣고 모두들 씻고 꿈나라로 갔습니다. (벼리)

둘째 날, 시간은 지나는데 병산서원에는 아직도 향기가 흐르네

미치겠다. 1층이 부럽다. 2층 아니 다락방은 정말 잘 곳이 아니다. 어제는 좀 새롭게 보여 신났는데 이제는 아니다. 1층으로 가고 싶다. 아침 7시 알람 소리에 눈을 떴다. 모두 잔다. 신기하다. 어떻게 눕자마자 잠이 들어 버릴까? 더욱 신기한 것은 코골이에 아랑곳 하지 않고 잔다는 것이다. 난 미치는 줄 알았다. 8시 모두 깨어났다. 씻고 밥 먹고 분주하다. 하긴 일정이 빡빡하니······. 밥을 먹고 산책을 하러 나갔는데 차가 이미 와 버렸다. 아쉽다. 오늘은 내가 앞자리다. 어제는 다리에 문제가 생겨 죽는 줄 알았다. 와 여기까지 썼는데 죽는다는 말이 왜 이리 많은지 이렇게 나의 화요일은 시작 되었다. (재현)

차를 타고 꽤 오랜 시간을 달리기에 잠이 들었는데 갑자기 차가 멈춰 서 눈을 떴다. 광산 김씨인 나를 배려하여 예정에는 없었던 광산 김씨 집성촌에 들른 것이다. 내 주변의 김씨들은 거의 김해나 안동이 본관이라 광산 김씨는 흔하지 않다고 생각했는데 이렇게 집성촌까지 이루고 사는 것을 보니 조금은 놀라웠다. 어떻게 반의 20%나 차지하는 김씨 중에 광산 김씨는 우리 둘밖에 되지 않느냐며 왠지 모를 소외감으로 함께 툴툴대던 동성동본의 친구와 왔다면 그 친구가 좋아했을 거라는 생각이 들었다. 다만 가옥의 일부에만 사람이 살고, 대다수가 폐가로 방치되어 있다는

시사단이 보이는 도산서원 옛길을 걸으며

광산 김씨 집성촌

것이 안타까웠다. 모든 집에 사람이 살고 있을 줄 알았는데, 이제는 집성촌이라는 것도 이름뿐인 것일까. 요즘 세상이 집안 대대로 살아온 집에서 여유롭게 살 수 없는, 먹을 것을 자급자족하면 삶이 해결되는 것이 아닌 때라 집성촌에 모여 살던 사람들이 부득이하게 떠났으리라는 것은 알고 있지만, 그래도 마음이 편치 않았다. 반가우면서도 우울한 마음을 안은 채로 차에 타니 어느덧 시계가 11시를 향해 달려가고 있었다. 조금은 서둘러 도산서원을 찾았다. (송요)

도산서원으로 들어가는 길에는 키 높이만 한 나무들이 작은 틈도 없이, 마치 군인들이 정렬하는 것처럼 심어져 있어서 아름다운 강의 풍경을 모두 놓친 것이 아직도 화가 난다. 어떤 생각으로 유생들이 자연을 벗 삼아 걸었을 그 길을 망쳐 놓았을까?

걸어가는 길목에 추로지향이라는 기념비가 있었는데, 공자가 노나라 사람이고 맹자가 추나라 사람인데서 나온 말로 공자 맹자의 고향과 같이 예절이 바르고 학문이 왕성한 고장을 높여서 하는 말이라고 한다. 공자의 77대 종손이 도산서원을 방문하여 사당에 참배한 후에 휘호한 것이라 한다. 안동을 추로지향이라고 부른다고 하는데, 도산서원에도 꼭 맞는 이름인 듯싶었다.

도산서원을 찾아서　　　　　　　　　도산서당 툇마루

'천광운영대' 라는 곳에 서서 그동안 나무에 막혔던 풍경을 내다보았는데 마음이 탁 트이는 느낌이 들었다. 낙동강이 내려다보이는 이곳은 평소 퇴계 선생이 산책하던 장소라고 한다. 또 '시사단' 도 보였는데, 이곳은 평소 선생의 높은 덕을 추앙해 오던 정조 임금이 퇴계 선생의 학덕을 기리고자 '도산별시' 라는 특별과거를 치르게 한 곳이라고 한다. 아름다운 경관 속에서 홀로 고상하게 앉은 시사단은 아주 아름다웠다. 강물은 높은 곳에서도 밑바닥이 훤히 비칠 만큼 맑아서 퇴계 선생이 이곳을 성찰의 장소로 삼았을 것 같은 생각이 들었다. 우물 정자 모양으로 만들어진 '열정' 이라는 우물은 아주 독특했는데, 내려다보니 아직도 물이 마르지 않았다. 퇴계 선생이 흠모했다는 매화나무의 모습이 보였는데 왜 오늘날 매화나무를 절개의 상징이라고 하는지 알 것 같았다.

정원의 구실을 했다는 절우사에는 매화, 대나무, 국화, 소나무 등을 심었다고 한다. 모두 절개를 본받으려는 뜻인 듯하다. 고무신 선생님께서 퇴계 선생은 이름 붙이기의 대가였다고 장난삼아 말씀하셨는데, 정말로 그러했다. 책을 보관하는 곳을 많은 책이 서광을 비춘다고 하여 '광명실' 로 짓는 것은 예삿일이고 싸리문에까지 이름을 붙였다고 한다. 그러면서 자신의

도산서원

방 이름을 지어 보라고 하셨는데 오래 고민해 봐야 할 듯하다.

도산서원은 퇴계 선생의 사후에 지어진 것이고 퇴계 선생은 도산서당에서 학문을 연마하고 제자들을 양성하였다. 도산서당은 아주 소박한 모습이었고 도산의 '산' 자가 산의 모양으로 된 멋있는 현판이 기억에 남는다. 농운정사는 제자들이 공부하던 기숙사로 'ㄴ' 자형으로 건축하였다. 공자형으로 지으려고 북향으로 하여 공부하는데 밝게 하기 위하여 사방에 창문을 많이 내었다. 공부에 매진하라는 퇴계 선생의 목소리가 들리는 듯했다.

서당 뒤편의 도산서원은 서당과는 달리 단을 높여서 위엄 있는 모습이었다. 장판각은 목판을 보관하는 장소라고 하는데 목조 건물로 꽉 막혀 있는 듯하지만 모두 통풍이 된다고 하니 신기했다. 사당인 상덕사를 구경하고 제물을 보관하는 전사청까지 둘러보았다. 도산서원은 소수서원보다는 화려한 단청이었다. (유미)

강가에서 주차장 쪽으로 나와 간단히 요기를 한 뒤 도산서원 박물관에 들렀다. 서원은 단청의 색이 바래고 새로 붙인 듯한 문종이가 너무 얼기설기 붙어 있어 보기 좋지 않았는데 박물관은 단정하게 관리되어 있어 황당한

퇴계 종택　　　　　　　　퇴계묘　　　　　　　　퇴계 태실

감도 있었다.

퇴계는 우리나라뿐만이 아니라 일본, 중국 등에서도 이름이 알려진 성리학자라 도산서원은 다른 곳과는 달리 영어 외에도 중국어, 일본어로 번역된 안내문을 설치해 놓고 있었다. 하지만 번역된 것은 안내문뿐, 박물관 내부의 영상이나 자료는 번역되어 있지 않아 가이드 없이 외국인들이 관람하기에는 곤란한 점이 많을 것 같았다. 또한 책에서 읽은 바로는 퇴계는 율곡보다는 고봉을 더 높이 사 자신보다 훨씬 어린 고봉과 편지를 나누었다고 했는데, 박물관에는 퇴계와 율곡의 관계만이 서술되어 있었고, 내용도 두 사람이 매우 친숙한 관계였던 것처럼 되어 있었다. 물론 퇴계와 율곡이 조선 성리학의 쌍벽으로 인정받고 있으며 둘이 동시대 사람이라 연결점을 제시하려는 생각이었겠지만 차라리 퇴계의 문인으로 그에게 인정받았던 서애를 등장시켜 하회마을에 있는 충효당이나 병산서원을 함께 관람할 수 있도록 하는 것이 좋았을 듯싶었다.

꽤 오랜 시간 도산서원을 둘러보다가 한참이 지나 퇴계 종택을 찾았다. 사전에 자료를 찾아봤음에도 불구하고 퇴계 종택에 현재까지 사람이 살고 있다는 것을 알지 못했기 때문에 종택에 살고 계신 분에게 인사를 하며 그

제야 이곳을 왜 생가가 아닌 종택이라고 부르는지 알게 되었다.
사람이 살지 않는 집은 아무리 잘 관리한다고 해도 분위기가 썰렁하고 군데군데 상해 있기 마련인데 이곳은 퇴계의 후손들이 지금까지도 거주하고 있어 비록 전등이나 위성접시를 다는 등 본래 모습에서 변화가 있기는 했지만 비교적 잘 보존되고 있는 것 같았다. 사람을 잘 따르는 강아지들과 집 뒤편에 줄지어 매달아 놓은 시래기가 정겹게 느껴졌다. (송요)

집에 계시던 어르신께 다함께 인사를 드리고 추월한수라는 현판이 걸린 사랑채를 살펴봤다. 사랑채의 기둥은 둥글었는데 정3품 이상만 둥근 기둥을 쓸 수 있다고 한다. 생활 속에 엄격히 존재하는 유교를 보니 조금 두려운 마음이 들었다. 우리가 답사하는 동안 사랑채까지 강아지 두 마리가 따라 들어왔다. 아까 본 녀석과는 달리 두 녀석은 짖지 않았고 우리를 따라 들어오긴 했지만 우리가 사랑채를 나갈 땐 저들끼리 물며 노느라 정신이 없었다. 무척 귀여웠고 한편으론 정겨웠다. 종택을 나서기 전 주위의 산을 둘러보았다. 집을 뱅 둘러싼 산세가 인상적이었다.
다음 답사지는 퇴계의 무덤이었다. 퇴계의 무덤은 좁고 가파른 계단을 한참 올라가야 볼 수 있었다. 선생님께선 계단을 오르는 우리에게 퇴계를 만나러 가는 길이 어떤지 생각해 보라고 하셨다. 곰곰이 생각하며 계단을 오르는데 낙엽이 바스락 밟히는 경쾌한 소리와 솔향기 때문에 기분이 좋았다. 그러나 그것도 잠시 퇴계는 정말 높은 곳에 계셨다. 퇴계의 무덤보다 퇴계의 며느리 무덤을 먼저 보았고 그곳을 지나쳐 계속해서 계단을 올라야 했다. 미리 앞에 펼쳐진 계단을 보면 지칠까봐 될 수 있는 대로 땅과 계단만 보고 오르려 노력했다. 그리고 드디어 퇴계의 무덤을 보았을 때는 굉장히 뿌듯했다. 내가 퇴계를 만나러 가는 길은 가파르고 힘든 길이었지만 오르려고 마음먹고 그대로 움직이면 결국엔 오르게 되는 결실의 길이었다. 퇴계의 무덤엔 여느 무덤처럼 비석이 세워져 있었다. 퇴계는 자신이 죽어도 비석을 세우지 말라고 당부했다고 하는데 어째서 비석을 세운 것일까. 대학자의 무덤에 비석을 세우지 않으면 송구해서 일까. 덧붙여 선생님께선 개인의 무덤이 500년간 유지되는 것은 쉽지 않은 일이라고 하셨다. 그만큼 퇴계는 대학자였고 그에

퇴계는 자신이 죽어도 비석을 세우지 말라고 당부했다고 하는데 어째서 비석을 세운 것일까.

대한 후손들의 존경도 크다는 의미일 것이다. 퇴계의 무덤을 좀 더 살핀 후에 올라갔던 길로 다시 내려갔다. 내려오면서 퇴계의 며느리 무덤을 다시 봤는데 퇴계가 개가 시켜준 며느리이며 그에 관한 이야기만 간략히 알고 있었다. 재혼한 후에도 시아버지 아래 묻히고 싶을 만큼 존경했던 것일까. (은선)

퇴계의 묘에서 내려와 차를 타고 점심을 먹으러 갔습니다. 된장찌개와 불고기랑 김치찌개가 나오고, 우리는 4자 토크라는 게임을 하면서 밥을 먹었습니다. 대략 낭패입니다. 밥을 먹었는지 웃음을 먹었는지……. 웃다가 물이 콧속으로 들어가서, 하아……. 고무신 선생님과 1년을 같이 지내도

재미있을 것 같습니다. 점심을 먹고 나서 간 곳은 퇴계 태실이었는데 방이 앞쪽으로 튀어나와 특이한 것 말고는 생각나는 게 없네요. (벼리)

다시 차를 타고 이육사 문학관에 갔다. 이육사 문학관은 지어진 지 얼마 안 된 현대식 건물이었는데 온통 산과 하늘이고 높은 건물이 별로 없는 주변과는 어울리지 않았다. 차라리 일층 한옥으로 지어졌다면 주변의 자연과 더 잘 어울렸을 것 같다. 선생님 세 분은 입장하지 않으시고 우리 다섯 명만 관람했다.

문학관에는 이육사의 일생과 사진이 전시되고 다양한 시를 감상하는 시설이 있었는데 감상한 여러 시 중에 "닭소리나 들리면 가랴 / 안개 뽀얗게 내리는 새벽 / 그곳을 가만히 나려서 감세"라는 구절이 마음을 저리게 했다. 광복을 앞두고 베이징 감옥에서 옥사하고 생전에도 끝없는 감시와 억압을 받았으나 조국을 위해 가시밭길을 걸었던 그가 오히려 담담한 어조로 새벽길을 걷는 모습이 떠오르는 애잔한 분위기의 시였다. 이육사에 대해 자세히 알 수 있는 여러 전시물 가운데서 이 시 한 구절이 내게 이육사란 인물을 더욱 분명히 해 준 것 같다. 문학관을 관람하고 밖으로 나오니 당연히 있을 거라 생각했던 선생님들과 차가 없었다. 조금 기다리다가 멀리서 낯익은 흰 차가 오는 것을 보고 벼리가 장난삼아 그 앞을 막아선 것 같다. 그런데 우리가 기다리던 차가 아니었다. 자칫 위험한 순간이었을 수도 있지만 그보단 웃음이 나왔다. 얼마 안 있어 멀리서 또 낯익은 흰 차가 오고 있었다. 이번엔 긴가민가했는데 다행히 진짜였고 우리는 3분 기다린 것을 30분 기다렸다며 우기며 차에 올랐다. 아까보다 더 재밌었다. (은선)

부용대에서 하회마을을 바라보며

다음 목적지는 하회마을이었다. 시간이 많이 경과해서 모두 둘러볼 수 있을지 걱정하며 부용대를 향했다. 하회마을은 명당 중의 명당으로 산이 바람을 막고 들어오는 물만 있는 장풍득수, 산을 등지고 물이 마을 앞에 있는 배산임수의 형식을 모두 가지고 있다. 서애 유성룡의 형인 유운룡이 학문에 정진하고 제자를 양성한 겸암정사를 지나 본격적으로 부용대를 향해 오르기 시작했다. 부용대에서 바라보는 하회마을은 그야말로 장관이었다. 탁 트인 하늘과, 마을 뒤쪽의 듬직한 산, S자 모양으로 흐르는 강물, 그리고 그 강물 안쪽에 차가운 바람을 막아주는 소나무들이 있는 숲, 소나무 숲의 좌측으로 둥글게 모여 있는 여러 기와집과 초가집들. 저 안에서 살면 참 좋겠다는 생각이 들었다. 부용대를 내려와서 서애가 머문 옥연정사를 둘러보았다. 이런 곳에서 학문을 하였으니 얼마나 좋았을까 싶었다.

밤의 만대루　　　　　　　병산서원에서 류시석님께 설명을 듣다　　　　　병산서원

드디어 고무신 선생님이 말씀하신 절벽길을 타는 시간이 왔다. 너무 떨렸다. 이 길은 아는 사람도 적거니와 실제로 걸어 본 사람은 극소수라는 말에 길을 타기도 전에 뿌듯함이 느껴졌다. 절벽길은 서애 형제가 만들어 둘이서만 오고갔던 길이라는데 절벽의 가운데에 외길로 나 있는, 위쪽은 거의 암벽이었고 밑에는 하회마을을 감싸는 강물이 흐르고 있었다. 암벽에서 떨어져 나온 보라색 돌들로 염색된 듯한 좁은 길을 따라 걸으며 놀이기구와는 또 다른 스릴감이 느껴졌다. 특히 위로 바라본 암벽의 모습은 너무나 멋있었다. 그야말로 잊지 못할 경험이었다.

시간이 늦어서 하회마을 안으로 들어가는 것은 포기하고 병산서원으로 가기로 결정했다. 좀 아쉽긴 했지만 병산서원에 들어서자마자 그런 생각은 모두 잊혀졌다. 매우 감각 있어 보이는 복례문으로 들어가 바로 보이는 것은 아주 넓은 만대루이다. 휴식과 강학의 장소였다는 이곳은 입교당에서 바라보면 기둥들이 액자 모양을 이루어 그 안으로 보이는 병산의 모습이 일품이었다. 입교당은 강학당으로 이곳에 오래 앉아서 하염없이 만대루를 통해 병산의 모습을 바라보았다. (유미)

병산서원에 도착했을 때는 어두컴컴한 밤이었습니다. 별로 시간도 안 됐는데 겨울이라서 컴컴했나 보네요. 병산서원에서 앞을 바로 보니 우뚝 솟은 거대한 산들이 보였습니다. 그 위로 달빛이 새어 나오면 참 아름답겠구나, 생각했습니다. 음. 병산서원에서 사시는 서애의 후손이라시는 분이 이것저것 설명해 주시고 앨범도 보여 주셨답니다. 이곳은 봄, 여름, 가을, 겨울 사계절 내내 아름답다고 하네요. 병산서원에서 쭉 내려가 보면 강이 흐르는데 수호지의 '양산박'이 떠오르더군요. '저도 저기서 108영웅을 모아 이 세상을 뒤집어 놓겠습니다.' 라는 다짐을 안 했습니다.(피식) 또 병산서원 옆에는 개울가가 있다고 들었는데 그 물이 내려올 때 안개가 끼는데 '신선들이 사는 무릉도원이 아닐까?' 생각도 해 봤습니다. 하하하. 숨을 참고 기지개를 펴고 나서 5초 정도 참다가 '후아아아~' 제 모든 찌꺼기들을 토해 냈습니다. 아마 산 중 한 부분은 썩었을지도 모르겠습니다. 하하. 쓴웃음을 뒤로한 채 시간이 다 돼서 병산서원에서 나와서 고무신 선생님의 장모님께서 운영하시는 할매도가니탕집으로 갔습니다.
어둠 컴컴한 산기슭을 뒤로 하고 자유로이 노니는 새가 되어 우리는 더 큰 세상으로 나가려 합니다. (벼리)

우리 여행의 마지막 저녁식사의 메뉴는 한방도가니탕이었다. 아삭아삭 씹히는 초록 야채와 걸쭉한 국물이 무척 맛있었다. 그리고 특별히 맛본 안동식혜가 인상적이었다. 일반 식혜가 희고 달다면 안동식혜는 붉고 단 맛과 함께 약간 매운 맛과 시큼한 맛이 난다. 안동에서 먹은 음식 중에서 가장 독특하고 맛있었다.

저녁식사 후 우리는 숙소로 향했다. 숙소가 있는 산길에 들어서자 전날 중간에 내려 걸어오라 했던 농담이 다시 오갔고 잠시 후 우리를 태웠던 차는 우리를 남겨 둔 채 일말의 걱정도 없이 어둠속으로 유유히 사라졌다. 우리가 가진 빛 말곤 불빛 하나 없는 길은 옆이 절벽인데 길에 바른 시멘트가 어렴풋이 보여서 더듬더듬 걸어갔다. 조금 걷자 옆에서 살짝 놀래는 소리가 들렸다. 길옆에 선생님 두 분이 숨어 계셨는데 어설픈 등장으로 큰 성과가 없었다. 조금 더 가자 이번엔 제법 그럴싸한 귀신의 등장으로 앞에 가던 친구 둘이 깜짝 놀랐다. 고무신 선생님은 성공을 한 것이다. 그렇게 우리는 다시 차를 타고 숙소에 도착했다.

숙소에서 간단한 놀이를 하며 오늘 답사의 감상을 얘기했다. 그리고 야외에 음식과 음료수를 준비해 마시며 지난 이틀간의 여행에 대해서 느끼고 깨달은 점을 서로 나눴다. 느낌과 감상은 각각 달랐지만 여행의 즐거움만큼은 다들 일치한 것 같았고 그렇게 숙소에서의 마지막 밤을 보냈다. (은선)

셋째 날, 마지막의 슬픔, 슬픈 이별, 언제라도 언제까지라도 기억해

드디어 안동 문화기행 마지막 날. 답사할 곳은 영양 주실마을 뿐이라 여유로운 마음으로 느즈막히 일어났다(사실은 늦게 잠들어 늦게 일어난 것이긴 하지만 말이다.). 졸음을 쫓으려 통나무집 밖으로 나가니 차갑고 상쾌한 숲 특유의 공기가 시원했다.

아침밥을 든든히 먹고는 유미 언니, 은선 언니와 함께 설거지를 했다. 설거지한 그릇들을 원래 있던 자리에 차곡차곡 쌓으면서 숙소와 작별한다는 것이 새삼 실감났다. 원래 예약했던 방이 너무 좁아 다른 곳을 알아보겠다며 협박(?)을 해서 싼 가격에 얻은 큰 방. 느티나무로 만들어진 목조건물이라 벽을 두드리면 기분 좋은 통, 통 소리가 나는 방. 저녁 늦게 들어와 아침 일찍 나가고는 했지만 꽤나 정이 든 방이다. 여름에 오면 더욱 분위기가 좋을 것 같았다.

둘째 날에 비해 조금 늘어진 상태로 휴식을 취하다가 짐을 꾸렸다. 집에서 나왔을 때에는 먹을 것이 가방에 한가득이라 혼자서는 들지도 못할 정도였는데 이것저것 처치해 버리고 나니 짐이 확 줄어 가벼운 마음이 되었다. 차에 짐을 한가득 싣고 영양으로 출발했다. 안동 밖으로 나가는 것이다 보니 시간이 조금 걸렸다. 숙소에서 못 다 잔 잠을 보충하려 눈을 감았다. 버스를 타고 여행했다면 차가 많이 움직여서 잠을 청하기 어려웠을지도 모르는데 차를 빌려 놓으니 원할 때 편히 쓸 수 있어 좋았다(뒷좌석은 날씬한 언니들만이 같이 타서 굉장히 넓었다.).(송요)

우리는 주실마을로 향했다. 주실마을은 한양 조씨 동성부락이면서 조지훈 시인이 태어난 전통마을이다. 또한 실학자들과의 교류와 개화 개혁으로 이어진 진취적인 문화를 간직한 매우 유서 깊은 마을이기도 하다. 들어가기 전 마을 어귀에 세워진 시비를 읽고 가장 감명 깊은 구절을 서로 말해 보았다. 제각각 마음에 와 닿는 구절이 달랐다. 고무신 선생님께선 "사슴이랑 이리 함께 산길을 가며"라는 구절이, 다른 두 선생님께서는 "슬픈 구름 걷어 가는 바람이 되라"라는 구절이, 재현이는 "빛을 찾아가는 길"이라는 제목이, 남은 아이들은 모두 "살아 있는 즐거움의 저 언덕에서 아련히 풀피리도 들려오누나" 이 구절이 마음에 든다고 말했다. 같은 시를 읽어도

조지훈 시인 시비 앞에서

이렇게 다르거나 같은 수도 있는 마음이란 게 참 신기하다. 이렇게 서로 느낌을 나누고 마을에 들어섰다. (은선)

마을을 걸어 들어갔더니 조지훈 문학관이 있었는데 닫혀 있어서 조지훈 생가로 향했다. 문의 모습은 퇴계 종택, 그리고 병산서원과 매우 흡사했다. 문 위에는 거의 흔적이 사라져 가는 태극기가 있었는데, 문을 들어서고 나서도 기와에는 모두 태극 문양 아니면 무궁화가 자리잡고 있어서 대단한 저항 정신을 가지고 있던 사람이구나 하는 것이 집에서 느껴졌다. 그런데 태극 문양의 모습이 조금씩 달라서 고무신 선생님께 여쭤봤더니 옛날에는 오늘날처럼 정형화되지 않았다고 말씀해 주셨다. 고무신 선생님이 가리키는 빛이 들어오는 창문이라는 자그마한 광창을 보니, 생가에 들어오기 전 보았던 '빛을 찾아가는 길'이라는 제목의 조지훈의 시가 떠올랐다. 그는 광창을 통해 들어오는 빛을 보고 빛을 찾아가는 길의 그의 노래가 슬픈 구름 걷어 가는 바람이 되길 바랐을까?
생가에서 나와서 마을을 둘러보는 데, 놀고 있는 남자아이 셋이 보였다.

옥천 종택(조지훈의 선조 조덕린)에서 조지훈의 후손들과 함께

그 아이들은 조지훈 시인의 후손들이었다. 고무신 선생님께서 말을 붙이고 아이들이 옥천 종택으로 안내해 주었다. 아이들은 4학년인 대열이와 2학년인 쌍둥이 형제 규열이와 또 한 명이 있었는데 이름이 기억이 안 난다. 아이들은 나방을 잡지를 않나, 벌집을 발견했다고 하질 않나 한 시도 쉴 틈 없이 마을 곳곳을 누비고 다녔다. 낯선 사람들과도 갑자기 친해질 수 있는 아이들의 순박한 모습과 말 그래도 자연에서 배우는 모습을 보자, 정말 예쁘고 부러웠다. 옥천 종택은 'ㅁ'자 형의 집이었는데 마루에 앉아서 이야기를 했는데 아이들은 사마귀를 잡은 이야기도 해 주고 사당에서 제사를 지낸 이야기도 해 주었다. 그 말을 듣고 우리는 창주정사라는 사당으로 갔다. 사당 마당에서 고무신 선생님과 벼리, 재현, 대열이와 쌍둥이 형제는 비석치기를 했는데 돌을 가지런히 세워 두고 자신의 돌로 맞히는 놀이였다. 비석치기라는 이름만 알았지 어떻게 하는 건지 몰랐는데 직접 보니 신기했다.

사당에서 나와서 아이들과 인사하고 헤어지는데 대열이 어머니가 나오셔서 고무신 선생님과 말씀을 나누셨다. 아, 이렇게도 인연이 시작되는구나 싶은 생각을 하며 떠나려고 하는데 대열이가 급하게 부르더니 고구마를 몇 개 들고 나온다. 둘째 날 옆 숙소에 있는 사람과 간고등어를 술과 바꾸려다가 술이 없다하니 그냥 고등어를 주고오라 말씀하신 안동의 풍습이 이런 것일까 싶었다. (유미)

내려오다가 조지훈 박물관에 들렸는데 개관은 안 했다. 하지만 들어갔다. 건물은 이육사 문학관이나 여러 다른 박물관과는 다르게 한옥 형식으로 지었다. 더 푸근했다. 박물관을 뒤로 하고 나와 차를 타려는데 규열이가 왔다. 대단한 놈이다. 아이와 헤어지고 서울로 향했다. 피곤했다. 아니 솔직히 어제 못 잔 잠이 쏠린다. 계속 잤다. 조수가 잔다고 구박하신다. 서럽다. 하지만 고무신 샘만은 자라고 하신다. 감사하다. 그렇게 한참을 달리다가 단양에서 잠시 휴식을 취했다. 경치가 끝내 줬다. 점심을 먹고 소화가 되게 그 위에 있는 단양 적성비를 보러 올라갔다. 벼리 이놈 계속 중얼거린다. 단양은 중요 지역이라고 한다. 그래서 고구려와 신라는 매일 같이 싸웠다고 한다. 한심하다. 내려오면서 앞에 보이는 경치를 보았다 큰 강과 산 그 가운데에 고속도로 부조화다. 아까 전에 고속도로를 타기 전에 고무신 샘이 말한 것이 기억난다. 빨리 갈 필요도 없는데 왜 굳이 마을을 가로질러 도로를 냈는지 모르겠다고 하신 말, 인간의 편리를 위해 세운 것이 자연에게 피해를 줄 수 있다는 것이 새삼스레 느껴졌다. 단양을 떠나 서울로 향했다.
자리에 변화를 주었다. 여자애들이 앞으로 가고 남자들이 뒤로 오게. 정말 지겨웠다. 하나도 안 들린다. 어떻게 이틀이나 이렇게 지냈는지 신기하다. 역시 여자들은 대단하다. 이런 저런 생각을 하다 보니 어느새 서울이다.

역시 서울이다. 막힌다. 불빛이 화려하다. 안동과는 너무나도 달랐다. 하지만 그래도 난 서울이 좋다. 사람 살 맛 나기 때문이다. 심심하다. 고무신 샘이 우리 보고 노래 하나 하라고 한다. 그러면 노래방 간다고 하면서. 그래서 했다. 결과는 그냥 노래 부른 거로 만족했다. 사당에 도착하여 뿔뿔이 헤어졌다. 아쉽다 3일이 어떻게 지나갔는지 모를 정도로 재미있게 보냈다. (재현)

문화기행을 마치고

2박 3일의 안동 답사는 예상했던 것보다 훨씬 빠른 속도로 지나갔다. 급히 작성한 보고서와 답사지 조사가 허술하지는 않을까 걱정도 했지만 크게 도움이 되어 기뻤다.
사람들은 해외여행한 것은 자랑삼아 얘기하면서 국내를 여행하고 돌아와서는 그것을 크게 자랑하지 않는다. 정작 우리나라에 있는 명승지는 가 본 적 한 번 없으면서, 일본을 여행하고 유럽 일주를 한다. 그런 모습을 보면 마치 좋은 여행의 기준이 여행을 통해 보고 듣고 느낀 것이 아니라 돈을 얼마나 썼는지처럼 느껴져 기분이 좋지 않다.
나 또한 이번 방학에 일본에 가고 싶어 계획도 짜 놓고 가고 싶은 장소도 골라 놓았었다. 하지만 단순한 여흥을 위해 외국까지 가기보다는 잘 알지 못하는 우리의 문화와 더 친해지기 위해 안동 기행을 선택하게 되었다.
뭐, 완벽한 자의는 아니었으니 진실은 저 너머 어딘가에 있겠지만.
안동의 오래된 가옥들을 보면서 우리나라의 과학적이고도 아름다운 건축 기술에 대해 자부심도 가질 수 있었고, 그곳에서 학문에 열중하고 꿈을 키워 간 유생들과 위인들의 모습이 상상되어 왠지 모를 뿌듯함도 생겼다. 내가 학교에서 하는 공부가 헛된 것은 아닐까 하는 생각이 들어 회의도 느꼈지만, 내가 그 공부를 정신 수양의 방편으로 삼고 열중한다면 옛 공부 못지않게 나에게 도움이 되리라 믿으며 다시 한 번 나를 다잡기도 했다. (송요)

자유의 넋은 이제 추억 속으로

많은 일들이 있었습니다. 두 달 준비하고 3일 동안 즐겁게 놀고 문화를 배웠던 것들을 이제 정말로 제 추억 속에 고이고이 간직하려고 합니다. 같은 것에 취미가 있는 송요와의 만남, 친구의 따스함을 마음껏 느끼게 해 주었던 재현이, 그리고 이 일을 만드신 어머니, 외톨이 될 뻔한 저를 구제해 주신 송경영 선생님, 개구쟁이지만 자신만의 정의를 위해 일하시는 고무신 형(선생님), 언제나 밝은 웃음을 간직하는 유미, 힘들거나 지칠 때도 포기하지 않는 은선이, 모두모두 제 소중한 보물이요 친구이자 정다운 멋진 사람들입니다. 이번 안동에 가서 솔직히 배운 것은 별로 없지만 자연과 사람들을 많이 만날 수 있어서 참 행복했답니다. 제가 아직도 이 힘든 삶을 살아가는 것은 이렇게 정다운 순수한 사람들이 곳곳에 있기 때문입니다. 안동에서 만난 모든 분들께도 인사드리옵니다. 이번 여름방학 때도 모두 모여서 다 같이 또 신나게 놀았으면 합니다. 많은 시간이 흐르고 또 잊혀질 무렵이 됐을 때가 두려워 지네요. 이 3일은 후회도 많았지만 즐거움도 많아서 참 행복했답니다. 여러분 모두 감사드리고 고무신 선생님 말씀처럼 '잘 자고 잘 먹고 잘 싸는 사람들' 이 됩시다. 이 글을 10년 뒤에 다시 읽어도 웃을 수 있는 글이 되었으면 합니다. (벼리)

여행 후의 이야기

여행 후에도 이 주제에 대한 아이들의 공부는 2주간 더 계속되었다. 여행을 마치고 난 후 첫 번째 모임에서는 각자 써 온 기행문을 발표한 후 들은 소감과 못다 한 얘기들을 나누었고, 두 번째 모임에서는 '사진으로 되돌아보는 안동 기행'을 40매짜리 파일에 정리하여 서로에게 보여 주고 감상을 나눈 후 약 두 달간에 걸쳐 진행된 이번 프로젝트(퇴계를 중심으로 한 조선 시대 성리학과 서원에 대한 탐구)에 대한 소감 및 평가를 나누었다.

아이들은 각자 써온 기행문을 발표하고 들으며 무척이나 행복하고 뿌듯해했다. 같은 시간, 같은 장소에 있었으면서도 서로 다른 것을 보고 다른 것을 느낀 데 대해 무척 신기해하기도 하고 서로의 생각과 느낌이 겹쳐지는 부분에서는 맞장구를 치며 가슴 벅차하기도 했다. 또 여행 사진을 서로 나누고 앨범으로 정리한 것들을 보면서 놀리기도 하고 폭소를 터뜨리기도 했다.

이번 프로젝트 전반에 대한 평가에서는 처음에는 주제가 너무 어려워 과연 내가 해낼 수 있을까 하고 겁이 나기도 했지만 책을 읽고 서로 토론하고 직접 답사를 다니며 자연스럽게 공부가 되어 크게 어렵지는 않았다고 했다. 또, 고리타분하게 생각하던 유학에도 배울 점이 많다는 것을 알게 되었고(물질보다는 도덕을 중시하고 '군자의 덕'을 지향하는 것 등), 성리학에 대해서도 어느 정도 이해할 수 있게 된 점이 무척 뿌듯하다고 했다. 그러나 가장 좋았던 것은 역시 함께 여행을 한 일인데, 여행을 다니며 글을 쓰고 토론을 하는 일이 처음에는 낯설고 버겁기도 했지만 이제는 그런 여행이 아니면 오히려 허전하고 재미없을 것 같다는 말들을 쏟아 놓아 나를 감격케 했다.

이번 주제는 내게도 많은 공부가 되었다. 오래 전부터 퇴계와 성리학에 대해 공부해 보고 싶은 마음이 있긴 했지만 시간에 쫓기고 부족함이 많다 보니 성리학은 좀체 엄두가 나질 않았다. 지금도 깊이 들어가면 여전히 모르는 것투성이긴 하지만 적어도 '이理'와 '기氣'의 개념 이해는 할 수 있게 된 것과 《퇴계와 고봉, 편지를 쓰다》를 읽고 퇴계의 인품에 '푹' 빠지게 된 것, 또 유교에 대해 마음을 열게 되었고 이번 주제와 직접 관련은 없지만 우리 큰아이가 감탄해 마지않는 '장자'를 함께 읽다가 나 역시도 '장자'에게 매료되었다는 점이다.

그리고 또 하나 참으로 감사할 일은 우리 큰아이의 눈에 띈 변화이다. 언제 어떻게 일어나게 된 일인지는 모르지만 아이는 여행을 마치고 돌아온 지 며칠 되지 않아 아주 진지하게, "엄마, 나 대학에 가야겠어요. 그리고 살도 빼고." 라며 뜻밖의 선언을 하는 것이 아닌가. 대체 무슨 일이 있었던 걸까?

우리 큰아이는 어렸을 때부터 유난히 학교 공부를 좋아하지도 않고 잘하지도 못했다. 또 자기는 커서 시를 쓰며 농사를 짓고 살 것이기 때문에 굳이 대학에 갈 필요가 없지 않겠느냐며 대학 문제에 태평스러웠다. 초등학교 3학년 때까지는 그래도 공부를 하게 해야 하지 않을까 걱정도 하고 방법도 마련해 봤지만, 아이가 워낙 학교 공부에는 뜻이 없는데다 적성도 맞지 않는 듯하여 4학년 이후로는 저 하는 대로 지켜만 보고 있었다. 비만 문제 역시 그랬다. 언젠가부터 살이 찌기 시작하더니 중학교와 고등학교 1학년 때까지 아이의 체중은 정상 체중을 훨씬 웃돌았다. 그러나 그것마저 본인이 너무 태평스러워 어찌해 볼 수가 없었다. 그런데 아이 스스로 심경에 변화를 일으키게 된 것이다.

이후 큰아이는 친구 따라 2년 동안 다니던 보습 학원도 끊고 혼자 공부하기 시작했다. 성적이 바로 놀랄 만큼 향상되지는 않았지만 그때 이후로 우리 아이의 성적은 고3 때까지 계속 오름세를 탔다. 또 지속적인 운동과 음식 조절로 체중이 6개월 동안 20Kg이나 빠져 교복부터 모든 옷들을 다 바꿔야 했다. 우리 큰아이에게 이렇게 다부진 면이 있었구나 싶어 새삼 놀라웠고, 아이가 갑자기 성숙해진 듯해 무척이나 뿌듯했다. 갑자기 어쩌다 그런 마음의 변화를 일으키게 되었는지는 스스로도 정확히 알 수 없지만, 기행문을 쓰다가 불현듯 '더 이상 이렇게 살아서는 안 된다.'는 생각이 들며 번쩍 정신이 들게 되었다고 했다. 참으로 기적 같은 일이었다.

김유정 문학촌에서의 하루

2006년 5월 13일, 가정 독서모임 아이들은 앞의 두 여행과는 다른, 조금은 특별한 여행을 하게 되었다. 이는 전교조 관악동작지회에서 주최한 '자녀와 함께 떠나는 김유정 문학기행'

전교조 관악동작지회에서 주최한
'자녀와 함께 떠나는 김유정 문학기행'

행사에 참여한 것인데, 내가 관동지회에 제안하여 기획하고 진행한 행사였기에 우리 독서모임 아이들도 어렵지 않게 합류하게 된 것이다.

가정독서모임 아이들과 함께 한 두 차례의 여행을 통해 나는 이런 여행의 즐거움과 가치를 기대했던 것 이상으로 경험할 수 있었다. 좋은 사람들이 한데 어울려 책을 읽고 떠나는 여행은 책이 주는 기쁨뿐 아

경춘선을 타고 가다 보면
'김유정역'을 지나게 된다

니라 책의 안과 밖 사람들과 공간이 서로 부딪히고 어우러지며 일으키는 신비로움과 생동감도 함께 맛볼 수 있어 좋다. 또 그러한 여행에 대한 기억은 마치 안개꽃처럼 오랜 그리움으로 남아 두고두고 우리의 삶을 넉넉하고 아름답게 만들어 준다. 나는 이런 경험을 우리 독서모임 아이들뿐 아니라 다른 사람들도 맛보게 해 주고 싶었다. 그래서 기회 닿는 대로 이곳저곳, 여러 사람들에게 제안도 하고 권유도 했다. 이번 '김유정 문학기행' 역시 그렇게 하다 추진된 여행이었다.

우리는 버스를 한 대 빌려 40여 명이 함께 갔다. 갈 때는 내가 며칠 동안 머리 앓아 가며 만든 '김유정 십자말풀이' 놀이도 하고, 아이들 노래자랑도 했다. 참가자들은 미리 김유정의 작품 〈동백꽃〉〈봄·봄〉〈산골나그네〉〈만무방〉〈솥〉 등을 읽어 오고 20매짜리 클리어파일을 준비하여 김유정과 김유정 문학촌에 대한 자료를 조사하라 했지만 대부분은 가볍게(?) 그냥 왔다. 그래도 아이들은 한두 작품씩은 읽은 듯 문학촌에서 발표할 기회를 주었을 때 서슴없이 일어나 작

김유정 동상

'김유정 문학촌'은 김유정이 나고 자란 곳이며
그의 많은 작품의 공간적 배경이 되기도 한 춘천 실레마을에 있다.

품을 소개하고 평까지 곁들이는 바람에 깜짝 놀랐다.

춘천 실레마을 '김유정 문학촌'

'김유정 문학촌'은 김유정이 나고 자란 곳이며 그의 많은 작품의 공간적 배경이 되기도 한 춘천 실레마을에 있다. 청량리역에서 경춘선을 타고 가다 보면 '김유정역'(2004년 12월 1일에 '신남역'에서 '김유정역'으로 바뀜)을 지나게 된다. 남춘천 바로 전 역인데 인명을 역 이름으로 쓴 국내 유일의 것이다.

그 역에서 내려 5분만 걸어가면 '김유정 문학촌'이 나온다. 김유정을 각별히 사랑하는 작가 전상국 선생님을 비롯한 여러 분들의 노력으로 김유정 생가를 복원하고 기념관을 세워 2002년 8월에 개관하였다 한다. 그런데 왜 '김유정 문학관'이 아니고 '김유정 문학촌'일까? 이에 대해서는 김유정 연구가이자 그곳의 운영위원이기도 한 강원대 유인순 교수의 얘기를 들어본다.

> 김유정 문학을 이해하기 위해서는 김유정의 생가와 생가가 자리하고 있는 실레마을 전체를 돌아보아야 합니다. 김유정의 30편 남짓한 소설 가운데 실레마을, 실레 인근과 실레에 실제로 살았던 사람들을 모델로 한 작품이 10여 편이 됩니다. 〈총각과 맹꽁이〉〈동백꽃〉〈봄·봄〉〈산골〉〈산골 나그네〉〈소나기〉〈아내〉〈가을〉〈만무방〉〈금 따는 콩밭〉〈솥〉〈떡〉들이 그런 작품이지요. 실레마을 전체가 김유정 문학의 산실입니다. 그래서 문학관이 아니라 '김유정 문학촌'이라 명명하게 된 것이지요.
>
> – 《김유정을 찾아가는 길》 유인순 지음, 솔과학, 2003, 58쪽

나는 이곳을 2005년 여름에 전국학교도서관담당교사모임 연수 때 강원지역 선생님들을 따라 방문한 적이 있었다. 그때 《우상의 눈물》의 저자이고 그곳의 촌장님으로 계시는 전상국 선생님으로부터 김유정의 어린 시절과 아버지와 형의 불화로 집안이 망해 간 이야기, 명창 박녹주에게 매일 같이 구애의 편지를 썼지만 결국 차이고 실레마을로 돌아와 야학을 열고 작품 활동을 한 이야기, 다시 도시로 나가 가난과 병마(폐병과 치질)와 싸우면서도 죽는 순간까지 글을 쓰다 29세의 젊은 나이로 생을 마감한 얘기 등을 아주 흥미롭게 들었다. 또한 전상국 선생님은 김유정 문학의 특징과 가치에 대해 20분 정도 구체적인 예를 들어가며 설명해 주셨는데 참으로 깊고 정확하고 애정이 넘쳐 누구라도 그 얘기를 듣다 보면 김유정에게 매료되고 작품들을 읽어 보고 싶은

마음이 솟아날 것 같았다. 아마도 그때의 감동이 1년 후 우리 가정독서모임 아이들뿐 아니라 전교조 선생님들과 그 자녀들까지 데리고 그곳을 다시 찾게 만들었을 것이다.

김유정 문학촌 http://www.kimyoujeong.org 에는 사무국장과 학예사 선생님들이 상주해 있다. 한 달 전쯤 사무국 Tel.033-261-4650 에 미리 예약하면 생가와 기념관 자료들에 대한 설명은 물론이고 실레마을 곳곳에 흩어져 있는 김유정 작품의 배경지와 그에 얽힌 이야기들을 직접 안내 받고 설명 들을 수 있다. 이

전상국 선생님은 미리 김유정을 읽고 자료까지 준비해 온 우리 일행이 매우 특별해 보였다고 하셨다.

날 우리 일행 역시 그런 혜택을 마음껏 누릴 수 있었는데, 우리가 문학촌에 도착하자 사무국 선생님들은 우리를 반갑게 맞으며 김유정 생가와 기념관을 안내해 주고, 〈봄·봄〉의 봉필영감 집이며 〈솥〉의 주막터, '금병의숙' 터를 데리고 다니며 작품에 얽힌 얘기들을 걸쭉한 입담으로 재미나게 설명해 주었다.

이날 더욱 감동스러웠던 것은 김유정 생가에서, 본래는 사무국장님으로부터 10여 분 간단히 김유정의 삶과 문학에 대해 설명 듣기로 되어 있었는데 전상국 선생님께서 직접 오셔서 50여 분 동안을, 1년 전의 그 모습 그대로, 우리에게 김유정을 얘기해 주신 일이었다. 역시 그 자

리에 있었던 일행은 아이고 어른이고 할 것 없이 모두 선생님의 이야기 속으로 빨려 들어가 시간이 어찌 지나는 줄도 몰랐다. 더구나 우리 작은아이는 선생님께서 내신 문제에 답을 맞혀 친필 사인한 〈산골 나그네〉를 선물 받기도 했는데, 여행을 하는 동안에도 집에 돌아와서도 시시때때로 그때의 기쁨을 말하곤 했다.

선생님께서는 우리 일행이 매우 특별하게(?) 보였기 때문이라셨다. 많은 사람들이 김유정 문학촌을 찾아오지만, 이렇게 선생님들과 그 자녀들이 40여 명이나 한데 어울려 미리 자료를 찾고 작품을 읽어 파일에까지 정리해 오는 일은 처음 보는 일이라 하셨다. 그리고 아직 초등학교 저학년인 듯한 아이까지도 초롱초롱 눈을 빛내며 선생님을 바라보고 있다 보니 저절로 얘기가 술술 풀려 나오게 되었다 하셨다. 진심으로 선생님과 우리 일행에게 고맙고, 흐뭇했다.

김유정 다시 읽기

김유정, 하면 대체로 〈동백꽃〉과 〈봄·봄〉을 떠올리게 된다. 그도 그럴 것이 이 두 작품은 중학교와 고등학교 국어 교과서에도 실린데다, 두 작품 모두 읽는 순간 바로 마음을 움켜잡는 개성적인 인물들(〈동백꽃〉의 조숙한 점순이와 어리숙한 나, 〈봄·봄〉의 키 안 크는 점순이와 데릴사위 나, 욕쟁이 장인 봉필영감 등)과 우스꽝스러운 사건들(발버둥 치는 닭의 입을 비틀어 고추장을 먹인 일, 닭싸움, 감자 사건, 노란 동백꽃 속에 나와 점순이가 파묻혀 들어간 일, 점순이 키 크게 해달라고 매일 같이 빈 일, 데릴사위를 머슴처럼 부려먹고 장인과 사위가 뒤엉켜 바짓가랑이 움켜잡고 싸운 일

김유정의 삶과 작품 〈봄·봄〉

등), 또 톡톡 튀는 토속적인 언어들로 인해 머릿속에서 쉽게 잊히질 않는다.

두 작품이 워낙 빼어난 탓이었을까? 나 역시 김유정의 다른 작품에 대해서는 크게 생각해 본 적이 없었다. 마치 그 두 작품이 김유정의 모든 것인 듯 혹은 당연히 '가장 김유정다운 것' 인듯 생각하고 말았다. 전상국 선생님은 〈만무방〉('만무방' 은 '막돼먹은 사람' 이라는 뜻)을 극구 칭찬하셨다. 김유정의 탁월한 언어감각과 인간에 대한 다층적인 이해, 돼먹지 못한 비루한 사람들에 대한 유난한 관심 등이 이 작품에서 절정을 이룬다는 것이었다. 김유정은 확실히 토속적인 우리말을 자유자재로 구사하는 탁월한 언어감각과 인간의 복잡한 내면의 심리를 해학과 익살, 눙치기와 돌려치기로 풀어내는 빼어난 글 솜씨, 돼먹지 못하고 모자라고 비루한 사람들에 대한 유난한 애착을 가진 사람이었.

김유정의 작품에는 진정, 순우리말이 많았다. 명사뿐 아니라 관형사, 부사, 동사, 형용사 등 대부분의 낱말들이 순우리말이다. 그의 소설 제

"점순아 키 좀 커라!" 김유정 작품 전시관에서 전시된 작중 인물들.

목들만 보더라도 〈소낙비〉〈노다지〉〈떡〉〈만무방〉〈따라지〉〈솥〉〈봄·봄〉〈안해〉〈땡볕〉〈애기〉〈금 따는 콩밭〉〈동백꽃〉〈산골나그네〉처럼 순우리말이나 순우리말이라 해도 좋을 것들이 대부분이다.

"산골에, 가을은 무르녹았다. 아름드리 노송은 빽빽히 늘어박혔다. 무거운 송낙을 머리에 쓰고 건들건들. 새새이 끼인 도토리, 벗, 돌배, 갈잎들은 울긋불긋. 잔디를 적시며 맑은 샘이 쫄쫄거린다. 산토끼 두 놈은 한가로이 마주앉아 그 물을 할짝거리고, 이따금 정신이 나는 듯 가랑잎은 부수수, 하고 떨린다.

산산한 산들바람. 구여운 들국화는 그 품에 새뜩새뜩 넘논다. 흙내와 함께 향깃한 땅김이 코를 찌른다. 요놈은 싸리버섯, 요놈은 잎 썩은 내 또요놈은 송이-아니, 아니가시덩쿨 속에 숨은 박하풀 냄새로군. 응칠이는 뒷짐을 딱 지고 어정어정 노닌

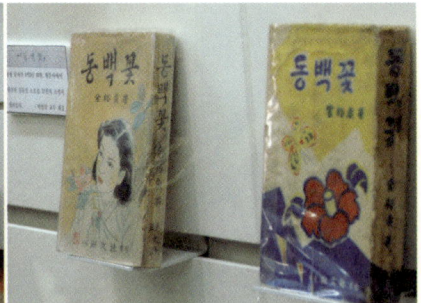

〈동백꽃〉을 비롯한 김유정의 작품들

다. 유유히 다리를 옮겨놓으며 이 나무 저 나무 사이로 호아든다.(〈만무방〉 첫대목)"

이처럼 작품에 쓰인 말들이 순우리말 천지다. 그가 쓴 말들을 잘근거리다 보면 깊은 곳 어딘가에 숨어 있던 태곳적 언어들이 푸르르 살아나는 듯 전율이 일고 그 아름다움에 넋을 잃게 된다. 내 안에는 나의 할아버지와 그 할아버지의 할아버지, 또 그 할아버지의 할아버지가 물려준 태양과 바다, 땅과 바람, 산과 들과 온갖 생명체, 그것들을 숨 쉬고 느끼고 만지작거린 언어들이 숨어 있을 것이다. 김유정은 바로 그 푸르디푸른, 아름다움이 뚝뚝 듣는 태곳적 언어들을 흔들어 깨워 우리에게 되돌려 준다.

또한 김유정은 많은 이들이 감탄하듯 해학과 익살, 눙치기와 돌려치기의 명수다.

"장인님! 인젠 저-"

내가 이렇게 뒤통수를 긁고 나이가 찼으니 성례를 시켜줘야 하지 않겠느냐고 하면 그 대답이 늘

"이 자식아! 성례구 뭐구 미처 자라야지-"하고 만다. 이 자라야 한다는 것은 내가 아니라 장차 내 아내가 될 점순이의 키 말이다.

내가 여기에 와서 돈 한푼을 안 받고 일하기를 삼 년하고 꼬박이 일곱 달 동안을 했다. 그런데도 미처 모자랐다니까 이 키는 언제야 자라는 겐지 짜증 영문 모른다.(중략)

"그래, 거진 사년 동안에도 안 자랐다니 그 킨 은제 자라지유? 다 그만두구 사경 내슈-"

"글세 이 자식아! 내가 크질 말라구 그랬니 왜 날 보구 떼냐?"

"빙모님은 참새만한 것이 그럼 어떻게 앨 낳지유?"

(사실 장모님은 점순이보다도 귓배기 하나가 작다)

장인님은 이 말을 듣고 껄껄 웃더니(그러나 암만해두 돌 씹은 상이다) 코를 푸는 척하고 날 은근히 곯릴랴구 팔꿈치로 옆갈비께를 퍽 치는 것이다. 더럽다. 나두 종아리의 파리를 쫓는 척하고 허리를 구부리며 어깨로 그 궁둥이를 콱 떼밀었다. 장인님은 앞으로 우찔근하고 싸리문께로 쓰러질 듯하다 몸을 바루 고치더니 눈총을 몹시 쏘았다. 이런 쌍년의 자식하곤 싶으나 남의 앞이라서 차마 못하고 섰는 그 꼴이 보기에 퍽 쟁그러웠다.(중략)

"아! 아! 이놈아! 놔라, 놔, 놔-"

장인님은 헛손질을 하며 솔개미에 챈 닭의 소리를 연해 질렀다. 놓긴 왜, 이왕이면 호되게 혼을 내주리라, 생각하고 짓궂이 더 댕겼다마는 장인님이 땅에 쓰러져서 눈에 눈물이 피잉 도는 것을 알고 좀 겁도 났다.
"할아버지! 놔라, 놔, 놔, 놔라." 그래도 안 되니까
"애 점순아! 점순아!"

이 악장에 안에 있었던 장모님과 점순이가 헐레벌떡하고 단숨에 뛰어나왔다. 나의 생각에 장모님은 제 남편이니까 역성을 할른지도 모른다. 그러나 점순이는 내 편을 들어서 속으로 고수해서 하겠지- 대체 이게 웬 속인지(지금까지도 난 영문을 모른다) 아버질 혼내주기는 제가 내래놓고 이제와서는 달겨들며 "에그머니! 이 망할 게 아버지 죽이네!" 하고 내 귀를 뒤로 잡아댕기며 마냥 우는 것이 아니냐. 그만 여기에 기운이 탁 꺾이어 나는 얼빠진 등신이 되고 말았다. 장모님도 덤벼들어 한쪽 귀마저 뒤로 잡아채면서 또 우는 것이다.
이렇게 꼼짝 못 하게 해놓고 장인님은 지게막대기를 들어서 사뭇 나려조겼다. 그러나 나는 구태여 피할려지도 않고.암만해도 그 속 알 수 없는 점순이의 얼굴만 멀거니 들여다보았다.
"이 자식! 장인 입에서 할아버지 소리가 나오도록 해?"

슬픈 상황인데도 왜 이리 우스운지 모르겠다. 〈봄·봄〉은 이렇게 우직하고 능청스런 나(데릴사위)와 키 안 크는 점순이, 또 그 딸을 이용하여 데릴사위를 머슴처럼 부려먹는 욕쟁이 장인 봉필영감 사이에서 벌어지는 일들을 그린 것인데, 희화된 언어와 몸짓들, 눙치고 돌려 치며 전개되는 사건들로 인해 웃음을 참을 수가 없다. 그렇기에 못됐음에도

김유정 문학촌 안내도

미워할 수가 없고 안됐음에도 어쭙잖은 동정 같은 건 할 수가 없다. 빠져 들어가 즐기게 되고 있는 그대로 그들을 느끼고 인정하게 된다. 참으로 감탄이 절로 나온다.

또한 김유정은 앞서 말했듯, 만무방(돼먹지 못한 사람), 따라지(보잘것없는 사람), 들병이(길거리에서 술도 팔고 몸도 파는 사람)처럼 당시 '가난한 소작농(일제강점기 때의 일반적인 백성)' 축에도 끼지 못했던 최하층의 사람들에게 유난한 관심과 애정을 보인다. 그의 작품에 등장하는 인물들은 '가난하지만 성실하게 일하는 농부'라거나 '가난하지만 서로를 아껴주는 부부' 같은 이들과는 거리가 한참 멀다. 그들은 사람이라면 마땅히 지켜야 한다고 생각되는 '예의'나 '염치'도 없어 보이고 '정조 관념'도 없다. 그렇다고 그들을 비판하고 훈계하느냐, 하면 그것이 아니다. 그들 속으로 들어가 그들과 똑같이 당시의 상황을 맞이하고 대응하며 그들의 존재 양태를 있는 그대로 '보여 주기'할 뿐이다.

그들 부부는 돌아다니며 밥을 빌었다. 아내가 빌어다 남편에게, 남편이 빌어다 아내에게, 그러자 어느 날 밤 아내의 얼굴이 썩 슬픈 빛이었다. 눈보래는 살을 여인다. 다 쓰러져 가는 물방앗간 한 구석에서 섬을 두르고 언내에게 젖을 먹이며 떨고 있더니 여보게유, 하고 고개를 돌린다. 왜, 하니까 그 말이 이러다간 우리도 고생일뿐더러 첫째 언내를 잡겠수, 그러니 서로 갈립시다 하는 것이다. 하긴 그럴 법한 말이다. 쥐뿔도 없는 것들이 붙어 당긴댔자 별 수는 없다. 그보담은 서루 갈리어 제 맘대로 빌어먹는 것이 오히려 가뜬하리라. 그는 선뜻 응낙하였다. 아내의 말대로 개가를 해 가서 젖먹이나 잘 키우고 몸성히 있으면 혹 연분이 닿아 다시 만날지도 모르니깐 마지막으로 아내와 같이 땅바닥에 나란히 누워 하룻밤을 떨고 낮 날이 훤해지자 그는 툭툭 털고 일어섰다.

매팔자란 응칠이의 팔자이겠다.

그는 버젓이 게트림으로 길을 걸어야 걸릴 것은 하나도 없다. 논 맬 걱정도, 호포 바칠 걱정도, 빚 갚을 걱정, 아내 걱정, 또는 굶을 걱정도. 호동가란히 털고 나서니 팔자 중에는 아주 상팔자다. 먹고만 싶으면 도야지구, 닭이구, 개구, 언제나 옆을 떠날 새 없겠지. 그리고 돈, 돈두—

그러나 주재소는 그를 노려보았다. (김유정 소설선집 〈산골나그네〉 전상국 편, '만무방' 중에서)

그러나 년이 떡국이 농간을 해서 나보담 한결 의뭉스럽다. 이깐 농사를 지어 뭘 하느냐, 우리 들병이로 나가자, 고, 딴은 내 주변으로 생각도 못했던 일이

김유정 작품 배경 지도

김유정의 노란 동백꽃

지만 참 훌륭한 생각이다. 밑지는 농사보다는 이밥에, 고기에, 옷 마음대로 입고 좀 호강이냐. 마는 년 얼굴을 이윽히 뜯어보다간 고만 풀이 죽는구나. 들병이에게 술 먹으로 오는 건 계집의 얼굴 보자 하는 걸 어떤 빌 없는 놈이 저 낯짝엔 몸살 날 것 같지 않다. 알고보니 참 분하다. 년이 좀만 똑똑히 나왔더면 수가 나는걸. 멀뚱이 쳐다보고 쓴 입맛만 다시니까 년이 그 눈치를 채었는지
"들병이가 얼굴만 이뻐서 되는 게 아니라든데, 얼굴은 박색이라도 수단이 있어야지—"
"그래 너는 그저 할 수단 있겠니?"
"그럼 하면 하지 못할 게 뭐야."
년이 이렇게 아주 번죽좋게 장담을 하는 것이 아니냐. 들병이로 나가서 식성대로 밥 좀 한바탕 먹어보자는 속이겠지. 몇 번 다져물어도 제가 꼭 될 수 있다니까 압따 그러면 한 번 해 보자꾸나 밑천이 뭐 드는 것도 아니고 소리나 몇 마디 반반히 가르쳐서 데리고 나서면 고만이니까.(앞의 책 '안해' 중에서)

김유정의 인물들은 김동인의 '복녀' 나 '복녀의 남편'('감자'의 인물들), 이상의 '나' 와 '아내'('날개'의 인물들)들과 비슷한 것 같으면서도 완전히 다르다. 그들은 다들 예의와 염치, 정조 관념이 없기는 마찬가지지만 김동인이나 이상은 그들을 관찰하고 고발할 뿐 포용하는 것처럼 보이지는 않는다. 그러나 김유정은 그들 속에서 그들과 함께 웃고 웃으며 그들을 끌어안는다. 그렇기에 김유정의 인물들은 만무방이든 따라지든 들병이든 우리와 '똑같은 사람'으로서 우리에게 말을 걸고 스스럼없이 우리를 자기네 삶의 현장으로 끌어들일 수 있다.

김유정을 다시 읽으며 참으로 특출하고 겸허한 작가라는 생각이 들었다. 그의 탁월한 언어감각이나 해학성이야 새삼스러울 것이 없었지만, 전상국 선생님을 만나고 문학기행을 준비하며 김유정의 인물들을 자세히 들여다본 순간, 그들이 하나같이 당시의 일반적인 백성 축에도 끼지 못할 만큼 비루한 사람들임에 놀랐을 뿐만 아니라, 그러한 그들을 훈화나 고발의 대상으로서가 아니라 '똑같은 사람'으로서 보듬고 어루만지고 한데 어울리는 것에 깜짝 놀랐다. 김유정은 그 누구보다도 인간적이고, 그 누구보다도 당시의 현실을 있는 그대로, 생동감 있게 그려낼 줄 알았다. 이런 것이야말로 겸허함이고 탁월함이로구나, 거듭 감탄하게 되었다.

김유정 생가 마당 평상에 둘러앉아 김유정을 얘기하는 아이들
아이들이 얼마만큼이나 김유정에 가까이 다가가고 이해할 수 있게 되었는지 잘은 모르겠다. 참가자들에게 김유정의 작품을 읽어 오도록 안내했고, 그날 현장에서 학생 아이들에게는 자기가 읽고 조사한 김유정과 그의 작품들을 발표할 시간을 주긴 했지만, 아직 어린 학생들인 만큼 그를 온전히 발견하고 이해하기는 힘들었을 것이다. 그러나 이번 여행을 계기로 아이들이 김유정에게 관심을 갖게 되고 좋아하게 된 것만큼은 분명한 것 같다.

김유정 문학촌을 다녀와서 내 딸이 맨 먼저 한 말은 김유정이라는 작가가 좋아졌다는 것이었다. 이 말은 내 딸이 처음으로 작가라는 이야기를 했었기에

김유정 생가 마당 평상에 둘러앉아 김유정을 얘기하는 아이들

더욱 의미가 있었다. 그러면서 집에 있는 가람 기획 김유정 전집을 읽다가 어제, 오늘 잠이 들었다.

이는 5학년 딸과 함께 참여했던 선생님의 '김유정 문학기행 후기'에 있던 글인데, 아이들은 문학기행을 준비하며 작가와 친해지기도 하지만 떠나기 전에는 별 관심을 보이지 않다가도 이렇게 현장에서 자극과 감동을 받아 달라지는 일도 많다. 우리 가정독서모임 아이들 역시 여행을 준비할 때는 거의 '의무감'에서 작품을 읽더니 여행 후에는 진정으로 김유정을 좋아하게 된 듯 문학기행 대상 작품이 아니었던 것들마저 다 찾아 읽었다.

산국농장과 산지기 김희목 선생님

전상국 선생님과 사무국 선생님들께 감사드린 후, 우리 일행은 김유정 문학촌에서 걸어서 10분 거리에 있는 산국농장을 찾았다. 이곳은 〈동백꽃〉의 나와 점순이가 알싸하고 향긋한 노란 동백꽃(남도 지방의 붉은 동백꽃이 아니라 생강나무에서 피어나는 강원도의 노란 동백꽃을 말한다.) 속으로 떠밀리듯 넘어져 들어갔던 금병산자락에 위치해 있는 곳으로, 전상국 선생님과 친구이신 김희목 선생님께서 과수 농사를 짓고 있는 개인 사유의 농장이다. 4월에 미리 방문하여 허락을 받아두었기에, 〈동백꽃〉의 공간도 직접 밟아 보고 잣나무 숲에서 '닭싸움'과 '비

〈동백꽃〉의 공간도 직접 밟아 보고 잣나무 숲에서 '닭싸움'도 했다.

석치기' 놀이도 하고, 내가 첫눈에 반해 버린 그곳의 자연 속에서 잠시 휴식도 취할 겸해서 찾아간 것이다.

나는 이곳에 첫발을 딛는 순간부터 '동백꽃'의 배경지로서가 아니라 산국농장 전체를 휩싸고 도는 담백하고 화사하며 생기 넘치는 자연미에 완전히 매료되고 말았다. 이곳을 처음 방문했던 때는 4월 말경으로 이번 문학기행을 준비하며 사전에 주인어른께 허락도 받고 어떤 곳인지 미리 살펴보기도 할 겸해서 남편과 함께 찾아갔을 때였다. 농장은 입구에서부터 온갖 야생화들이 흐드러져 있는데다 곳곳에 풀도 수북하고 잣나무, 소나무, 밤나무, 사과나무 등 갖가지 나무들이 우거져 있어 몹시도 풍성하고 자연스러운 느낌이었다. 그것만으로도 가슴이 두근거렸는데 산길을 따라 올라가던 순간 아, 참으로 눈이 부셨다. 수천 평 되어 보이는 밭이 온통 복사꽃으로 넘실대고 있었다. 세상에, 별유천지 비인간이라더니, 무릉도원이 따로 없었다.

대체 이런 곳을 가꾸고 이런 자연 속에서 살고 있는 분은 어떤 사람일까? 사전에 귀띔해 준 지인의 말에 의하면 직접 과수 농사를 지으며 시도 쓰신다고 했는데……. 멀지 않은 곳에서 사람들의 노랫소리와 연주 소리가 들려 왔다. 복숭아 밭 가운데 무대가 설치되어 있고 무슨 축제라도 준비하는 듯(실제로, 며칠 뒤 있을 복숭아꽃 축제 준비를 하는 거였다.) 여러 사람들이 드럼과 기타를 치며 노래를 부르고 있고 몇 사람은 옆에서 몸 장단을 맞춰 주고 있었다.

김희목 선생님. 그분을 거기에서 처음 뵈었다. 인디언 핑크 색의 허름한 점퍼 차림에 희끗한 머리칼들이 좋은 대로 바람에 날리고 무뚝뚝한 듯하지만 인정스러워 보이는, 자신이 가꾸는 농장만큼이나 담백하고 자연스러운 분이셨다. 우리는 인사를 드린 후 며칠 뒤 40여 명의 어른과 아이들이 이곳에 와서 〈동백꽃〉의 배경지도 둘러보고 잠시 농장에서 쉬었다 가도 되겠는지 여쭸다. 선생님은 선선히 그러라 하시며 농장 입구 잣나무 숲 쪽에 쉴 만한 공간이 있으니 그곳에서 머물다 가라 하셨다. 그때 다시 와 인사드리겠다며 일어서려는데, "그때 다시 인사할 것 없어요. 나는 일하느라 바빠 어디 있는 줄도 모를 테니 그냥 와서 놀다 가면 돼." 라고 하시며 손 인사를 하더니 다시 음악 속으로 빠져 들어가셨다.

산국농장은 산 전체를 합하여 20여 만 평이라 했다. 그중 농장으로 일구어 가꾸고 있는 땅은 5만여 평으로 김희목 선생님이 30대에 홀로 산에 들어와 10여 년 동안 포크레인과 삽으로 길을 닦고 밭을 일구어 내셨다 한다. 온종일 일에 매달려 있다 보면 밤 12시를 넘기기 예사였는데 깜깜한 산 속에서 헤드라이트 불빛에 의지하여 일해야 하는 어려움보다도 행여 주민들의 잠을 방해할까 미안스러워 일을 더 못하게 되곤

산바람 소리를 타고 〈강원도 아리랑〉이 낭창낭창 흘러나오자 좌중은 어깨를 들썩이며 환호했다.

했다 한다. '미쳐야 미친다.'는 말은 이를 두고 하는 말인 듯, 결국 선생님은 10여 년의 대장정 끝에 도연명의 것보다 더 아름답고 생기 넘치는 '무릉도원'을 창조해 내신 것이다.

그곳에서는 풀도 대접받고 있었다. 함부로 제초제를 사용하지 않아 자라다 지치면 쓰러져 거름이 되었다. 이름도 다 헤아릴 수 없는 수많은 야생화들이 철따라 피었다 지고 나무들도 계절 따라 움을 틔우고 온종일 살랑대는 바람과 풍성한 햇볕 속에서 빛깔 곱게 잘 자랐다.

"나는 이곳의 산지기일 뿐 누구든 이곳의 아름다움을 느낄 수 있는 사람이 진정한 주인이지요. 너무 공부만 하지 말고 그냥 가만히 나무 아래 앉아 바람 소리도 들어 보고 나무랑 햇빛이 소곤거리는 소리도 들어 봐요. 화려한 꽃들만 보려하지 말고 아무렇게나 피어 있는 저기 저 풀꽃들에게도 말 걸어 보고. 세상에는 예쁘지 않은 꽃이 하나도 없어요."

우리 일행이 방문했을 때, 바쁘신 중에도 우리를 반가이 맞아 주시며 들려 준 말씀이셨다. 사람들의 얼굴마다 감동이 일렁대고, 내 옆에 있던 한 선생님은 나를 쿡쿡 찌르며 "우와~, 진짜 멋진 분이시네요."하며 엄지손가락을 세워 보이기도 했다.

선생님의 말씀이 끝나자마자 박수가 터져 나오고, 즉석에서 전혀 계획에 없던 답가도 마련되었다. 마침 참가자 중에 민요 공부를 하고 있는 아이가 있어 '강원도 아리랑'을 불러드린 것이다. 아리아리~ 쓰리쓰리~ 아라리요~, 아리아리~ 고개로~ 넘어간다

자신이 가꾸는 농장만큼이나 담백하고 자연스러운 김희목 선생님

~. 산바람 소리를 타고 아이의 낭창낭창한 노랫가락이 흘러나오자 좌중은 어깨까지 들먹이며 환호하고 김희목 선생님 역시 얼굴 가득 웃음을 띠우며 몹시 흐뭇해하셨다. 우리는 그곳에서 2시간쯤 머물며 닭싸움도 하고 비석치기도 하고 농장을 산책하기도 했다. 지난 답사 때 와서 보았던 복사꽃은 다 떨어지고 없었지만 여전히 산국의 자연은 아름다웠다.

실레마을을 뒤로 하고

문학기행을 마치고 돌아오는 버스 안은 또다시 축제였다. 아이들 노래자랑이 벌어지고 하루를 돌아보는 빙고 게임에 소감 발표와 푸짐한 상품들, 일행은 피곤도 잊은 듯 신나고 즐거워했다. 다들 기대 이상의 즐거움과 보람이 있었던 날이라 했다. 김유정을 좋아하게 되고 전상국 선생님과 김희목 선생님을 만날 수 있었던 것도 기뻤고, 여럿이 함께

어울려 재밌게 놀 수 있어서 좋았다고 했다.

이번에는 따로 기행문을 쓰게 하지 않아 그 마음속의 이야기들을 세세히 알 수 없지만, 우리 가정독서모임 아이들 역시 자기네끼리만 갔던 여행과는 또 다른 재미가 있어서 좋았고, 특히 전상국 선생님이 들려준 김유정에 대한 얘기와 산지기 할아버지의 말씀을 오랫동안 잊을 수 없을 것 같다고 했다. 또 살짝 우리 큰아이는 산국농장에서 '강원도 아리랑'을 들을 때의 감흥을 적어둔 시도 보여주었는데, 절대로 공개하면 안 된다고 해서 그날은 못하고, 며칠 뒤 민요를 부른 아이에게만 보내 주었다.

구르미 구르미 노래부른다

꽃도 산새도 나무도 풀도
바람도 해도 달도 별도
햇빛도 달빛도 별빛도
꽃빛도 산빛도 나무빛도 풀빛도

구르미 구르미 노래부른다
구르미 구르미 노래부른다

오늘 아주 작은 음악회가 열렸다

꽃들은 향기를 뽐내고

나비와 잠자리는 춤을 추고
이 세상의 모든 아름다운 것들이
흥겹게 노래 부른다

구르미 구르미 노래부른다
구르미 구르미 노래부른다

(2006년 5월, 산국농장에서 〈강원도 아리랑〉을 들으며, 장벼리)

대단한 것은 아니지만, 이 시를 전달 받은 아이는 무척이나 행복해 하고 감동 받았다 한다. 이런 예기치 못했던 만남과 감동, 비록 그것이 사소한 것일지라도 여행은 늘 이렇듯 뜻밖의 사건들로 인해 더욱 즐겁고 풍성해지는 법, 이번의 짧은 여행 역시 예외이지 않았다.

이날의 문학기행을 계기로 나는 1년에 2~3번씩은 김유정 문학촌과 산국농장을 찾아가곤 한다. 학교에서 문학기행의 형태로 참가자를 모집해서 가기도 하고 학급 테마 소풍으로 학급 아이들을 데려가기도 한다. 또 내가 맡고 있는 계발활동반이나 독서동아리 아이들과 함께 찾아가기도 하고, 불현듯 산국농장의 자연이 그리울 때는 친구와 같이 가거나 그냥 혼자서 다녀올 때도 있다. 그곳은 이러한 나를 늘 반겨 맞아준다. 전상국 선생님, 김희목 선생님, 산국농장의 나무와 풀과 꽃과 바람과 햇빛은 내 마음에서 늘 그리움으로 존재한다. 김유정도 좋지만, 역시 나는 그(분)들이 더 좋다. 그리고 진심으로, 이러한 배움과 감동과 아름다움을 제공해 주시는 두 분께 늘 감사하다.

《토지》와 《혼불》의 숨결을 따라, 하동·남원 여행

이미 여러 차례 독서여행을 통해 그 맛을 충분히 만끽한 탓인지, 고등학교 2학년 그 바쁜 시기에도 아이들은 책을 읽고 다시 떠나자는 말뿐이었다. 매달 시험을 치르느라 눈코 뜰 새 없는 아이들을 데리고 무얼 할 수 있을까 걱정스럽기는 했지만 다들 원하고 있으니 다시 시도해 보기로 했다.

프로젝트 주제를 무엇으로 할까 고민한 끝에 박경리의 《토지》를 읽은 후 하동으로 떠나면 좋겠다는 생각을 했다. 그리고 여력이 되면 조정래의 《태백산맥》까지 읽고 하동에서 지리산까지 다녀오면 여정 면에서나 내용 면에서 무리가 없고 역사의 맥도 이어져 좋겠다는 생각이 들었던 것이다. 즉, 겨울의 안동 기행이 성리학을 중심으로 한 철학 중심의 책 읽기면서 조선시대의 역사를 공부한 것이라면, 이번 여름의 하동·지리산 기행은 문학 중심의 책 읽기면서 조선 시대 이후 일제 강점기와 해방 직후까지의 우리 근대사를 공부하게 되는 것이니, 역사의 흐름도 잡히고 다양한 영역의 책도 읽게 되어 좋겠다는 생각이 든 것이다. 그러나 입시를 앞두고 있는 고등학교 2학년 아이들이 장장 21권과 10권으로 되어 있는 대하소설을 읽는 것이 가능한 일일까? 그러나 이렇게라도 기회를 갖지 않는다면 어쩌면 이 아이들은 《토지》나 《태백산맥》을 평생 못 읽을 수도 있을 거라는 생각이 들면서 결심을 굳히고 말았다.

대하소설 읽기는 어찌 보면 참으로 무모하고 시간만 낭비하는 짓 같아 보인다. 길어도 2권이면 족할 이야기들을 왜 그리도 시시콜콜한 것까지 구구절절하게 풀어 놓는지 읽다 보면 그냥 그냥 넘겨 버리고 싶고 아예 읽기를 관둬 버리고 싶을 때도 있다. 나 역시 본래 문장이 깔끔하면서도 여운을 남기는 시적인 글들을 좋아하기 때문에 대하소설이 쉽게 읽히지는 않는다. 그럼에도 굳이 대하소설을 고집한 것은 머리가 아닌 가슴으로 그 시대, 그 상황을 견디고 살아온 사람들의 삶을 절절히 느껴 보게 하고 싶었기 때문이다. 이름도 성도 모르는 인간이라는 덩어리로 뭉뚱 그려 생각하는 것 말고, 김길상, 최서희, 환이, 윤보 목수, 강쇠, 송관수,

실상사 가는 길의 익살스런 장승들

봉순이, 주갑이, 김이평, 두만네……, 이렇게 구체적인 이름을 가진 한 사람 한 사람의 살아있는 생명체로서 그들을 느낄 수 있어야만 그 시대를 절절히 이해할 수 있고 인간을 더 넓고 깊게 이해하고 사랑할 수 있을 것 아닌가.

아이들은 별로 놀라지도 않았다. 아니, 4년 가까이 독서모임을 하면서 워낙 울퉁불퉁한 산길을 걸어온 탓인지, 아니면 다시 여행을 간다는 말에 혹해 다른 것은 생각해 볼 겨를이 없었기 때문인지, 아이들은 처음 이 프로젝트 계획을 말했을 때 어이없게도 박수까지 치며 좋아했다. 그러나 역시 고등학교 2학년에게 31권이나 되는 대하소설은 무리였던 것 같다. 여행을 2주 남겨 두고서야 겨우 《토지》 21권을 완독할 수 있었으니 《태백산맥》까지는 힘이 모자랐다. 그렇다면 하동에서 지리산으로 갈 게 아니라 남원으로 가는 편이 나을 듯했다. 이 기회에 판소리에 대한 관심도 환기시키고 '혼불 문학관'도 들러 보고. 때마침 함께 서울에서 활동하다 남원으로 내려가 있는 지인이 그 즈음 집을 통째로 빌려 줄 수 있다는 꿈같은 제안을 해 주어 두 번 생각할 것도 없이 남원으로 정하고 말았다.

고2 아이들은 3월부터 《토지》를 읽으며 새로운 여행을 준비하였다. 5월부터는 우리 작은아이도 합류했고 송 선생의 딸아이는 여름에 미국 여행 계획이 있어 참가 여부가 불투명하여 책을 읽지 않다가 미국에서 돌아온 후 급작스레 우리 여행에 합류하기로 결정하면서 부지런히 읽었다.

실상사 가는 길의 하루방

그리고 여행 떠나기 3주 전부터 아이들은 《토지》에 나오는 역사적 사건에 대해 조사도 하고 관련 책들 — 《조선사 이야기》박영규, 주니어김영사, 2005 《살아있는 한국사 교과서》전국역사교사모임, 휴머니스트, 2007 《5교시 국사 시간》윤종배, 역사넷, 2005 《미래를 여는 역사》한중일3국공동역사편찬위원회, 한겨레신문사, 2006 인문계 고등학교 교과서인 《고등학교 한국근·현대사》 등 — 을 각자 좋은 대로 골라 읽었다. 특히 동학농민전쟁에 대해서는 발생 원인과 전개 과정, 역사적 의의에 대해서도 조사하여 글을 쓰고 발표도 했다.

또 2주 전부터는 남원을 염두에 두고 판소리 관련 책, 《나비야 청산 가자》진회숙, 청아출판사, 2003 《판소리와 놀자!》이경재 글, 윤정주 그림, 창비, 2005 도 읽었고 《혼불》최명희, 한길사, 1990 1~2권도 읽었다. 그리고 여행을 1주일 앞두고 가졌던 모임에서는 《토지》 인물들 중에서 가장 마음에 든 인물 다섯, 중요하다고 생각하는 인물 일곱을 각각 골라 그 이유를 쓰고 발표했다. 또 여행 떠나기 전날 모임에서는 5개월에 걸쳐 읽어 온 《토지》의 줄거리를 회상하며 느끼고 생각한 것을 종합적으로 정리하며 소감을 나눴다.

예정대로 우리는 8월 13일 아침에 하동으로 떠났다가 14일에 남원으로 가서 하루를 더 묵은 후 15일 저녁에 서울로 올라왔다. 여행은 새로운 사람, 새로운 세계와의 만남이 있어 멋진 법인데 이번 여행은 유난히 더 그랬다.

하동과 남원에서 만난 사람들

하동 숙소인 토담 농가를 운영하는 공상균 님. 생전 처음 보는 사람인데도 화개 정류장으로 우리를 마중 나온 그분은 내 손을 덥석 잡으며 마치 오래 기다려온 친우라도 맞는 듯 무척 반가워했다. 하동의 숙소를 어디로 정해야 할지 몰라 인터넷을 뒤지다가 발견한 토담 농가. 전화 목소리를 들었을 때, '아, 이곳으로 가야겠구나. 이렇게 정겹고 담백한 목소리라면 믿을 만하겠다.' 하며 바로 결정하고 말았다. 역시 목소리 그대로 순수하고 인정 많고 멋진 분이었다. 숙소 역시 계곡이 흐르는 산속에 위치해 운치가 있었고 아이들 놀기에도 좋았다. 그러나 이동 수단이 마땅치 않아 상의를 드렸더니 단번에 자신의 지프차라도 좋다면(이 차는 강진 때보다 더 심한, 5인승을 2인승으로 만든 짐차(?)였다!) 거리가 그리 멀지 않으니 쌍계사와 최참판댁까지 데려다 주겠다는 것 아닌가! 그 덕에 우리 아이들이 강진 때에 이어 또 한 번 짐칸에 쪼그리고 앉아서 가야 하는 불편을 감수해야 했지만 이런 여행 때 아니면 언제 그런 체험을 해 보겠나 싶어 감사히 받아들였다. 또 최참판 댁(《토지》 세트장)에 내려서도 그 입구에서 음료수와 간식거리를 팔고 있는 자신의 음식점에 데려가 5,000원에 10,000원 이상의 먹거리를 안겨 주는 바람에 모두 '제발 그만!'을 외쳐야 했다. 이분 덕에 우리는 시간과 경비를 절약할 수 있었던 것은 물론이고 도시 사람들에게서는 느끼기 힘든 순박하고 훈훈한 정을 온몸으로 느낄 수 있었다.

또 최병우 선생님. 서울에서 함께 활동하다 남원으로 내려가 생활을 하고 있었는데 우리에게 두 번이나 자신의 집을 통째로 내어 주었다. 앞서 도서관 모임 선생님들과 함께 그 집을 들어섰을 때, 텅 빈 거실 양쪽에 우뚝하게 서 있는 거대한 앰프를 보고 모두 감탄사를 연발하고, 사방 벽에 내려뜨려져 있는 무명천의 용도를 놓고는 별의별 추측을 다해 봤다. 그런데 송 선생이 나중에 알아낸 바로는 '소리의 흡수' 때문이었는데 딱딱한 벽에 소리가 부딪히는 것보다는 무명천에 부딪혔을 때 울림도 좋고 부드러워지기 때문이라는 것 아니겠나. 음악당도 아닌 개인의 집 거실을 그렇게 사용한다는 것도 놀랍거니와 그 미미한 소리의 차이를 분별하고 느낄 수 있는 사람의 멋스러움에 우리 모두 감탄사를 연발했다. 남들 집에 흔히 있는 장롱이며 TV, 심지어는 이부자리도 없어 침낭 생활을 한다는 사람에게 '소리'는 저토록 귀한 대접을 받고 있구나! 그날 받았던 충격과 감동이 어쩌면 지리산을 쉽게 털어 낼 수 있게 하였을 것이다. 나는 아이들에게 이 집을 꼭 보여 주고 싶었다.

원래 계획대로라면 최병우 선생님은 만날 수 없었다. 그런데 광한루원을 구경하고 숙소로 돌아오니 뜻밖에도 최병우 선생님을 비롯하여 선생님 세 분과 딸 샘물이가 와 있었다. 본래 지리산으로 떠났어야 하는데 일이 꼬여 이리 되었다면서 비좁겠지만 집을 같이 써야 할 것 같다고 했다. 잠자리 문제는 그럭저럭 해결한다 하더라도, 음악 발표(아이들에게 이곳의 오디오 시설을 엄청 자랑하며 소개하고 싶은 음악을 가져오라고 했었다.)며 글쓰기는 어디서 어떻게 해야 할지 난감했지만, 오랫동안 못 뵌 선생님들과 딸 샘물이를 보니 우선 반갑고 즐거웠다.

최병우 선생님은 10년이 넘는 시간을 훌쩍 뛰어넘어 벼리의 "지금도 기타 치세요?" 하는 인사를 받자마자, "1년 동안 거의 기타를 치지 않았는데 특별히 벼리를 위해 기타를 쳐 주마." 하더니 신청곡을 받겠단다. 벼리는 어린 시절의 그날을 회상한 듯(우리 큰아이는 일곱 살 때던가, 함께 교육활동을 하는 지역 선생님들 대상으로 1박 2일 가족 캠프를 할 때

서울에서 함께 활동하다 남원으로 내려가 생활하고 있는 최병우 선생님.
우리에게 두 번이나 자신의 집을 통째로 내어 주었다.

최병우 선생님을 딱 한 번 본 적이 있는데, 그때 선생님이 아이들을 데리고 기타를 치며 노래도 가르쳐 주고 놀아 주기도 한 것을 두고두고 잊지 못하며 "세상에 그 선생님처럼 멋있는 분은 없을 거야."라는 말을 시간이 한참 흐른 뒤에도 불쑥불쑥 던질 정도였다.) 〈둥글게 둥글게〉를 청하고 최병우 선생님은 자연스럽게 〈둥글게 둥글게〉〈과수원 길〉〈고향의 봄〉을 연주해 주었다. 벼리는 말할 것도 없고 아이들 모두 갑자기 긴장이 풀린 듯 낯설음을 잊고 모두 즐거워했다. 이어 벼리는 김광석과 조동진의 곡을 청하고 최병우 샘은 〈서른 즈음에〉와 〈작은 배〉를 연주했는데 이때부터는 어른들까지도 감동을 받아 박수 치고 브라보를 외쳤다.

그러나 선생님들은 아이들이 거실의 탁자를 책상 삼아 기행문을 쓰기 시작하자 몹시 놀란 모양이다. 내가 샤워하러 들어간 사이에 다 떠나고 없었다. 아이들 공부에 방해가 되니 자기네들이 비켜 주자고 했다는 것이다. 세상에, 객이 주인을 쫓아내는 수도 있나? 어쨌거나 우리는 본래 하고자 한 일들에다 뜻밖의 반가운 만남과 특별 연주까지 선물로 받아 더욱 풍성한 시간을 보낼 수 있었다. 역시 멋진 분들이었다.

최병우 선생님의 딸아이 샘물이를 만난 것 역시 큰 기쁨이었다. 샘물이는 우리 팀이 아빠네 팀보다 더 재미있을 것 같다면서 남게 되었는데, 벼리가 최병우 선생님을 만났던 어린 시절에 나 역시도

하동 기행문 및 음악 발표

아주 어린샘물이를 만났다. 조용하고 수줍음 많던 어린아이가 훌쩍 자라 중학생이 되어 다시 만나니 반갑고 신기했다. 샘물이는 말끝이 예리하고 주관이 뚜렷한 아이로 자라 있었다. 기행문과 자기가 좋아하는 음악을 소개할 때 샘물이도 함께 참여해 자리를 더욱 넉넉하고 즐겁게 해 주었다. 내가 주인을 제치고 안방이며 거실이며 오디오를 점령해서 미안하다고 하자, 자기 집이 오늘처럼 이렇게 크게 느껴진 것이 처음이라면서 오히려 기분 좋아했다. 엄마, 아빠 못지않게 범상치 않은 아이였다. 또, 가원이. 마침 집에 내려왔다가 아이들과 친구가 되어 남원 여행까지 따라나선 토담 농가 주인집 아들. 하동을 떠나올 때 함께 여행하겠느냐는 권유 한마디에 남원까지 따라왔으니, 사람에 대한 믿음과 사랑, 배움에 대한 욕구가 강하지 않고서는 어찌 가능했겠는가. 재현이와 벼리가 이런 멋진 친구를 얻게 되었으니 이것만으로도 두 아이에게는 오래도록 잊지 못할 여행이 될 것이다.

이밖에도, 14일 실상사 가고 올 때 우리를 태워 주고, 다음날 만인의총과 만복사지, 혼불 문학관에도 데려다 준 삼베옷 입은 기사 아저씨도 기

작품 《토지》에 나오는 최참판 댁 마루에서

억에 남는다. 남원에 대한 사랑과 자부심이 넘치고 주역에 해박한 지식을 갖고 있었는데 그로 인해 남원이 여느 도시들과는 다른 우리 민족의 정서와 혼을 고스란히 담고 있는 신령스러운 땅처럼 느껴지게 되었다.
하동과 남원 여행은 기대 이상의 좋은 경험과 감동을 안겨 주었다. 울창한 벚나무 가로수 길을 따라 굽이굽이 흘러가던 섬진강의 의연한 아름다움, 최참판댁으로 올라가는 길목에서 내려다보이던 서리서리 많은 사연을 간직하고 있는 듯한 평사리의 넓은 들판, 어렸을 적 방학 때마다 찾아갔던 큰집 고향 마을처럼 향수를 불러일으켜 준 실상사, 그 마당에 피어 있던 하얀 목백일홍의 처연함, 청암 부인과 효원이 만큼이나 굳세고 위엄이 서린 혼불 문학관, 그리고 그 길 위에서 만난 아름다운 사람들. 깊은 발자욱으로 오래오래 우리 마음에 존재하리라.
하동과 남원의 여행 일정과 구체적인 내용은 아이들의 여행기 조각 모음으로 대신한다.

아이들의 여행기 조각 모음

하동·남원, 그리고 사람으로의 여행
− 2006년 여름 《토지》 문학기행

여행지부터 소개하자면

8월 13일 : 서울→화개 토담농가→쌍계사→하동 평사리 최참판 댁 외
→화개 토담농가

8월 14일 : 토담농가→남원 호반 아파트→실상사→광한루→호반 아파트

8월 15일 : 호반 아파트→만인의총→만복사지→혼불문학관→남원 고
속버스 터미널→서울

첫날, 따분한 여름방학에서 피어난 오묘하신 시간의 원

빠알간 빠알간 더위의 여름날 아침. 나는 6시 30분에 일어났다. 더위가 내 잠을 깨운 것이다. 요즘 10일간 이 고생이다. 아주 흥분한 상태인 탓인가, 몸은 피곤한데 정신은 이미 하동으로 출발한 상태였다. 그렇지. 오늘은 바로 하동으로 여행을 가는 날. 하지만 역시 느끼건대 바람의 시원함은 개념을 상실했는지 더위의 사악함이 기가 더 센 건지 날씨는 무진장 좌절이었

다. 이 더운 날 짐은 많고 힘은 없고 점점 사악함 + 귀차니즘의 악신의 손짓에서 벗어나지 못하고 있었다. 그러나 위에서 말했던 것처럼 정신은 이미 하동으로 출발한 상태이니 어찌하겠는가. 준비를 해야지! (벼리)

어제 《혼불》을 빌려 왔다. 이걸 다 읽어야 한다는 의무감(?)에 잠을 잘 수가 없다. 어머니 아버지 모두 부부 동반으로 여행을 가셨다. 누나를 기다리며 책을 읽으니 어느덧 시계의 바늘은 새벽 4시를 넘어간다. 누나가 집에 들어오고 나도 잠이 들었다. 그리고 새벽 6시 30분 벼리한테서 모닝콜이 도착하였다. 간신히 일어나 계란 몇 개로 아침을 해결하고 집을 나섰다. 벼리네에 도착을 하니 약속 시간보다 5분 늦은 7시 25분을 가리키고 있었다. 좀 있다가 도착한 은선이를 만나 남부 터미널을 향해 출발하였다. 가는 내내 졸음이란 놈은 나의 곁에서 좀처럼 떨어지려고 하질 않는다. 고통스럽다. 터미널에 도착 후 표를 끊고 유미와 송경영 선생님 송요를 만나 버스에 탑승을 하였다. 이로써 안동기행 때 갔던 사람들, 그러나 한 분 고무신 샘 조재경 선생님을 빼고 전부 모였다. 뵙고 싶다. 9시 10분 버스는 화개를 향해 출발을 하였다. 가면서 나는 끝내 졸음을 이기지 못하고 잠이 들었다. 하지만 졸음보다 무서운 친구 장시선이 있기에 나는 쉬이 잠에서 헤어 나올 수 있었다. 노래도 듣고 얘기도 하고 그러면서 우리는 조금씩 화개에 이르고 있었다.

화개 터미널은 매우 작다. 어느 구멍가게라 해도 믿겨질 정도로……. 화개 터미널을 나와 우리는 토담농가 주인아저씨께서 준비해 주신 자동차를 타고 토담농가로 이동하였다. 토담농가의 배경은 아름답다. 앞에 하천과 주변의 산들 아름다운 조화이다. 그곳에서 점심을 먹고, 난 또다시 잠을 청했다. 아이들은 모두 나가 계곡에 발을 담그고 놀고 있는 상황……. 어찌 아셨는지 우리 아버지 내게 전화를 하셔서 나가라고 하신다. 거의 신의 경지에 다다른 분 같다. 항상 퍼질러 자고 있으면 어김없이 들려오는 전화벨 소리, 거의 공포 영화 수준이다.

어찌 되었든 나도 밖으로 나가 계곡으로 향했다. 그런데 길을 못 찾겠다. 한참을 헤매 간신히 발을 담갔는데, 한솔이 이놈의 자식이 기습을 한다. 다 젖었다. 계곡에서 나와 운동화로 갈아 신고 주인아저씨께서 손수 마련해 주신 아주 작은 차를 탔다. 나와 한솔이는 앞에 탔는데 뒷부분은 거의 죄수를 수송하는 분위기를 연상케 한다. 대박이다. (재현)

토담농가 아저씨의 자상한 배려로 차를 타고 본격적인 여행길을 떠날 수 있었다. 그런데 중요한 건 이것이 2인용 차라는 점이었다. 지프차 뒤칸에 6명이 좋게 말해 옹기종기, 솔직히는 개미처럼 붙어서 한 평 공간의 찜질방이 완성됐다. 그러나 괜찮았다. 차에서 타고 내릴 때 다리가 약간 저린다는 점, 차 안에서 통풍이 안 되어 숨쉬기 곤란하다는 점, 차 내부의 철창은 살이 닿으면 화상 입을 것 같은 아찔한 기분이라는 점 빼고는 즐거웠다. 또 언제 이런 차를 타 볼 수 있을까? 모두 여행으로만 얻을 수 있는 소중한 경험이다. 드디어 쌍계사에 도착. (유미)

하동의 명소 쌍계사는 내부보다도 오르는 길이 더 운치 있는 절이었는데, 다른 절에선 잘 찾아볼 수 없는 금강문이 세워져 있어 그 분위기가 독특했다. 보통의 일주문과 천왕문만 있는 절의 경우보다 수신의 여지가 조금이나마 많아 방문객과 신도들이 비교적 숙연하다는 느낌이 들었고, 그 때문인지 사천왕상의 보존 상태가 이제 막 새로 칠해 세운 듯 깨끗하고 색상도 선명했다. 본디 신라시대에 세워진 절이 조선 중기에 다시금 보수되고 사액도 받았다는 것은 이 절이 그만큼의 가치를 지니고 있다는 의미일 터. 훌륭한 불상과 아름다운 단청을 보며 그 속내를 알 듯한 마음이 타닥타닥 소리를 내더니, 돌다리를 건너 만난 큰 석탑이 동서남북으로 콕콕콕콕 현란한 불쏘시개 스텝을 밟아 나도 모르게 이 절을 세우고 고치고 지켜온 이들에게 빙의되는 듯한 착각이 들었다. 어라 그런데 생각해 보니까 그분들, 이미 극락왕생 하고 계시겠는데? 나무아미타불 레드썬. 간신히 감동을 추스르고 탑을 둘러보니 모서리마다 달린 종과 목어가 바람을 따라 살랑살랑. 달이 훤한 대보름날 밤 이 탑을 돌며 소원을 빌고 인연을 만났을 옛 사람들을 생각하니 왠지 내 마음이 훈훈해져 왔다.

그러나 앞서 말했듯 쌍계사는 들어가서보다 들어갈 때가 훨씬 근사한 절이어서, 그 외의 내부 건물은 썩 이렇다 할 것이 없었다. 보수 중인 대웅전과, 국세청 홍보대사로 뽑힌 이유가 세금을 잘 내서도 아니고 심지어 예뻐서도 아니고 그렇다고 해서 서울대 나와서도 아닌, 무려 참신한 연기를 보여 주기 때문이라는 김태희보다도 터무니없는 모습의 박물관이 절을 그 순수한 목적이 아닌 단순한 관광지로만 생각하는 사람들이 범한 커다란 과오를 단적으로 보여 주었다. 화르륵 타올랐던 이 절, 쌍계사에 대한 감동이 짭조름하게 식어 버리는 느낌이었다.

아쉬운 발걸음으로 절에서 나와 다시금 깜찍한 양계장 지프를 타고 드라마 토지 세트장으로 향했다. 더위에 숨소리가 무서워서 이불을 뒤집어썼는데 이불 안에 귀신이 있는 바람에 급격한 충격을 받는 여인네마냥 하악하악 하고 변할 때쯤, 토담농가 주인아저씨 댁에서 하는 가게에서 팥빙수와 과실차로 열을 식혔다. 넉넉한 인심에 다시 한번 감사드리면서, 그리고 한편으로는 다음에 왔을 때는 더 큰 차를 태워 주시기를 간절히 바라며 최참판 댁에 올랐다. (송요)

최참판 댁으로 향했는데 햇볕에 무척 뜨거웠다. 녹아서 길바닥에 들러붙는 것 같은 몸을 움직여 조금 올라가다 토담농가 사장님께서 하시는 가게에서 팥빙수와 음료수를 마셨다. 팥빙수에 시큼한 맛의 말린 살구가 들어 있어 이색적이었다. 과자를 덤으로 받고 최참판 댁을 마저 올라갔다. 드라마 세트장이었던 그곳에서 맨 먼저 모습을 드러낸 것은 물레방아였고 그때쯤 큼지막한 빗방울이 떨어지기 시작했다. 우리는 빗속에서 정한조, 영팔이, 두만네 등의 집을 차례로 둘러보며 사진을 찍었다. 그러다가 누구의 집인지 적혀 있지 않은 초가집 마루에 걸터앉아 잠시 휴식을 취했다. 자욱이 안개가 피어오른 맞은편 산이 비에 젖어 운치 있어 보였고 마루나 기둥에서 나는 나무냄새나 벽에서 전해 오는 흙냄새가 편안함을 느끼게 해 주었다. 이런 곳에서 하룻밤 지내고 가는 것도 좋을 것 같았다. 마지막으로 간 최참판 댁은 세트장 같지 않게 고즈넉한 곳이었다. 앞서 본 평민들의 집과 비교해 보니 확연히 넓고 부티가 났으며 마을의 높은 곳에 위치해 있었다. 유미와 나는 누각에 올라 풍경을 잠시 구경했다. 전망이 확 트이진 않았으나 사방이 트인 공간에 있으니 답답하지 않았고 시각적으로

〈토지〉 세트장에서

시원해 보였다. 우리 조상들의 자연과 조화를 이루는 건축이 이런 것일까. 유연한 곡선을 자랑하는 처마에서 차례로 떨어지는 빗방울이 운치 있어 보였다. 대청마루에는 작은 서랍이 빼곡히 꽂힌 약상자가 있었는데 《혼불》에서 웬만한 양반집에는 다 이런 약상자가 있고 양반들은 직접 조제를 하기도 해서 직접 약을 지어먹는데 이기채가 생각났다. 또한 병약했던 《토지》의 최치수도 떠올랐다. (은선)

한마디로 최참판 댁에서 본 자연 경치는 참으로 아름다웠고 또 감동적이었다. 시인의 육감이랄까, 아담하게 목조로 만든 최참판의 집, 마루에서 볼 수 있는 평사리 마을 자연 풍경. 빗방울은 음률을 만들고 사람들의 발자국은 오목조목 그림을 그리고 있는 이 풍경이 너무나도 벅차 눈물이 다 나올 지경이었다. 꿈을 만들어 주는 이상향은 어디 있는가? 바로 이런 미미한 시간 속에 몰래 사알짝 얼굴을 보여 주는 게 아닐까? 그렇게 자연의 경치를 보면서 감동을 받다 유미와 은선이가 눈에 들어왔다. 마루에서 경치를 구경하고 있는 모습 같아 보였다. 송요와 송경영 선생님은 마치 연인이 된 듯 꼬옥 붙어 다니는 게 샘이 나기도 했다. 한솔이는 우산이 없다고 투덜투덜. 백화현 선생님은 사진 찍으신다고 왔다 갔다 부지런히 돌아다니셨다. 최참판 인형도 보

〈토지〉 세트장에서

고 방 구조도 보고 웬만큼 봤다 싶어서 그만 가자고 말했다. 비도 오고 날씨도 깜깜해지기 시작할 것 같아서 말이다.

최참판 댁을 뒤로 하고 우리는 박물관에 갈려고 했는데 문이 닫혀 못가고 터벅터벅 조용히 내려왔다. 내려오는 길에 꽃들이 목을 기린처럼 쭈욱 뻗어 행복한 듯이 물을 먹고 있는 게 보기 좋았다. 슬슬 지치는지 왔다 갔다 갈팡질팡 하는 차에 저기 주인아저씨네 가게가 보였다. 또 여자들과 행복하게 짐칸에 타고 가는가 싶었더니 다른 손님들도 우리가 가려는 고향산천 참계탕 집에 간다기에 차 2대로 고고싱 출발! 선녀님들이 없으니 어째 짐칸에서 퀴퀴한 냄새가……? 그렇게 멀미가 날 듯한 지옥에서 20~30분 정도 가니 목적지에 도착했다. (벼리)

간 곳은 "고향산천"이란 집이었다. 거기서 참게 요리를 먹었다. 요릿집 아줌마와 주인아저씨가 얘기하고 계셨는데 뭐 돈을 깎아 준다는 것 같았다. 손님을 많이 오게 해 준다나? 아무튼 주인아저씨는 참 발이 넓으신 분 같았다. 우리는 다시 차를 타고 토담농가로 갔다. 나는 가자마자 옆방을 이용해 테라스로 나가 봤다. 널어놓았던 옷이 다 젖어 있었다. 그래서 빨려

고 우리 방문을 열어 봤는데 잠겨 있었다. 테라스 쪽 창문 역시 잠겨 있었다. 기다리고 엄마가 오셔서 문을 열고 빨려고 하는데 엄마가 달라고 하셔서 드렸다. 그리고 샤워를 하는데 몸은 끝나고 머리를 감으려 했는데 물이 꺼졌다. 이렇게 해 보고 저렇게 해 봤지만 안 돼서 어쩔 수 없이 옷을 갈아입고 나왔다. 그리고 지금 와서 이렇게 쓰고 있는 거다. 오늘은 이제 이것이 끝나면 자유시간이다. 그런데 내일 가는 곳은 어떤 곳일까 궁금하다.
(한솔)

식사를 마치고 숙소에서 돌아와 간략한 기행문을 쓰고 발표하는데 가원이도 함께 들었다. 얼마 후 주인아저씨도 들어오셔서 함께 들었는데 기행문 발표가 끝나고 중1 때부터 단 둘이 여행했다는 얘기를 들으니 그런 부자의 모습이 다정해 보였다. 발표가 완전히 끝나고 자유시간이 되자 우리 방은 곧 이불을 깔았다. 누워서 천장을 보니 벌레가 붙어있는 게 보였다. 불을 끄면 날아다니진 않을까 걱정이 되서 막연히 벌레를 보고 있으니 벌레가 한지의 점처럼 보이다가 나중엔 점이 벌레처럼 보여서 심란해졌지만 그날의 피로가 더 강했던 모양인지 그럭저럭 잠이 들면서 여행 첫날을 마감했다. (은선)

둘째 날, 사람의 연은 영원히 영롱한 꽃을 피운다

생각보다 오래, 푹 잠을 자고 일어나 밥을 넉넉히 먹고 토담농가를 떠날 채비를 했다. 비록 하루밖에 묵지 않았지만 마음씨 좋은 주인아저씨와 마음이 편안해지는 주변 풍광 덕에 꽤 정이 붙은 곳이었기에 떠나기가 조금은 아쉬웠다. 하지만 여행은 만나고 정을 붙이는 것만큼 떠나고 새롭게 거듭나는 것이 중요한 것이니, 크게 미련을 두지는 않기로 했다.
1박 사이에 우리 일행에는 새 식구가 생겼다. 방학을 맞아 토담농가로 내려온 주인아저씨의 큰아들인 가원 오빠가 바로 그 새 식구. 주인아저씨가 하시는 말씀 곳곳에서 아들에 대한 사랑과 자부심을 크게 느꼈던지라 이 야심찬 멤버 영입이 가져다줄 새로운 개성의 발견이 내심 기대되었다. (송요)

토담농가 주인아저씨께 인사드리고 화개 버스터미널로 갔다. 어제도 잠깐 봤지만 내가 본 버스터미널 중 가장 작다. 영화에서나 보던 옛날 버스터미널 그 자체였다. 좁은 내부와 작은 하나의 매표소, 군데군데 깨어진 출입구의 모습이 인상적이었다. 여기서 잊지 못할 일이 하나 벌어졌는데, 바로 송경영 선생님께서 표를 잃어버리신 일이다. 부랴부랴 찾으시다가 결국 표를 하나 더 구매하셔서 차가 떠나기 직전에 버스에 타셨다. 매표소 주인 아주머니께서 잃어버린 표를 찾아서 가져오면 돈을 다시 돌려준다고 하셨다고 하니 여기가 시골이긴 시골이구나 싶었다.
버스에서 섬진강과 지리산자락을 감상하다 보니 어느새 구례이다. 그러나 우리의 목적지는 남원, 10분 전 버스가 떠난 간발의 차로 한 시간이 비게 되어 근처 음식점에서 냉면으로 점심을 먹었다. 버스 안에서 내내 잠만 자니 30분을 달려 남원에 도착해 있다. 택시 3대에 나눠 타고 우리의 숙소가 된 최병우 선생님 댁으로 갔다. 송경영 선생님과 송요 그리고 내가 탄 차는 말 그대로 총알 택시였는데 우리가 도착해서 한참 뒤 백화현 선생님과 아이들이 도착했을 정도였다. 남자아이들은 집에 들어서자마자 에어컨을 차지한다. 그만큼 너무나 더웠다. 앰프가 놀라울 정도로 컸는데 가구는 찾아보기 힘들고 기타와 오디오 등 음악기기들만이 가득해서 이 집의 주인이신 최병우 선생님의 예술가적 면모를 예상해 볼 수 있었다. 독특한 발음으로 불리는 〈백만 송이 장미〉를 비롯한 러시아 노래를 듣고 벼리가 준비해 온 이루마의 감미로운 피아노곡도 감상하며 2시간 정도를 쉬다가 실상사로 출발했다. (유미)

아홉 명이 동시에 움직이다 보니 택시를 두 대나 움직이게 되었는데, 나와 유미, 은선 언니, 한솔이 그리고 엄마 송 선생님이 같은 차를 탔다. 우리를 태워다 주신 기사 아저씨는 척 봐도 연륜이 느껴지는 외모와 삼베옷이 '내가 지리산 동남쪽에서 세 번째 폭포에 있었소' 하셔도 어색하지 않을 만큼 비범해 보이는 분이셨는데, 역시나 그 인상은 잘못 본 것이 아니어서 우리는 차로 이동하는 내내 지리산의 영험함과 불교의 신비 그리고 일본 침몰의 과학적인 근거 등의 정말 그 어디에서도 들을 수 없는 독특한 이야기들을 들을 수 있었다. 아저씨는 당신의 학력에 대한 아쉬움이 크신 것 같았지만, 주역을 익히고 자신의 고장 남원에 대한 해박한 지식을 뽐내시는 모습을 보며 꼭 학교 공부를 오래 하는 것이 유식해지는 길은 아님을 다시 한 번 상기할 수 있었다. (송요)

실상사는 호국사찰로 천 년의 세월을 버텼다는 절로 만수천과 뱀사골 방면에서 흘러내리는 물줄기가 만나는 지점 부근에 독특하게도 평지에 자리 잡았다고 한다. 그 이유는 다른 절과 다르게 스님들께서 직접 농사도 지으

실상사 가는 길

시기 때문으로 유기농 채소를 판매하기도 한단다. 어떤 모습일까 궁금했는데 실상사보다 먼저 익살스런 장승이 우릴 반겼다. 원래 장승은 남녀 쌍을 이뤄 세우지만 이곳의 장승은 모두 남자인 것이 특징적이었고 표정이 무척이나 익살스러워 저절로 웃음이 나왔다. 장승을 지나 큰 다리는 건너 조금 걸으니 실상사에 도착했다.

실상사의 문을 지나 오른편엔 1200년 된 기와로 쌓은 탑이 있었다. 천이백년이라……. 그 쉽지 않은 세월을 한 장의 기와들이 어떻게 이겨냈을까. 내가 다른 돌로 내리치면 쉽게 깨질 기와지만 그 세월은 깰 수 없겠지. 그것은 기와조각이 아니라 세월의 조각일런지도 모른다. 나는 이럴 때 과연 인간이 만물의 영장인가 의심스럽다. 한 켠엔 흰 백일홍과 붉은 백일홍이 피어 있었다. 백일 동안 피어서 백일홍이라는 이 나무는 작년 여름 해남과

실상사 목백일홍

실상사 3층 석탑(보물제37호) : 이 쌍둥이 석탑은 통일신라 말 실상사와 함께 지은 것으로 전형적인 통일신라시대 석탑이다.

강진에 이어 이곳에도 유독 많은 것 같다. 그중에서도 흰 백일홍은 흔치 않다는데 이곳에 두 그루 자리하고 있다.

보광전 앞엔 석탑 두 개가 나란히 있었는데 어제 쌍계사에서 본 탑처럼 끝이 무척 뾰족했고 곳곳에 색이 바래고 푸르게 긴 이끼가 석탑이 지나온 시간을 말해 주었다. 그 사이에 보광전 좀 더 가까이 석등이 있었다. 석등이 꽤 커서 그 앞에 돌사다리가 있었다. 지금도 그러는지 모르겠지만 오랜 전 스님들께선 그 돌사다리를 밟고 불을 밝히셨을 것이다. 그 돌사다리도 스님의 발에 길들어 닳였는지 모른다. 보광전은 덧칠하거나 바꾼 적 없는 듯 벗겨진 단청, 허물어질 듯한 벽을 담담하고 솔직하게 드러냈다. 그 옆으로 약사전이 있었다. 약사전 안에 철제여래좌상이 있었다. 철제여래좌상의 얼굴은 원만하고 시원해서 신라시대의 불상의 특징을 이어 받지만 근엄하고 딱딱한 표정은 온유하고 생동감 있던 앞 시대의 불상의 변천이라 한다. 이 절의 분위기는 오히려 그런 표정이 더 어울릴 것 같았다.

약사전 뒤로 트인 길로 실상사 작은 학교에 갔다. 1학년에서 3학년까지 서른 몇 명밖에 안된다는 그 학교는 규모는 아주 작았지만 건물 곳곳의 그림

실상사 작은 학교

에서 아이들의 동심이 물씬 풍겨와서 훨씬 자유로워 보였다. 동글게 책상을 모아 둔 교실이며 원두막에 길 따라 피어 있던 해바라기 같을 아이들이 앉을 걸 상상해 봤다. 게시판에 인간 보드게임할 사람을 찾는 광고의 삐뚤삐뚤한 글씨가 지금도 기억에 남는다.

아까 봤던 보광전 왼편엔 이른바 생태 뒷간이 있었다. 과거 모든 생명의 먹거리의 거름이 있던 곳, 그곳이 바로 뒷간이다. 지금 우리가 쓰는 수세식 화장실은 겉보기엔 깨끗하지만 실제론 우리의 산천을 크게 오염시킨다고 한다. 환경 문제를 다시 생각하지 않을 수 없었는데 막상 그곳에 들어가니 냄새가 힘들었던 게 사실이다. 그래서 환경 보호하자 말하는 건 쉬워도 실천은 귀찮고 불편한 마음에 말처럼 쉽지 않음을 새삼 깨달았다. 그러나 한편으로 산천도 우리와 마찬가지로 인간들 편의를 봐주느라 귀찮고 힘든데 인간은 이기적이라 저들끼리 하는 소리에만 귀가 익어 그걸 못 듣는 건 아닐까. 실상사는 세월에 솔직한 고즈넉한 절이었다. 인간도 그렇다면 지금의 인간은 버릴 게 참 많은 것이다. 실상사를 나오니 겹겹이 포개진 산 끝자락이 멀리 보였다. 산이 인간 사는 마을이 궁금해 내려왔다가 그 소리가 너무 시끄러워 기슭을 끌고 되돌아 간다던가 했던 어느 시가 생각났다.

(은선)

우리는 이제 실상사에서도 떠나갔다. 더위가 약간 수그러진 저녁, 택시 2대는 고요함이 풍만이 펼쳐져 있는 산천을 떠나 인간이 만든 아름다운 도시의 공간으로 돌아왔다. 택시 기사 아저씨가 밥을 먹을 거면 백반 집에서 먹을 것을 추천해 주셨다. 단돈 5,000원이면 다양한 음식을 먹을 수 있다는 말씀이 뒤를 이었다. 우리는 그 말에 수긍하고 출발했다. 아이들과 선생님이 지쳐있는 것 같아서 수저랑 컵 등을 꺼내서 각자 앞에 놓았다. 당연하다는 듯이 행동했는데 선생님들에게 칭찬을 들어서 왠지 머쓱해졌다. 한 사람의 희생으로 여덟 사람이 행복했으면 괜찮다고 느낀 다음, 나도 지쳤다는 듯이 벽에 등을 기대고 눈을 감았다. 그렇게 몇 분 쉬자 음식이 나왔다. 다양하다. 소름끼치도록 많은 음식들, 왠지 아깝다는 느낌이 들었다. 그렇게 그렇게 아름다운 풍경이 될 듯한 식사가 끝나고, 우리는 춘향 테마파크를 구경하러 갔다.

화장실도 들르고 문득 하늘을 보니 구름이 서먹서먹하게 아니면 웅장하게 피어나고 있었다. 멍~ 하니 하늘과 구름을 쳐다보면서 길을 갔다. 송 선생님은 또 사진을 찍으시는지 무지 느리시다. 한참을 가다 어느 화려한 분수 쇼를 구경하게 되었다. 노래에 맞춰 이리저리 움직이는 물들이 시원스레 보였다. 허나 인공적인 분수일 뿐, 자연에 비할 바는 못 되니…….

하지만 그래도 역시 뭔가 아름다웠던 저녁이었다. 재현이랑 가원이랑 한솔이는 가까이 가서 물벼락을 맞고 싶었는지 웃으면서 분수 쇼를 구경한다. 백 선생님은 어디로 가셨는지 안 보인다. 유미와 은선이와 송요는 멀지 않은 곳에서 해맑은 웃음을 지으면서 구경하고 나는 송 선생님과 같이 구경을 했다. 자유로이 나는 새들이 그 분수를 보고 목마름의 이름 아래

잠시 쉬었다 갈 수 있는 곳을 우리는 떠나 춘향이와 이몽룡의 동상이 있는 곳을 구경했다. (벼리)

분수쇼를 보고 광한루원으로 걸어왔다. 그런데 또 비 온다. 날씨 참 뭐 같다. 광한루원에 도착한 후 표를 사고 입장. 마지막 일정이어서 그런지 여유롭다. 광한루를 보다가 문득 들어가고 싶은 충동이 일어 들어가려다가 아제한테 걸려 들어가지 못하였다. 광한루에서 나와 오작교를 건너가기 위해 그 앞에 섰다. 그곳을 연인이 손을 잡고 같이 걸으면 뭐랬더라? 평생의 연을 맺게 된다고 했나? 하여튼 구라다, 하며 혼자 당당히 걸어왔다. 오작교를 건너 광한루를 보니 아름답다. 그래서 사진 한 장, 아니 여러 장 그 중에 맘에 든 것은 단 한 장뿐 다 지웠다. 그리고 들어간 곳이 박물관. 시원하다. 나가기 싫을 정도로. 그러나 나왔다. 나와서 걷다 보면 여러 놀이들을 할 수 있는 곳이 있는데 투호, 제기차기, 고리 던지기, 씨름 등 여러 가지가 있었다. 난 그중 널뛰기와 투호를 했는데 어렵다. 그리고 그네를 타기 위해 기다리는데 아제들 독점한다. 광한루원에서 나와 숙소로 들어가려는데 문제가 발생했다고 하신다. 그 숙소의 주인 분과 동료 선생님들께서 와 계신다고 하신다. 두렵지 않다. 가자! (재현)

가는 도중 과일도 사고 술도 사고 음료수도 샀다. 후라이드 치킨과 안주거리를 사려고 치킨 집으로 갔는데 문을 닫았다. 백 선생님께서 말씀하시길 이 집에 아주 열심히 일하시는 분이 계시다는 것이다. 자기 직업을 진정으로 즐길 줄 아는 이, 긍지를 갖고 신의 경지에 오른 이를 꼭 보고 싶었는데 못 봐서 아쉽다. 아무튼 호반 아파트로 들어간 우리는 여러 선생님들과 최병우 선생님의 정다운 웃음으로 환영을 받았다. 송요와 은선이와 유미와 가원이와 재현이와 한솔이는 지쳐서 털썩 어느 한 곳을 정해 놓고 앉아있었다. 송 선생님과 백 선생님은 여러 선생님들과 이야기를 하시고 나는! 드디어! 저번 안동에 갔을 때 고무신 형을 만난 것처럼 또다시 감동을 느끼게 하는 연을 만났다.

최병우 선생님은 나를 보자 웃고는, 감히 내가 선생님께 기타를 쳐주십사 부탁을 하자, 근래 1년 동안은 기타를 만지지 않았는데 나를 위해 기꺼이 쳐주시겠단다! 부드러운 음률이 힘들고 지친 아이들을 조금이라도 위로해 주길 바라는 모습으로 최병우 선생님은 음악에 취해 열심히 최선을 다하셨다. 〈둥글게 둥글게〉〈고향의 봄〉〈과수원 길〉〈서른 즈음에〉〈작은 배〉를 차례차례로 연주하신 멋지고 폼 나는 선생님! 일곱 살인지 여덟 살인지 모를 추억에 잠들어 있던 음률이 아련한 향기를 만들며 감동의 물결이 하늘을 휘감으며 내 맘속으로 들어오고 있었다. 엄청나게 초 감동을 하고 있던 차에 선생님께서 감상을 그만 하고 목욕하고 글을 쓰라신다. 난생 처음으로 기행문을 이렇게 저주해 본다. 존경하는 선생님께서 글을 쓰라고 하시면 당연히 멋지게 휘날리며 글을 써야 된다는 압박에 집중해서 써 본다. 다들 목욕을 하고 나왔다.

아, 내가 목욕을 하고 나왔는데 선생님들이 안 계셨다. 우리들에게 쫓겨나신 불쌍한 선생님들, 정말 죄송합니다아. 아! 깜빡 잊고 말을 안했다. 또 새로운 동생을 보게 되었는데 최병우 선생님 딸인 최샘물! 내가 어렸을 때 봤다는 백 선생님의 말씀에 따라 그 애한테 인사를 건넸다. 그 애도 만화를 좋아하나 보다. 나루토 ×××홀릭이었던가(?)를 보고 있었다. 흐흐흐. 송요와 샘물이! 내 동지를 둘이나 얻었다. 하하하.
그렇게 그렇게 1시간 2시간 3시간을 글 쓰기에 집중을 했다. 한참 후 백 선생님께서 못 기다리시겠는지 그만 쓰고 발표를 하자고 하신다. 그 전에 먼저 사놓은 술과 안주를 꺼내서 먹었다. 재현이는 아무도 안 먹자 큰 술병 한 병을 혼자서 다 마신 것 같다. 나중에 술고래가 될 재현의 미래가 상당히 암울하게 보였다. 나는 이태백이 된다면서 술 한 모금 마시고 바로 도망친 놈이다. '술을 못 먹으니 이태백처럼 멋진 시가 안 나오는 거지!' 라고 훌쩍이며 먼저 우리가 준비해 간 음악 시디를 틀었다. 나는 '〈당신은 사랑받기 위해 태어난 사람〉'을, 가원이는 비틀즈의 노래를, 유미는 영화 〈웰컴투 동막골〉의 배경음악을, 은선이는 유키구라모토의 음악을, 송요는 어떤 장애우의 노래를 틀어 줬다. 두 선생님도 뭔가를 틀어 주셨는데 생각이 안 난다. 송 선생님은 무슨 판소리를 백 선생님은 많이 듣던 명상 음악 같은데 제목을 잊어 먹었다. 그리고 샘물이는 레이브 1기 오프닝을 틀어 줬다. 그렇게 감상을 하고 나서 글 발표를 했다.
여전히 아름다운 목소리로 이야기를 들려주는 유미와 은선이, 빨리 빨리 쓴 감이 있지만 열심히 자기 생각을 쓴 가원이랑 한솔이랑 재현이, 그리고 이게 바로 송요만의 글 같다고 느낀 송요만의 글을 듣고 제일 못 쓴 내 글도 읽었다. 마지막으로 샘물이의 감상이 있었는데 압박이다. 뭐라고 했는지 자세히 생각은 안 나지만 아주 말을 환상적이고 용감하게 한 것 같다. 다들 웃고 즐기는 차에 시계를 보니 새벽 3시. 다들 한계에 도달해서 잠을 자기로 했다. 재현이와 가원이는 새벽 5시까지 이야기꽃을 피웠다고 한다. 나와 한솔이와 여자애들은 바로 쿨쿨~ 잠을 잤다. 역시 뭔가 맨 마지막에 아쉽다는 느낌이 드는 날이었다. 최병우 선생님과 헤어짐. 또 이제 고2 마지막 여름 방학 여행이라는 게 왠지 모르게 슬퍼 살포시 한쪽 눈가에 눈물이 맺힌 채 잠이 들었던 것 같다. (벼리)

셋째 날, 흩날리는 꽃잎처럼 언젠가 다시 아름다운 곳에서 만나길 빌며
베개도 이불도 없는 별난 집에 몇 장 없는 이불 하나를 깔고, 수건을 접어 베개 삼아 베고 나쁘게 말하자면 좀 열악한 모양으로 잠을 청했는데 다행히 한 번도 깨지 않고 내리 푹 잤다. 말이 나왔으니 말인데 이 집이 별난 것이 침구가 없는 것도 그렇지만 요상하게 에어컨이 거실이 아닌 베란다에 있어서, 베란다에서 자는 것이 아니라면 찌는 듯한 더위에 몸을 내맡기고 땀 생성기로 돈 한 푼 못 받은 채 혹사되어야 하는데, 그 때문에 어디서든 잘 자는 여학생 셋 외의 사람들은 밤새 조금이라도 더 시원한 곳을 찾아 어두운 아파트를 헤매고 다녔단다. 그러나 어디서든 잘 자는 여학생에 당당히 자랑스러운 이름을 입적한 나로서는 날이 더운지 누가 날 업어 가는지 그런 것은 알 턱이 없고, 대신 안타깝게도 귀가 밝은지라 아침부터 큰 소리로 울려대는 피아노 소리에 잠에서 깨게 되었다. 거실의 큰 앰프, 서정적이라고 생각했건만 사실은 알람용 스피커였던 것인가! 충격에 치를 떨며 부은 눈을 간신히 뜨고 일어나 씻고 밥을 먹었다.

생각보다 훨씬 빠른 속도로 이틀이 지나가고, 어느덧 여행의 마지막 날이 되었다. 우리가 갈 곳은 만인의총과 혼불 문학관이다. 미리 짐을 싸 놓고 집을 나서 어제 번호를 받아 놓은 택시기사 아저씨께 연락을 해 택시를 얻었다. 우리의 비범하신 주역 아저씨(어느덧 공공연히 주역 아저씨라고 부르게 되었다)는 남학생들의 차지가 되었고, 그동안 아저씨의 설명을 들으며 차를 탔던 멤버는 새로운 기사 아저씨를 만나게 되었다. 이 기사 아저씨 또한 남원에서 나고 자라셨다는데, 고장에 대한 애정이 굉장히 강하신데다 그 마음이 단순한 애향심에 그치지 않고 남원의 차후 관광사업 방향 등을 직접 구상하고 걱정하는 데에 이르러 있었다. 여행객들 앞에서 고향소개를 하고 관광지를 한 군데라도 더 가게 만드는, 한마디로 득이 되는 일을 하는 대신 고장에 대한 진심어린 말씀을 하시는 아저씨의 모습이 멋져 보였다. (송요)

만인의총에서 마음을 모아 기도를 드렸다

조금 있다 택시 기사님들이 오셔서 우리는 만인의총과 만복사지를 보러 갔다. 만복사지는 절터만 있고 절은 없었다. 왠지 모를 아픔을 가지고 있는 만복사지. 금오신화에 나오는 배경이 되기도 한 만복사는 이제 엉성한 절터만 남아 있을 뿐, 세월이 흘러 흐르는 공간 속에서 이제는 그냥 그 건물도 한 추억으로만 있을 뿐이었다. 만인의총은 예전에 정유재란 때 일본군과 맞선 용감한 우리 조선의 사람들을 모셔 놓은 무덤이었다. 더운 여름 예전에 선전에서 봤던 해가 환타를 먹고 있는 듯한 생각. 땀이 왠지 모르게 해가 먹고 있는 환타가 흘린 방울들이 아닐까 하면서 둘러봤다. 쌍계사도 그렇고 만인의총도 그렇고 다 공사 중이라서 별로 보지는 못했다. 무덤가에서 기도를 하고 이 더운 아침햇살을 음미하며 택시로 축지법을 쓰듯 날아 돌아왔다. 그리고 오늘의 하이라이트 혼불 문학관으로 향했다. (벼리)

혼불 문학관, 청호 저수지가 보이는 원두막에 앉아 은선이가 들려주는 《혼불》의 줄거리를 들었다.

택시를 타고 조금 더 달려가니 혼불 문학관이다. 시골 깊숙이 위치한 혼불 문학관은 들어서자마자 '정말 자연과 함께 있구나' 하는 생각이 드는 곳이었다. 산으로 둘러싸인 곳에 전통식 건물로 지어진 문학관, 누각, 오두막 등은 마음을 안정시키기에 충분했다. 우리는 먼저 뜨거운 햇빛을 피해 청암 부인이 만든 저수지 앞의 오두막에 들어가 앉았다. 저수지를 바라보며 은선이가 이야기하는 《혼불》 줄거리를 들으니, 쏙쏙 들어온다. 햇빛이 싫어 더 있고 싶었지만 오두막을 떠나 문학관에 들어가니 어찌나 시원한지 모르겠다. 문학관을 둘러보는데, 최명희 작가의 마음이 그대로 반영된 듯한 글 두 편이 마음에 닿는다. 《혼불》 줄거리와 직접적인 관련이 있는 것은 아니지만, 《혼불》을 한 권 밖에 읽지 않아서인지 작가의 내면세계에 호기심이 생겼다.

"웬일인지 나는 원고를 쓸 때면, 손가락으로 바위를 뚫어 글씨를 새기는 것만 같은 생각이 든다. 그것은 얼마나 어리석고도 간절한 일이랴. 날렵한 끝이나 기능 좋은 쇠붙이를 가지지 못한 나는, 그저 온 마음을 사무치게 갈아서 손끝에 모으고, 생애를 기울여 한 마디 한 마디, 파나가는 것이다."
이것이 문학관 가장 앞쪽에 쓰인 글이다. 기능 좋은 도구를 가지지 못해서 온 마음으로 노력하여 글을 썼다는 그녀의 글에 입이 떡 벌어질 수밖에 없었다. 바위를 뚫어 글씨를 새기는 것만 같다는 말은 심혈을, 말 그대로 마음과 피, 온 정신을 기울여 쓴 글임을 가히 짐작하고도 남을 비유이다. 문학관을 좀 더 살펴보니 글쓰기의 고통스러움을 호소해 둔 글이 있었다.
"쓰지 않고 사는 사람은 얼마나 좋을까? 때때로 나는 엎드려 울었다. 그리고 갚을 길도 없는 큰 빚을 지고 도망 다니는 사람처럼 항상 불안하고 외로웠다."
글쓰기가 도대체 무엇이기에 그녀를 불안하고 외롭고 엎드려 울게까지 만들었을까. 빚을 진 사람 같았다는 것은 그녀가 글을 쓸 천명이라는 것을 스스로 느끼고 있었기 때문이 아닐까. 암 투병을 하면서까지 기어코 글을 쓰게 만드는 마음속의 소용돌이는 무엇일까. 글은 그녀에게 거부할 수 없는 운명이었을 것 같다. 그녀를 웃게도 하고 울게도 하고 또 기어이 하늘까지 보낸. 삶을 오로지 글쓰기에 바친 그녀의 강직함과 꼿꼿함이 내 마음속에 경외로 피어나 나를 다시 돌아보게 만든다. (유미)

최명희 작가는 암으로 돌아가신 분인데 《혼불》을 위해 목숨을 걸고 글을 쓰신 분이다. 나중에는 아무도 만나지 않고 《혼불》을 집필하신 분으로서 우리나라 최고의 여성 작가들 중 하나라고 생각했다. 《토지》는 양반과 농민 중심으로 《혼불》은 양반과 천민 중심으로 쓴 글이라는 것에서 사상의 차가 난다. 우리는 《토지》 전 21권을 다 읽고 왔기에 《토지》는 웬만큼 내용과 사상을 알고 있었지만 《혼불》은 시간이 없어서 1~2권까지밖에 못 읽었으므로 여기서 본전을 뽑고 가야 된다는 생각에 열심히 감상을 펼쳤다.

문학관에서 30분 정도 시간을 보내다가 밖으로 나왔더니 덥다. 하아하아. 죽을 것 같아서 우리는 얼른 시원해 보이는 정자로 올라가서 자리를 잡았다. 거기서 보이는 자연 풍경이 최참판 댁에서 본 풍경이랑 또 다른 느낌을 가져다 줬다. 그 풍경에 취해 누웠다 기둥에 기대었다 살며시 눈을 감았다. 애들과 이야기를 하고 팔굽혀 펴기를 하고 웃고 즐기다 자연의 노래소리를 들었다. 바람이 불어준 노랫소리, 나무들이 들려주는 자상한 음률 가락, 오순도순 사람들의 자그마한 말소리들, 어디선가 지저귀는 새들의 합창들이 마치 이게 바로 숨 쉬는 이의 가치 있는 삶이 아닐까? 진정으로 행복한 이의 이상향이 아닐까? 생각해 봤다. 나는 둘을 다 취했으니 이 세상에서 가장 행복한 사람인가 보다. 쩝. 근데 여자친구가 없으니 무지 마음 한구석이 허전한 건 여전한 것 같다. 아니 아니 우울한 소리는 그만하고, 자연의 상냥함에 마음껏 취해 본다.

그렇게 한참을 있다가 우리는 차를 마시러 문학관 옆에 있는 찻집으로 들어갔다. 찻집에서 혼불 문학관 관장님을 뵈었다. 관장님께서 차를 다 마신 다음 《혼불》에 관해 설명해 주신다고 하셨다. 우리는 관장님께서 주신 편지로 자기가 생각하는 분께 편지를 쓰고 송요가 우편함에 넣으러 갔다 와서 조금 쉬다가 바로 혼불 문학관으로 다시 탐방을 떠났다. 아까는 자상하고 웃음이 보기 좋은 송경영 선생님께서 설명해 주셨는데 이번에는 관장님께서 설명을 해 주시니 일석이조가 아닌가 싶다. 관장님께서는 예전에 안동에 갔을 때 병산서원의 후손 관리자처럼 혼불 문학관을 아주 아끼고 사랑하시는 분 같았다. 침을 튀기며 동심을 가진 순수한 아이처럼 눈이 똘망똘망한 아이들을 보면서 열심히 설명해 주셨다. 기나긴 연설이 끝나고 우리들은 돌에 자기의 소원을 쓰고 기도를 하고 밥을 먹으러 혼불 문학관을 벗어났다.

국수를 먹고 나서 종가에 가려고 했는데 시간이 없어서 그냥 버스를 타려고 정류장으로 갔다. 허나 버스 시간을 잘못 가르쳐 주신 열정의 관장님! 태양은 쨍쨍! 두 분 선생님과 한솔이는 털썩 앉고 만다. 백 선생님과 송 선생님께서 도저히 못 기다리겠다는 듯이 택시를 타려고 콜을 때렸다. 근데 택시보다 버스가 더 먼저 와서 또 망연자실. 하하하하. 마지막 날이라서 그런지 슬픈 추억으로 자리를 잡으려고 그러는 것인지 운이 안 따라 주는 날이었다.

왠지 반갑지 않은 택시를 타고 남자팀은 가원이를 토담농가로 보내려고 시외버스 터미널로 갔고 여자팀은 우리들의 짐을 챙기러 호반 아파트로 출발했다. 가원이와 아쉬운 작별을 하고 우리 모두는 5시 10분에 남원 고속 터미널에서 서울행 고속버스를 타고 우리들의 고향으로 돌아왔다. 돌아오는 도중 석양이 아름답게 지고 있는 모습을 보고 맘이 또 슬퍼진다. 역시나 헤어지는 건 슬픈 일인 것 같다. 이번에도 휴게소에서 약간 쉬다가 서울에 도착!

백 선생님의 말씀을 듣고 이것으로 우리의 독서모임은 끝났지만 겨울 방학 때 또다시 모여서 여행을 가자는 말에 위안을 삼고 송요와 송경영 선생님을 보냈다. 3일 동안 즐거웠던 일들을 생각하며 보내는 거라 더 슬펐다. "바이바이~"하면서 일부로 웃는 얼굴이 덧없이 처량해 보이는 순간, 이번에는 유미와 헤어지게 되었다. 하아. 점점 떠나가는 사람들이 있어서 맘이 아프다. 이럴 때 감성이 풍부해서 참 짜증나는 장군이다. 조금 있다 재현이와 나는 10번 버스를 타고 은선이와 백 선생님과 한솔이는 택시를 타고 헤어졌다. 재현이도 약간 아쉬운 듯이 아무 말이 없고 나는 할 짓도 없어서 모두에게 수고 했다고 문자 메시지를 날렸다. 답장이 안 오기도 하고 늦게 오기도 한 날이었다. 왜 언제나 헤어질 때는 슬플까? 슬픔이 없다면 인간 세상은 어땠을까? 생각하다가 재현이 와도 헤어져 집에 도착했다. 슬프다. (벼리)

후기 - 만남, 이별 그리고 추억

이번 여행으로 우리들의 짧게는 약 6개월간의 《토지》 기행을 길게는 약 4년간의 독서모임의 긴 여정의 마침 점을 찍었다. 아쉬운 점, 서글픈 점 등 많은 감정이 오는 내내 나의 뇌리를 스쳐 지나갔다. 이번 여행은 마지막 여행이란 생각을 해서인지 그다지 즐겁지만은 않았다. 아니 솔직히 시간이 천천히 가길 빌었을지 모른다. 《토지》라는 책을 읽으면서 많은 좌절을 겪었다. 그리고 재미있는 추억도 가지게 되었다. 그러고 보면 다 즐거운 생활을 한 것 같다.

우리가 제일 처음으로 간 곳이 강진이다. 처음 여행이어서 그랬던지 준비는 미흡하였다. 하지만 그만큼의 추억이 남아 있다. 그리고……. 우리가 한 여행 중 정말 제대로 된 여행을 한 안동! 정말 즐거웠다. 수많은 사람들을 만나는 것이 여행이라 한다. 이사를 하여 만난 벼리, 독서모임이라는 여행으로 평생 모르고 살았을지도 모를 사람들 은선, 유미 그리고 강진에서 우리를 태워 주신 기사 아저씨, 안동에서의 사람들, 송경영 선생님, 고무신 선생님, 그리고 송요, 고무신 선생님의 아들, 그리고 조지훈 생가의 세 꼬맹이들, 그리고 이번 여행으로 알게 된 순진한 친구 가원이, 식당에서 만난 신림동 사람들, 그리고 남원 숙소 주인이자 벼리 덕에 우리들에게 기타 연주를 해 주셨던 최병우 선생님, 그리고 그분의 딸 샘물이, 비록 짧은 순간이지만 나의 주변에 수많은 사람들이 스쳐갔다. 이러한 만남이 있었기에 아름다운 이별도 있는 것이 아닌가. 같은 반 아이들보다도 오랫동안 함께 시간을 보낸 우리들도 이제는 이별이라는 시간에 당도하고 있다. 하지만 기대해 본다. 또 다른 새로운 만남이 있기를, 그리고 함께 한 추억 잊지 않기를, 생각한다. 이별에 대한 아쉬운 점보다 우리들의 앞으로의 일을 기대해 본다고……. (재현)

아리랑 아리랑 아라리요,
군산 · 김제 · 부여 여행

우리나라 인문계 고등학생들의 삶이 얼마나 고달픈지에 대해선 더 이상의 설명이 필요 없을 것이다. 더욱 2학년 2학기로 접어들게 되면 공부를 열심히 하든 안 하든 다들 마음에 여유가 없어지고 불안증까지 생긴다. 우리 독서모임 아이들이라 해서 다를 것은 없었다. 무리하지 말고 학기 중에는 각자 입시를 위한 공부에 전념하기로 하고 기말고사를 끝낸 후 모이기로 했다.

2학기말 시험이 끝나자마자 아이들은 다시 모였다. 이 독서모임을 마무리하는 여행이 되겠기에 주제와 여행지를 정하는데 더욱 마음이 쓰였다. 시간이 많지 않아 1박 2일 코스를 잡아야 했다. 아이들의 마음에 큰 울림을 주면서도 입시와 아주 동떨어지지 않고 재미도 있을 만한 것이 무엇일까? 제일 먼저 떠오른 작가는 조정래였다. 여름 방학 때는 《토지》에 치여 《태백산맥》을 못 다 읽었다지만 그를 빼놓고 우리 모임을 마무리 짓기에는 산에 와 입구에서만 놀다가 가는 것처럼 아쉬움이 컸던 탓이다.

경외의 작가 조정래

20여 년 전 《태백산맥》을 처음 접했을 때, 대하소설을 그다지 좋아하지 않는 나였지만 신들린 듯 읽었다. 작품 속 인물들과 당시의 상황이 바로 밖으로 튀어나올 듯 생생한데다 반공 이데올로기가 극성을 부리던 80년대에 '빨치산'도 똑같은 인간이고 희생자임을 그토록 절절히 그려 낼 수 있다니! 그때 받은 충격과 감동은 그동안 내가 읽었던 어떤 소설과도 비교할 수가 없었다. 이후로 《아리랑》, 《한강》 등이 연거푸 발표되면서 나는 그에게 경외심을 갖게 되었다. 바로 마당 앞에서 폭탄이 터져도 눈 한번 꿈쩍 않고 글을 쓸 분처럼 보이고 멀리서 바라봐도 장엄하기 그지없는 지리산처럼 그 깊이와 넓이를 가늠할 수 없었다. 참으로 든든하고 자랑스러웠다.

아이들이 그의 작품뿐 아니라 그의 삶을 알았으면 싶었다. 여름의 하동에 이어 또다시 지리산 쪽으로 갈 수는 없으니 이번에는 《아리랑》을 읽고 김제 '아리랑 문학관'을 찾아가면 좋겠다는 생각이 들었다. 마침 그 옆에는 양귀자의 〈숨은 꽃〉의 배경지인 '귀신사'라는 절도 있고 가까이 군산에는 '채만식 문학관'도 있으니 그곳들을 둘러본 후 다음날 올라오면서 정읍 이평에 들러 전봉준 생가도 보고 부여로 빠져 신동엽 시비와 생가에 잠시 머물다 올라오면 1박 2일 코스로 안성맞춤일 듯했다.

아이들은 여행지에 대해서는 아주 좋다 했다. 그러나 《아리랑》은 지난번에 읽었던 《토지》처럼 일제 강점기를 배경으로 하고 있으니 이번에는 이후의 역사를 다루고 있는 《태백산맥》을 필독서로 하고 《아리랑》

은 가능한 만큼씩 읽으면 어떻겠느냐는 것이었다. 그도 좋을 듯했다. 이렇게 하여 아이들은 지난번에 읽은 두 아이를 빼고는 《태백산맥》부터 읽기 시작했다. 또 양귀자의 〈숨은 꽃〉과 채만식의 《탁류》와 〈레디메이드 인생〉, 신동엽의 전기와 시집들을 읽었다. 전봉준과 동학혁명에 대해서는 《토지》를 읽을 때 이미 조사하여 발표한 적이 있어 원하는 사람만 전봉준의 전기를 읽기로 했다.

아이들은 겨울 방학 동안 1주일에 한 번씩 우리 집에 모여 책을 읽기도 하고 각자 집에서 읽기도 하며 부지런히 읽었다. 여행에는 당연히 송경영 선생과 송요도 참여하기로 했고 어렵사리 고무신도 합류하기로 했다. 그러나 유미는 여행 떠나기 며칠 전 도저히 불가능하겠다는 전갈을 보내왔다. 그만큼 유미는 방학 때도 쉴 틈이 없을 만큼 입시 공부에 매진하고 있었다. 우리 큰아이 말마따나 그것이 우등생의 업이자 매력이기도 했다.

이번 여행에서는 아이들이 설명을 맡기로 했다. 작가에 대한 소개나 작품에 대한 평가들을 우리 작은아이를 뺀 나머지 아이들 넷이 각자 하나씩 맡아 현장에서 설명을 하기로 한 것이다. 책을 읽는 것이야 모두 같이 하지만 특별히 자기가 더 공부하고 싶은 작가를 하나씩 택해 그 작가와 작품에 대해서는 책임지고 설명도 해 주고 질문에 대한 답도 하기로 했다. 상대적으로 시간도 많고 조정래 작가를 흠모하는 송요가 조정래를 맡고, 사색적인 은선이가 채만식, 양귀자 작품을 좋아하는 재현이가 양귀자, 시를 좋아하는 벼리가 신동엽을 맡았다.

귀신사 주지스님

여행을 하면서 늘 멋진 분들을 만나게 되어 이제는 우리의 독서 여행이 책 속의 사람보다도 책 밖의 사람을 만나러 가는 것이 아닌가 싶을 정도인데 이번 여행에서도 마음에 긴 여운을 남기는 분을 만났다. 귀신사의 주지스님이신 무여 스님.

군산 채만식 문학관을 나와 김제의 아리랑 문학관을 둘러보고 귀신사를 찾았을 때는 해가 저물녘이었다. 나와 송경영 선생은 여름에 도서관 모임 선생님들과 함께 온 적이 있었다. 그때는 태양이 이글대던 여름날 오후여서인지 단출하고 정갈한 절임에도 풍성하고 뜨거운 열기가 느껴졌었다. 〈숨은 꽃〉의 김종구처럼 절 역시 조용히 타오르는 것 같았다.

겨울 어스름의 귀신사는 또 달랐다. 쓸쓸함이 느껴질 만큼 적막하고 운치가 있었다. 여름에 남원의 최병우 선생님이 귀신사에 가거든 꼭

우리 소개가 끝나자 스님은 간단히 다도와 절하는 법을 가르쳐 주셨다. 또 아이들 하나하나에게 덕담도 해 주셨는데 여느 스님들과 달리 '현재'를 중시하고 '몸'을 소중히 여기는 것 같아 놀라웠다.

주지스님을 뵙고 오라기에 이번에는 용기를 내어 주지스님을 찾아 나섰다. 금당에서 멀지 않은 곳에서 기거하고 계셨다.

저녁 공양 중이셨음에도 우리가 뵙기를 청하니 선선히 들어오라 하셨다. 8명이 주르르 들어갔음에도 스님은 천천히 드시던 공양을 다 드신 후 웬일인지 물었다. 정감 어린 목소리로 조근조근 얘기를 잘하는 송경영 선생이 우리의 여행과 일행을 소개하는 동안 스님은 스스럼없이 아이들에게 말도 붙이고 고개를 끄덕이기도 했다. 우리 소개가 끝나자 스님은 간단히 다도와 절하는 법을 가르쳐 주셨다. 또 아이들 하나하나에게 덕담도 해 주셨는데 여느 스님들과 달리 '현재'를 중시하고 '몸'을 소중히 여기는 것 같아 놀라웠다. 특히 '종교를 위해 나를 있게 하지 말고 나를 위해 종교가 있게 하라.' 는 말은 원효대사의 이미지와도 겹치며 오래도록 여운이 남았다.

밖으로 나오니 눈이 펑펑 쏟아지고 있었다. 눈 속에 묻힌 귀신사는 저녁 어스름까지 더해 신비롭게 빛났다. 모두 넋을 잃고 바라보다가 스님을 모시고 기념촬영을 했다. 눈길을 밟으며 돌아오는 길에 스님은 오래도록 손을 흔들어 주었다.

여행의 구체적인 일정과 여행을 통해 아이들이 보고 느끼고 깨달은 것 등은 여행 계획서와 아이들의 여행기 모음을 따라가며 살펴본다.

가정독서모임 2007년 겨울 문학기행 계획

1. 일   시 : 2007. 2. 1.(목) 08시 - 2007. 2. 2.(금) 20시
2. 여행지 : 서울 → 군산 채만식 문학관 → 김제 아리랑 문학관 → 김제 귀신사 → 김제밥도둑게장마을(1박) → 정읍 이평 전봉준 생가 → 부여 신동엽 시비 → 부소산성 → 서울
3. 참가자 :
    - 학생 - 장벼리, 박재현, 조은선, 김송요, 장한솔
    - 교사 - 고무신, 송경영, 백화현
4. 목적 : 책을 통해 익힌 지식을 문학 답사를 통해 더욱 풍성하게 키우고 친목을 돈독히 한다.
5. 준비물
    - **사전 준비** : 채만식 〈탁류〉 외 〈레디메이드 인생〉 등 세 작품 이상, 조정래 《태백산맥》 : 필수, 《아리랑》 : 선택, 양귀자 《숨은꽃》, 신동엽 '신동엽 시집', '신동엽 전기' 등 읽고, 전봉준과 동학 조사, 부소산성 등도 조사하여 여행 자료 파일집 만들기

- **당일 준비** : 여행지 자료 파일집, 카메라, 간식거리 약간, 여벌 옷, 칫솔, 1인당 여행경비(10만원)

6. 일정 및 활동 내용

2월 1일(목)

시간	활동 내용
8시	서울대 전철역 5번 출구 쪽
8시~12시	서울 – 군산
12시~13시	채만식 문학관 둘러보기
13시~14시	점심 식사
14시~16시	군산 – 김제, 아리랑 문학관 둘러보기
16시~18시	김제 귀신사 둘러보기
18시~19시	밥도둑게장마을 도착. 저녁 식사
19시~22시	기행문 쓰기 및 발표
22시~24시	놀기, 취침

2월 2일(금)

시간	활동 내용
8:00~9:30	아침식사
9:30~10:30	정읍 이평 전봉준 생가 둘러보기
10:30~13시	정읍 – 부여 신동엽 시비, 생가 둘러보기
13시~14시	점심 식사
14시~16시	부소산성 답사
16시~19시	부여 – 서울
2월 17일	겨울 문학기행 마무리 모임
15시~17시	준비물 : 문학기행 기행문(종합), 문학기행 사진첩

7. 기타

- 차 렌트 : 예스렌트카(서울대입구역 근처 소재. 02-875-2255)에서 11인승 그랜드 카니발을 22만 원에 빌림.
- 숙소 : 김제 귀신사 근처에 있는 밥도둑게장마을(063-548-5288, 011-9641-2282)

아이들의 여행기 조각 모음

대단원의 마지막장, 《탁류》와 《아리랑》 줄기를 찾아서
- 2007년 겨울 문학기행

첫날, 사람들의 따스함, 정겨움을 소중히 간직하며

조정래, 채만식, 양귀자, 신동엽. 뭐 이래, 싶은 살인적 작가들로만 꾸려진 겨울 문학기행은 그래도 어찌어찌 갈 준비가 되었고 또 어찌어찌 갈 날짜도 되었다. 절대 불가능하리라 생각했던 여섯시 반에 일어나는 것마저도 어찌어찌 성공을 했다. 참말로 워쩌코롬 요런 일이. 이 동네 말로 하면 요런 기분이다. 또 요렇게도 말한다. 시방 해가 동쪽으로 졌는감마.

정신을 차려 보니 8시도 안 되었건만 서울대입구 역에 와 있다. 1박 2일 동안 타고 다닐 차를 여기서 빌리기로 했기 때문이다. 렌트카 사무실 앞에서 일행을 만나 한참 수다도 떨고 눈뜬 채로 서서 졸고 하다 보니 차도 빌렸고 나는 어느새 차에 타 있고 고무신 선생님이 운전도 하고 계신다.

'이야, 진짜 문학기행을 가는구나.'

대하소설 두 편에 이런저런 단편소설들, 시들까지 챙겨 읽어야 한다는 사실 때문에 처음 준비 단계부터 염통을 쿵쿵 뛰게 만들었던 이번 문학기행. 따지고 보면 저번 겨울도 두 편의 대하소설을 읽어야 했지만, 그때는 그때

채만식 문학관에서 은선이의 '채만식 문학' 발표를 듣다

고 뭐. 진정 "쟈가 단단허니 작심을 혔구마"라는 소리를 들을 만한 독서삼매를 필요로 하는 것이 왠지 스펙타클한 도전을 하는 기분이었다. 요런 쓰잘데없는 생각을 하는 동안 또 시간은 가고 정신을 놓고 말을 하다 보니까 도대체 뭔 말을 한 지도 모르겠고 싶어서 마구 당황하며 창밖을 내다보자 어느덧 우리는 길고 새하얀 다리를 건너고 있었다. (송요)

자동차 안은 참 시끌벅적했다. 하지만 나는 얘기 상대가 없어서 어쩔 수 없이 뒤에서 다른 사람들이 하는 말에 태클을 걸었다. 나쁜 것이란 건 알지만 어쩔 수 없었다. 왜냐하면 나도 관심 받고 싶었기 때문이다. 내가 아무 말도 안 하면 다들 내가 있단 걸 잊어버릴 것 같았기 때문이다. 나는 그렇게 하며 있다가 잠이 들었다. 와중에도 차는 달리고 드디어 멈춘 곳이 전라북도 군산시 내흥동에 있는 채만식 문학관이었다.

그곳은 은선이 누나가 발표하기로 한 채만식이란 작가의 생애, 소설의 특징, 사진 등이 있는 곳이었다. 나는 채만식의 글 중 〈레디메이드 인생〉 밖에 안 읽어서 조금 더 자세히 봤다. 그렇게 계속 보고 있었는데 갑자기 뒤

에서 '어서 오시오, 나는 이미 이 세상 사람이 아니오.' 라는 소리가 나서 순간 얼었다. 알고 봤더니 채만식에 대해 설명하기 위해 만들어 놓은 장치였다. (한솔)

이번 여행에서 우리는 각자 맡은 작가에 대해 조사하여 그 작가에 관련된 곳에 갈 때마다 간략한 설명을 하기로 했었다. 내가 맡은 작가가 채만식이었기 때문에 2층으로 올라가기 전 그에 대해 설명을 해야 했다. 일제 강점기 시대 지식인으로 살아야 했던 그를 책 두어 권밖에 읽지 않은 내가 설명하기엔 턱없이 부족했지만 나름대로 최선을 다해 짧은 설명을 마쳤다. 꾹꾹 눌러 담은 밥 같았던 1층에 비해 2층은 다소 썰렁한 느낌으로 사진 몇 장이 액자에 걸려 있었다. 동선을 따라 두 번째 사진은 와세다 대학 시절 축구선수로 활동할 때 트로피를 가까이 두고 찍은 것으로 그 당시 대학이라면 지금의 고등학생쯤인데 사진 속 그는 건장한 체격과 생기 있는 얼굴, 자연스런 미소가 너무나 귀여운 학생이었다. 그런 그가 가난에 시달리며 궁핍한 생활 끝에 폐결핵으로 죽었다는 사실이 묘한 기분으로 다가왔다. 이 시절의 그는 자신의 최후를 상상이나 해 보았을까? (은선)

문학관을 나와 밥을 먹기 전 군산항 째보선창에 들렸다. 일제의 아픔이 그대로 남아 있는 역사의 현장이었다. 고무신 샘의 회고에 의하면, 그때 불었던 찬바람은 그 당시 사람들의 아픔을 느낄 수 있게 하였다고 한다. 그리고 그때의 환경이 나의 느낌을 바꾼다는 말 또한 전해 주셨다. 군산항을 나와 식사를 하기 위해 차를 타고 이동! 홍어탕과 아구탕을 먹기 위해 들

군산항 째보선창에서 찬바람을 맞으며
일제의 아픔을 느꼈다

아리랑 문학관에서 송요의
'조정래 문학' 발표를 듣다

어간 대원회관! 참 배부르다. (재현)

우리는 무거운 배를 들고 조정래 아리랑 문학관으로 향했다. 조정래 아리랑 문학관은 전라북도 김제시 부량면 용성리 226-23번지에 위치해 있었다. 그곳은 간단히 말하자면 벽골제 옆이었다. 조정래란 작가 분은 아직 살아 계신다고 한다. 그곳에 들어가서는 송요 누나의 발표를 들었다. 그런데 발표를 하는데 송경영 선생님이 전화를 받고 어떤 학교에서 온 사람들이 와가지곤 떠들면서 우리를 힐끗힐끗 쳐다봤다. 왜 누나들이 발표할 땐 이렇게 방해가 많을까? 아무튼 계속 발표를 하고 맨 마지막에 우리에게 질문을 한 개 던졌다. 《태백산맥》에서 조정래 작가가 가장 좋아했던 남자 인물과 여자 인물은 누굴까? 란 질문이었다. 나는 남자는 정하섭, 여자는 소화라고 생각했다. 그러나 누나 입에서 튀어나온 정답은 전혀 달랐다. 염상구와 외서 댁이었다. 그 이유는 살아야 한다는 강한 생명력을 가진 인물들이기 때문이라 했던가? 아무튼 그렇게 하고 우리도 문학관을 둘러봤다. (한솔)

아리랑 문학관은 채만식 문학관의 적막함과 썰렁함과는 대조적인 활기와 풍부한 자료들이 시선을 끄는 문학관이었다. 관람을 하기에 앞서 채만식 문학관에서 채만식 소개를 했던 은선 언니의 바통을 이어받아 내가 조정래 작가에 대한 소개를 했는데, 어째 보편적으로 알려져 있는 사실들을 말하는데 시간을 다 허비한 것 같아 아쉬운 마음이 들었다. 가수 조영남과 단짝이라던가 '원래 그러는 것이 저 사람의 방식'이라면서 미디어 노출을 꺼리는 아내를 감싸는 모습, 그리고 최근 있었던 아리랑 100쇄 돌파 기념 기자회견에서 대하소설 집필은 더 이상 하지 않을 것이며 앞으로는 위인전을 쓰겠다고 밝힌 것, 그리고 그 첫 번째 '위인'은 단재 신채호가 될 것이라는 것 등을 말하려고 했건만 뭐 시간은 이미 지나갔고, 여기에나 쓰면 읽을 사람은 읽겠지? (송요)

1층의 작은 전시실은 중앙에 흰 글씨가 빼곡히 박힌 유리벽이 기둥처럼 세워져 있고 그 주변 벽에 다시 설명이 적힌 형태였다. 투명한 유리벽에 깔끔하게 박힌 흰 글씨는 단번에 내 시선을 잡았다. 그곳에 적힌 것은 조정래의 《아리랑을 위한 취재수첩》의 일부였다. 대하소설은 《토지》에서도 그러했듯이 수많은 등장인물과 다양한 배경들이 수없이 밀어닥친다. 글을 읽으며 어떻게 이 많은 사람과 다양한 장소에 대해서 상세히 묘사하였나, 작가의 머릿속엔 이 모든 게 다 들어있을까. 그들은 너무나 많은 책을 읽었기 때문에 모든 것을 아는 것일까. 이런저런 생각을 했었는데 그것의 비밀이 바로 거기에 있었다. 하와이의 땅 색깔, 지주들의 이름, 지방마다 다양한 사투리 그 모든 것은 노력의 산물이었다. 보다 정확하고 상세하게 묘사하기 위해 취재수첩에 지방별 사투리를 적어 두고 한 달에 몇 쪽, 하루에 몇 쪽씩 써야하는지 꼼꼼히 계획하고 직접 현장을 찾아가는 수고도 마다하지 않았던 것이다.

조정래는 우리 민족의 발자취를 찾아다닌 것만 해도 지구 세 바퀴를 돈 것과 같다는데 그것은 조정래 본인의 투철한 작가의식과 더불어 그만큼 우리 민족이 끝없이 유랑했음을 알려준다. 그것은 또한 일본의 억압이 그만큼 지독했다는 증거이다. 유리벽 한 켠엔 죽은 우리 민족이 400만 명이 넘는데 본인이 쓸 수 있는 글자 수는 300여 만 자라며 애통해하는 구절이 있었다. 민족에 대한 그의 각별한 애정이 느껴졌다.

2층으로 올라가자 그곳엔 훨씬 다양하고 자세한 자료가 있었는데 이런 이야기도 있다. 처음 《태백산맥》을 쓸 때 매일 밤 얼굴 없는 협박 전화가 걸려오고 사무실엔 형사가 죽치고 있으며 끊임없이 감시 받아야 했던 당시 일을 회상한 것이다. 차라리 미칠 것 같았다던 그는 그래도 《태백산맥》을 끝까지 마무리 지었다. 고비를 넘기고야마는 강한 의지, 민족애. 내가 그에 대해 가장 강하게 받은 인상이다. 인간은 누구나 태어나는 순간 사형선고를 받는다는 말이 있다. 생명도 죽음도 잔인할 만큼 정확하게 누구에게나 꼭 한 번씩 찾아온다. 그러나 과거의 악랄한 지주, 지금의 부패한 정치인들과 이곳의 한 명의 작가가 어쩜 이토록 다를 수 있을까. 성선설, 성악설 혹은 운명 혹은 환경. 인간을 결정짓는 것을 무엇일까. 무엇이 조정래 그를 이토록 치열하게 글을 쓰게 만들었을까. 물론 민족애, 투철한 작가의식 등이 작용했겠지만 나는 왠지 그 이상의 무언가가 있을 것만 같다. 그런데 도무지 그것이 무엇인지는 지금도 알 수가 없다. 언젠가 알게 될 것

신비로운 기운을 뿜으면서 자연과 함께 하나가 된 듯 살아 숨 쉬고 있는 귀신사

이라 장담할 수도 없다. 다만 인간을 결정짓는 것. 나는 조정래를 통해 있는지 없는지도 모르는 그것에 대한 의문을 가지는 혼란스런 경험을 했다. 마치 벌 한 마리가 머릿속에 들어온 기분이었다. (은선)

아리랑 문학관을 뒤로 하고 우리는 귀신사로 향했다. 귀신사는 양귀자 작가가 쓴 《숨은 꽃》의 배경지이다. 재현이가 발표를 해야 되는데 앞에 2명이 너무 잘해서 대략 난감한 표정을 짓고 있었다. 나는 맨 꼴찌인데 어쩌란 말인가? 좌절과 낭패가 한번에 겹치고 똥 씹은 표정의 재현이 얼굴이 남 일 같지 않았다. 아무튼 귀신사에 도착해 보니 절이 신비로운 기운을 뿜으면서 자연과 함께 하나가 된 듯 살아 숨 쉬고 있었다. 마침 눈이 내려 더 소박하게, 깨끗하게 단장을 한 절의 품속에 서 있으니 자연이 내가 된

건지 내가 자연이 된 건지, 호접지몽이로구나. 뛰어난 절당 구경도 하고 소복소복 쌓여 있는 눈을 밟으면서 '좋아라!' 했다. 사진도 찍고 사자상도 봤다. 거기 말뚝은 심히 남자한테는 끔찍한 느낌을 주는 것이었다. (벼리)

곳곳을 돌아보다 앞마당을 서성거릴 때쯤 송경영 선생님께서 우릴 부르셨다. 그곳엔 스님 한 분과 할머니 한 분이 식사중이셨다. 벼리, 한솔이, 송요 등과 들어가 잠시 앉아 있으니 곧이어 나머지 일행도 줄지어 들어와 앉았고 식사를 마치신 스님께서 우리와 마주 앉으셨다. 머루같이 검고 동근 눈동자와 발그스름한 뺨, 깨끗하고 맑은 얼굴이 인상적이었다. 무여라고 법명을 밝히신 스님께선 백련차를 내주시며 여러 말씀을 해 주셨다. 먼저 종교가 있고 내가 있는 것이 아니라 내가 있고 종교가 있게 하라는 말씀에 무척 공감했는데 《태백산맥》의 서민영이 떠올랐다. 같은 기독교인이 찾아와 타종교를 비하하고 배척하는 말을 했을 때 조용히 차를 따르며 조곤조곤 시비를 가리고 한편으론 체념해야 했던 서민영, 그와 비슷한 생각을 짧게나마 얘기해 주시는 걸 들으며 왠지 막힌 곳이 풀리는 듯한 기분이 들었다.

또한 몸이 있는 곳에 마음이 있게 하라는 말씀을 들었는데 공감하면서도 전적으로 실행할 수 없을 것 같단 생각을 했다. 과거는 이미 지나갔고 미래는 아직 오지 않았으므로 찰나를 살다 보면 한 인생이 찰나일 것이고 그러지 않더라도 만약 내가 숨을 거두는 순간 내 인생이 주마등처럼 스쳐 갈진 몰라도 손에 잡히지는 않을 것임은 알지만 현재의 나를 과거의 나가 만들었고 미래의 나는 현재의 내가 만드는 거미줄 같은 관계 속에 내가 있고

고즈넉한 귀신사는 절로 사람을 생각에 잠기게 한다.

과거, 현재, 미래 그 어느 것도 버리고 싶어도 버릴 수 없는 '나'라는 존재이므로 결국 과거와 미래 그 어느 것도 놓지 못하는 '번민' 역시 인간의 또 다른 이름일 수도 있다는 생각을 했기 때문이다. 찰나를 살아야 한다는 말씀에 공감은 하면서도 실행할지는 미지수로 남기며 세상으로 침잠하는 듯한 나를 지켜보며 한 켠에 생긴 혼란스럽고 불안한 마음을 그냥 덮어 둘 수밖에 없었다. (은선)

마침 밖에는 눈이 내려서 더욱 더 값진 보석처럼 빛나는 의미 있는 시간이었다. 문득 모두가 양귀자를 들먹이고 재현이의 황당한 얼굴이 보였다. 1초 2초가 1년 2년인가? 재현이의 커다란 얼굴에는 땀이 달리기를 하고, 그러나 시간이 늦은 탓에 재현이는 구제되었다. 하이얀 눈빛의 흩날림. 그곳은 절정에 이른 투명한 꽃잎들이 우리 주위에서 부서지는 아름다움이 진정한 미학을 만드는 것이라고 얘기해 주고 있었다. 샤르르르 떨어지는 눈. 그 속에 있는 우리는 순결하고도 고귀한 존재라고 생각했다. 병산서원의 풍경이 아름다웠는데 이곳도 무지무지 아름다웠다. 마음은 정화 되고

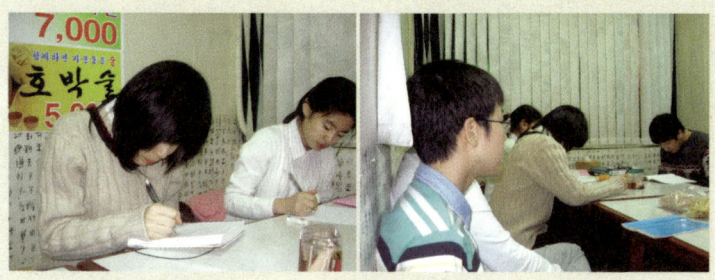
게장마을에서 글 쓰는 아이들

정신은 깨끗해지는 듯한 귀신사의 사랑이 느껴지는 듯했다. 귀신사의 주지스님이신 무여 스님께서는 우리에게 잘 놀고 잘 쉬다 가라는 듯이 한없이 손을 흔들어 배웅해 주셨다. 참으로 맘이 고운 스님 같았다.

여기서 잠깐, 양귀자는 1955년에 태어났는데 아직 살아 계신다. 그녀의 작품은 능란한 구성과 섬세한 세부 묘사, 사람을 바라보는 따뜻한 시선을 담고 있어 문학적으로도 좋은 평가를 받고 있다고 한다. 그녀는 '소설이란 인간을 이해하는 방법이다. 인간이란 무엇인가, 라는 질문이 바로 소설' 이라고 말했는데 제일 마음에 남는 말이었다. (벼리)

헤어짐의 아쉬움을 마음속에 꼭 집어넣고 나서, 우리는 저녁식사 장소 겸 숙소인 밥도둑 게장마을로 갔다. 사실 귀신사 가는 길에 슥 스쳐 지나갔었는데, 처음 보았을 때는 그리 인적이 많지 않은 곳에 조그맣게 마련된 식당이라는 느낌이 들었지만 안에 들어가 보니 인적은 드물지 몰라도 그리 작지만은 않은 곳이었다(뭐, 물론 '마을' 수준은 아니지만). 따끈따끈하게 장작불을 땐 바닥에 앉아 그 가격을 초월한 양의 식사를 하는 기분이 좋기도 하고 다 먹어 치울 것이 부담스러우리만치 막막하기도 해서 묵묵히 식사를 하는 데에만 열중했다.

먹어도 먹어도 끝이 보이지 않는 밥그릇을 저만치 밀어 놓는 것으로 식사를 마치고 나서, 어차피 쓸 거, 아니 어차피 써 봤자 다 못 쓸 것이 뻔한 기행문 일찍부터 쓰자는 마음으로 은선 언니와 둘이 이제 막 행주로 훔친 식탁에 밍기적거리며 종이와 연필을 올려놓았다. 인생은 짧고 예술은 길다고 한 그 누군가에는 미안한 말이지만 사실 나 자신에게 있어 인생은 길고 예술은 짧은 것, 짧은 예술 게장의 기를 받은 김에 열심히 해 보자 하는 긍정적 마음으로 글을 쓰려고는 했지만 배 부르고 등 따시니 눈이 감기고 뭘 했더라 하고 생각해 보니 떠오르는 것은 점심 먹은 것, 그리고 저녁 먹은 것. 낑낑거리며 머리를 쥐어짜 간신히 채만식 문학관까지 이야기를 펼쳤을 때 이제 그만 글쓰기를 마치자는 선생님들의 목소리가 들려왔다. 역시 반도 못 가서 중단을 하는구나, 역시 예술은 짧지, 그렇지?

짧은 예술 활동에 대한 미련 탓인지 기행문과 자기 생각 발표를 마치고 우리는 다함께 노래방에 갔다. 여행 시작 때, 그러니까 이번 여행 시작 때는 물론이고 그동안 모든 문학기행 시작 때부터 노래를 불렀던 노래방에 드디어 진짜 노래를 부르러 간 것이었다.

예상대로 먼저 노래방에 가자고 했던 벼리 오빠가 가장 많은 노래를 불렀는데, 처음에는 조용조용 노래를 하다가 돌연 샤우팅 창법을 구사하는 급반전 열창으로 우리를 즐겁게 해 주었다. 재현 오빠는 자신과 어울리는 중저음의 곡들을 불렀고, 백화현 선생님과 울 엄마는 주로 함께 노래를 부르셨는데, 울 엄마가 실은 음치라기보단 박치이신 관계로 의도와는 달리 두

분의 노래는 평범한 중창이 아닌 돌림노래가 되어 갔다. 고무신 선생님은 선생님에게 맞는 주제가들을 번호까지 외워서 부르셨고, 노래를 안 부르겠다던 은선 언니는 결국 분위기에 휩쓸려 〈산골 소년의 사랑 얘기〉를 불렀다. 한솔이 또한 계속 잠잠히 있다가 아무도 모르게 예약해 놓은 노래 (강산에의 〈거꾸로 강을 거슬러 오르는 연어들처럼〉)를 막힘없이 불렀는데, 모두 한솔이의 노래실력을 의심하고 있는 상황에서 그 군더더기 하나 없는 노래 한 곡은 놀랍기도 하고 왠지 재미있기도 했다. (송요)

노래방에서 나오니 눈이 쌓여 있었다. 재현이는 쌀 포대를 가지고 썰매를 탔다. 하아. 한심한 놈. 세상만사가 즐거운 녀석이라 좋겠다. 그렇게 또 약간 시간을 보내다가 우리는 금산사로 향했다. 허나 금산사는 이미 문이 닫혀 있고, 흩날리는 하얀 눈을 차에 입히고 우리는 숙소로 돌아왔다. 그렇게 오늘의 즐거운 여정은 끝이 났다. 내일이면 마지막 여행의 종착역에 도착한다지. 슬프디 슬퍼서 잠도 오지 않는다. (벼리)

둘째날, 아사달과 아사녀가 서로 이어지듯 우리도 영원히
아쉬운 발걸음……. 아침 조재경 선생님의 알람이 나의 신경을 건든다. 끌까? 여러 고민 끝에 껐다. 그런데, 다시 울린다. 서럽고 서럽다. 한참 뒤엔 한솔이가 일어나더니 날 깨운다. 그 형의 그 동생…….
머리를 감고 밥을 먹고 눈 위에 눈사람을 만들고 아니 그리고, 사진으로 추억을 담고 그렇게 우리의 마지막 일정을 시작하였다. 계장마을을 나와 신동엽 시비를 보기 위해 달렸다. (재현)

신동엽 생가

부여 백제교 부근에 있는 신동엽 시비를 보러 갔다. 신동엽 시비는 아무런 장치도 없이 쓸쓸하게 서 있었다. 신동엽 시인이 왜 이리 천대를 받고 있는 건지……. 그런데 옆을 보니까 신동엽 시인을 응원하는 글들이 적혀 있었다. 그 글을 쓰면서 품었던 마음들이 와 닿는 듯했다. 나도 쓰고 싶었지만 쓸 종이와 종이를 걸 만한 것들이 없어서 아쉽게도 못 썼다. 아쉬운 마음을 감추고 우리는 형의 발표를 들었다. 15쪽을 간추린 내용은 비교적 짧았다. 하지만 15쪽을 저렇게 줄이는 것도 쉽지는 않을 거라고 생각하며 형을 다시 봤다. 이제 그만 가려고 하는데 선생님들이 사진을 찍는다고 한다. 제일 잘 찍은 사람은 1만원을 준다고 한다. 나는 송경영 선생님의 카메라를 빌려서 찍었는데 수동이라 사진이 나올 때까지는 못 봐 돈은 보류가 됐다. 만약 수동이 아니었다면 내가 1등이었을 텐데……. 우리는 차를 타고 형의 자료를 바탕으로 신동엽 생가를 찾아 가기로 했다. (한솔)

신동엽 시인은 1930년에 태어나서 1969년에 운명하셨는데, 그는 민족의 통일을 염원하신 분이셨다. 그리고 우리나라의 산수를 그려 내고 전쟁의 슬픔을 낱낱이 고발하신 분이시다. 나중에 내가 그 사상을 이어받아 글을 꼭 써 보고 싶은 소망이 있다.
신동엽 생가를 찾아가기가 상당히 힘들었다. 이 사람 저 사람에게 물어본

"우리는 살고 가는 것이 아니라 언제까지나 살며 있는 것이다." 신동엽 선생의 부인 인병선 님이 쓴 글

뒤에야 어렵사리 찾아갈 수 있었다. 역시 시골 사람들은 인심이 좋다. 무여 스님도 그렇고 성도 몰라요 이름도 모르는 한 아저씨가 끝까지 손으로 가리키며 도와주신 게 인상 깊었다. 힘들게 찾아서 우리는 신동엽 생가를 구경했다. 아주 재미있는 방명록이 있다고 인터넷에서 봤는데, 방명록은 개뿔! 보이지도 않는다. 뭐가 잘 안 되는 분위기다. (벼리)

골목을 지나 집들 사이에 자리한 그곳은 단출했다. 사진을 몇 장 찍고 모두 마루에 걸터앉아 신동엽이란 세 글자로 삼행시를 지었다. 떠나기 전 부인 인병선이 지은 글을 읽었는데 너무나 인상적이어서 여기 그대로 옮겨 본다. "우리는 살고 가는 것이 아니라 언제까지나 살며 있는 것이다." 이 말은 신동엽 시인의 생애만이 아니라 격정의 시기를 살아야 했던 전봉준, 조정래 등 여러 인물들의 삶을 풀이할 수 있는 압축된 말인 것 같았고 육체적 죽음과 정신적 죽음이 언제나 함께하진 않음을 말하는 것 같았다. 인병선의 글대로 신동엽 시인은 죽어도 그의 시는 언제까지나 살며 있기를 바란다. (은선)

마지막으로 간 곳은 부여 시내 중심가에 위치한 정림사지였다. 원래 부소산성을 가기로 했는데 차를 타고 지나던 중 석탑이 눈에 띄어 오게 되었다. 남문에서 석탑과 연못, 불상까지 거의 일직선상에 놓여 있는 이곳은 지금은 터만 남았지만 석탑의 크기만 해도 당시의 규모를 짐작할 수 있었다. 나당연합군에 의해 부여가 정복당하고 마침내 백제가 패망하면서 정림사도 운명을 함께 했을 것이다. 박물관에 걸린 복원하기 전 사진에선 불상과 석탑만이 휑하니 놓여 있었다. 패망한 나라의 최후가 조금 씁쓸하게 보였다. 박물관은 《사씨남정기》 《동의보감》 같은 오래된 책에서부터 생각보다 볼거리가 많아 꽤 오랜 시간을 머무르게 되었고 원래 부소산성을 가려고 했던 일정이 취소되었다. (은선)

서울로 가는 중 차 안은 재미없었다. 다들 피곤한지 잠만 자고. 하지만 가다가 휴게소에 들르고 난 후부터는 다들 안 자고 떠들었다. 하지만 무슨 내용을 말하는지 모르겠고 알아도 다들 내 말은 무시하니 소외감을 느꼈다. 이런저런 마음이 오가는데 보니까 서울에 도착했다. 우리는 차 안에서 엄마가 예약한 아웃백에 가기로 했다. (한솔)

예전 같았다면 지하철 역 입구나 버스 정류장 앞에서 헤어져 곧장 제각각 집으로 돌아갔겠지만, 마지막 여행이라는 생각에 우리는 잔뜩 호사를 부려 아웃백에 가서 밥을 먹었다. 1인분에 18,000원이나 했던 게장정식을 추월하려 드는 아웃백의 미친 가격에 잠시 주춤했지만, 실은 호사를 부린 것은 우리고 계산을 하는 이는 백화현 선생님이셨기 때문에 우리는 이미

마이너스 몇 만원을 기록한 여행 경비를 잊어버린 척하고는 식당 안으로 들어갔다. 하기야, 조정래 씨는 《태백산맥》 그리고 《아리랑》에서 적어도 열 번은 강조하지 않았는가. '어른이 권하는 것을 거절하는 것이 아니여!' ……그래서, 결국 우리의 1박 2일은 문학기행이 아닌 맛기행으로서 끝이 난 것이었던 것이었다……

물론 마지막 말은 농담이지만, 함께 밥을 먹고, 대화를 나누고, 그리고 헤어짐으로써 우리의 여행은 진정 끝이 났다. 너무나 다른 사람들이 모여 하나를 이루어 냈고, 마침내 다시 처음처럼 하나하나로 되돌아가게 된 것이다. 그러나, 우리의 여행이 끝나고 우리가 본디 있었던 자리로 돌아간다고 해서, 그것이 '처음처럼 하나하나로' 가 될 수는 없다. 우리는 다시 만날 수 있음을 알기에 헤어지는 것이고, 그동안의 여정으로 서로에게 소중한 존재로, 내 입으로 말하기는 부끄러운 노릇이지만, 예전의 모습보다 성숙해진 자신으로 거듭났기 때문이다. (중략)

옷깃 한 자락만 스쳐도 만들어지는 인연은 함께 같은 책을 읽고 여행을 떠난 우리에게는 특히나 진하고 짙은 모양으로 존재할 것이다. 그 인연의 실타래가 우리 한 명 한 명의 마음속에 서로를 잇는 고리를 만들어 놓은 한 우리는 언제나 하나인 그대로 남아 있을 것이다. 그리하여, 우리의 여행은 끝났지만 끝난 것이 아니다. 인연의 고리는 그 자체로 여행길이 되어 우리를 '즐거운 여행자' 로, 서로를 '즐거운 동반자' 로 만들어 줄 것임에 분명하므로. (송요)

후기

옛날부터 뒤만 졸졸 따라다니면서 한 독서모임이 끝났다. 이 정든 모임이 끝난다니까 마음 한 구석이 텅 빈 것처럼 쓸쓸하다. 할 수만 있다면 다시 되돌아가고 싶다. 하지만 인간이 시간의 힘을 거스른다는 것은 불가능하므로 나중에 다시 만날 때를 기다려야겠다. 하지만 나중에 만나도 다들 대학생일 테니 또 나이 어린 나만 무시하는 건 아닐까? 다들 나만 떼어 놓고 여행가지 않았으면 좋겠다. 아무튼 지금까지 정말 즐거웠고 수능 잘 보길 빌겠다. (한솔)

新

이번에도 나의 여행은 시작되었다, 끝이 났다. 늘 새로운 생활과 느낌을 준 여행이었던 만큼 이번 여행의 마지막이라는 이름은 왠지 쓸쓸하였다. 답답한 세월을 보내는데 있어 이러한 여행은 나에게 하나의 탈출구이자 원동력이었다. 가기까지의 준비 과정은 나에게 너무나 큰 골칫였으나 결과는 항상 좋았다. 새로운 인연을 맺게 하고 또 새로운 추억을 주는 여행, 이제는 이런 일을 잠시 잊고 나의 미래를 위해 뛸 때이다. 그것이 가능하기는 할까? 막연한 두려움이 내게 몰린다. 집에 들어오는 순간 여행의 끝은 나의 몸 깊숙이 파고들기 시작했다. 아픔이 느껴질 정도로……. 한동안 멍하니 앉아 있다 현실을 느끼기 시작한 시간은 내게 너무나 길었다. 하지만 주저앉아 넋 놓고 있을 수만은 없다. 이번 여행은 전과 마찬가지로 나의 한 과거가 되었다. 이번 여행에 있어 배운 현재의 중요성을 실감한다. 앞으로의 1년, 아니 9개월 12일의 원동력을 얻었다. 이 원동력을 잘 이용하여 좋은 결과를 얻을 것이다. 내 미래는 아무도 모른다. 다만 새로울 거라는 것은 진실이자 진리일 것이다. 너무 짧았던 4년. 내가 무엇을 하였는지 돌아본다. 새로운 내일을 위해서. 고무신이 말했다. 내일은 새로운 내가 있을 거라고. (재현)

후일담

여행 2주 후에 아이들은 종합 기행문과 각자 찍은 사진들을 가지고 다시 모였다. 4년 동안의 모임을 마무리하는 날이다 보니 내 마음마저 허전하고 쓸쓸했다. 어째서 우리는 이러한 모임을 고3 때는 할 수 없어야 하는지, 이러한 아이들의 활동과 여행이며 보고서들이 왜 대학 입시에서는 아무런 힘도 발휘할 수 없어야 하는지 더욱 슬프고 착잡했다.

그래도 아이들은 명랑하고 활기찼다. 각자 가지고 온 사진들을 보며 깔깔대기도 하고 시간을 되감아 다시 그때의 공간으로 돌아가 있는 모습들이 보기 좋았다. 아이들의 기행문은 역시 아이들의 성격을 그대로 드러내고 있었다. 매사에 사려 깊은 은선이는 은선이 같고 단순한 듯 명쾌하면서도 속이 깊은 재현이는 재현이 같았다. 감성적이고 따뜻한 벼리는 벼리 같고 여린 듯하면서도 근성이 강한 한솔이는 한솔이 같았으며 지적이고 모범적이면서도 자유분방한 송요 역시 송요 같았다.

4년 동안에 아이들은 훌쩍 자라 있었다. 책 읽기와 글쓰기 능력은 물론이고 몸도 마음도 정신도 쑥쑥 커 올라간 듯했다. 아직도 훨씬 더 자라야겠지만 4년 동안 읽었던 책들과 함께 만든 경험과 추억, 아름다운 이들과의 만남이 두고두고 큰 거름이 될 듯했다.

1년 후 네 명의 고3이었던 아이들은 자기가 원하던 학과에 모두 진학할 수 있었다. 한 아이를 빼고는 대학교 역시 희망대로 되었다. 셋 다 모두 수시 합격으로 논술과 구술 면접에서 좋은 결과를 얻었다. 그러고 보면 전혀 입시와는 상관없이 진행되었던 4년 동안의 독서활동이 결과적으로는 입시에도 큰 힘이 된 듯하다. 또한 우리 큰아이의 경우

점점 학년이 올라갈수록 성적이 향상되고, 공부를 잘하지 못했음에도 필요한 경우에는 스스로 계획을 세워 혼자서 공부를 지속적으로 해나갈 만큼 내면의 힘이 강한 것은 이 독서모임과 꾸준한 책 읽기의 결과이지 않을까 싶다.

4

1기 아이들이 고3이 되어 모임 활동을 할 수 없게 되자, 그동안 형과 누나들 뒤만 쫓아다니던 작은아이가 제 친구들과 함께 그 바통을 이어받았다. 중학교 2학년이던 2007년부터 2010년 1월 현재까지 책을 읽고 글을 쓰고 토론하는 활동이 중심을 이룬다. 이 아이들은 읽는 책과 토론의 범위에 제한이 없어 문학, 역사, 철학, 신화, 종교, 과학, 경제, 환경 등 거의 모든 분야를 망라한다. 친구들과 함께 책을 읽고 토론하며 아이들이 어떻게 나와 다른 이를 이해하고 수용하게 되었는지, 또 스스로 읽고 탐구하며 어떻게 정신의 세계를 넓히고 배움의 세계로 빠져들게 되었는지 소개한다.

2기 가정독서모임
2007~2009년 이야기

2007년,
새로운 아이들과 배움의 세계에 빠지다

1기 아이들은 떠났지만 우리 집에는 이제 2기 아이들이 그 뒤를 이어 책을 읽고 글을 쓰고 토론하고 있다. 형들과 누나들 뒤만 졸졸 쫓아다니던 우리 작은아이가 제 친구들과 함께 모임을 꾸리게 된 것이다. 벌써 3년째 활동을 하고 있는데 이 아이들은 글 읽는 데 막힘이 없고 속도가 빨라 시작부터 바로 주제별 책 읽기와 토론이 가능했다. 또 1기 아이들과는 달리 여행보다는 탐구하고 토론하는 것을 더 좋아하여 자연스럽게 그러한 활동이 중심을 이루게 되었다.

이 아이들은 작은아이가 중학교 2학년이 된 2007년 3월부터 모임을 시작하여 2010년 1월 현재까지 평상시에는 1주일, 혹은 2주일에 한 번씩 모이고, 시험 기간이나 방학 때는 형편에 따라 활동한다. 현재 모임에 참여하는 아이는 모두 다섯인데, 넷은 2007년부터 활동한 아이들이고 한 아이는 최근에 들어왔다. 모두 현재 고등학교 2학년 남자아이들로 1기 아이들만큼 부드럽거나 따뜻하지는 않지만 십인십색이라 할 만큼 개성이 뚜렷하고 사고가 깊다.

1기 때와 마찬가지로 2기 모임에서도 프로그램은 미리 짜인 게 없었다. 처음 몇 번은 책에 대한 흥미도 돋우고 부담감도 없애기 위해 《돼지책》《점》《느끼는 대로》처럼 쉽고 편하면서도 생각거리를 던져 주는 그림책으로 활동하고 이후로는 주제를 정하여 관련 책들을 읽어 나가는 '주제별 책 읽기'를 주로 했다. 그리고 이 아이들은 이미 읽기 능력이 상당한 수준이어서 굳이 '줄거리 쓰기'나 '질문하고 답하기' 등을 따로 할 필요가 없어, 곧바로 원하는 책들을 골라 원하는 방식으로 감상을 나누고 토론했다.

이 아이들이 1년 동안 활동했던 내용과 함께 읽은 책들을 소개한다.

2007년 활동 내용과 대상 도서

회	모인날	활동 내용	대상 도서
1	3.4. (일)	읽은 책들 중에서 가장 인상 깊은 책 소개하기	자기가 읽은 책
2	3.17. (토)	그림책 5권 골라 읽은 후 5~6줄 내용쓰기 발표하기	《우리 순이 어디 가니》《지각대장 존》《숲을 그냥 내버려둬》《까마귀 소년》《할아버지의 안경》《새끼개》《돼지책》《점》《느끼는 대로》《아름다운 책》《우리 할아버지》《아툭》《로쿠베, 조금만 기다려》 등 그림책 20여 권
3	3.25. (일)	그림책 비교하며 읽기 (가장 맘에 들었던 책은? 가장 맘에 들지 않았던 책은?)	그림책 20여 권
4	4.8. (일)	《얼굴 빨개지는 아이》 패러디 동화 쓰기	《얼굴 빨개지는 아이》장자크 상뻬, 열린책들, 2009
5	4.15. (일)	과학 관련 책 읽기 (읽은 내용 발표하기)	《지엠오 아이》문선이, 창비, 2005 《전갈의 아이》낸시 파머, 비룡소, 2004 《멋진 신세계》올더스 헉슬리, 문예출판사, 1998

회	모인날	활동 내용	대상 도서
6	5.6.(일)	짧은 논술문 쓰기 '과학의 발전과 인간의 행복은 비례하는가?'	위의 책들
7	5.12.(토)	파주출판단지 견학 (학도넷 '만남과 바람' 참여)	
8	5.13.(일)	환경 관련 책 읽기 (읽은 내용 발표하기)	《울지 않는 늑대》《구름》《생명이 있는 것은 다 아름답다》《연애 소설 읽는 노인》《내 영혼이 따뜻했던 날들》 등
9	5.20.(일)	환경 관련 책 읽기 (읽은 내용 발표하기)	위의 책들
10	5.27.(일)	1. 읽은 책 5~6줄 소감 쓰기 2. 가장 마음에 드는 책 1권 골라 그 이유 쓰기	위의 책들
11	6.3.(일)	전쟁 관련 책 읽기 (읽은 내용 발표하기)	《노근리, 그 해 여름》《국화》《야시골 미륵이》《희망의 섬 78번지》《안네의 일기》《그리운 매화향기》《다영이의 이슬람여행》《전쟁중독》《팔레스타인》 등
12	6.10.(일)	전쟁 관련 책 읽기 (읽은 내용 발표하기)	위의 책들
13	6.17.(일)	전쟁 찬반 논술문 써서 발표하기	* 방학 과제 : 탐구 주제 정하여 책 3권 이상 읽고 보고서 쓰기
14	8.19.(일)	탐구 과제 발표 1930년대 소설 탐구(한솔) 조선 시대 정치문화 탐구(하민) 록음악의 가치 고찰(기경) 서양 철학사 탐구(동근)	탐구 대상의 책들
15	8.26.(일)	전기문이나 평전 읽기	존경하는 인물에 대한 전기나 평전
16	9.2.(일)	정치 분야의 책 읽기	《청소년을 위한 정치 이야기》도리스 슈뢰더 쾨프, 다른우리, 2005
17	9.9.(일)	정치 분야(인물 편) 책 읽기	《간디》《나에게는 꿈이 있습니다》
18	9.16.(일)	예술 분야 책 읽고 비디오 감상하기	《존 레논》《찰리 채플린》 〈모던 타임즈〉〈위대한 독재자〉 비디오 감상

회	모인날	활동 내용	대상 도서
19	10.14. (일)	서양 고전소설 읽기 (읽은 내용 발표하기)	《제인 에어》《변신》《데미안》《폭풍의 언덕》《좁은문/전원교향악》《백경》《레미제라블》《위대한 유산》《달과 6펜스》《아들과 연인》《톨스토이 단편선》《올리버 트위스트》 등
20	10.21. (일)	서양 고전소설 읽기 (읽은 내용 발표하기)	위의 책들
21	10.28. (일)	서양 고전소설 읽기 (읽은 내용 발표하기)	위의 책들
22	11.4. (일)	서양 고전소설 읽기 (읽은 내용 발표하기)	위의 책들
23	11.11. (일)	서양 고전소설 소개하기 (읽은 내용 발표하기)	위의 책들
24	11.18. (일)	'고전 읽기, 적극 권장되어야 하는가' 찬반 토론하기	동서양의 고전
25	11.25. (일)	'고전 읽기, 적극 권장해야 하는가' 찬반 논술문 쓰기(양쪽 입장 다 써서 발표하기)	동서양의 고전
26	12.2. (금)	논술 관련 책 읽기 (읽은 내용 발표하기)	《3일이면 터득하는 글쓰기》 박승억, 소피아, 2004 '탁석산의 글쓰기' 시리즈 ❶❷❸ 탁석산, 김영사, 2005
27	12.16. (일)	논술 관련 책 읽기 (읽은 내용 발표하기)	위의 책들
28	12.23. (일)	판소리 관련 책 읽기 (읽은 내용 발표하기)	《우리 소리 우습게 보지 말라》 김준호, 이론과실천, 1997 《진회숙의 국악 오딧세이_나비야 청산 가자》 진회숙, 청아출판사, 2003 《판소리와 놀자》 이경재, 창비, 2005
29	12.30. (일)	미술 관련 책 읽기 (읽은 내용 발표하기)	《오주석의 한국의 美특강》 오주석, 솔, 2005 《백남준, 그 치열한 삶과 예술》 이용우, 열음사, 2000

회	모인날	활동 내용	대상 도서
30	2008 1.6.(일)	한글 관련 책 읽기 (읽은 내용 발표하기)	《한국어가 사라진다면》 시정곤 외, 한겨레출판, 2003 《뿌리 깊은 나무❶❷》 이정명, 밀리언하우스, 2006
31	1.13. (일)	'가장 한국적인 것이 가장 세계적인 것이다?' 토론하기	방학 과제 : 시인과 작가 한 사람씩 탐구하여 보고서 쓰기
32	2.10. (일)	과제 발표 한용운과 조정래 탐구(한솔) 윤동주와 베르나르 탐구(하민) 한하운과 김훈 탐구(기경) 신동엽과 츠츠이 야스타카 탐구(동근)	방학 과제 도서

이처럼 1년의 활동이 다양한 분야의 책들을 자유롭게, 읽고 싶은 만큼씩 알아서 읽은 후(대상 도서들은 1권을 읽든 전부를 읽든 자유였는데, 많이 읽고 싶은 사람은 집에서 읽어 오면 되었다.) 서로 의견을 나누는 활동이 주를 이루었다. 이때는 쓰기보다는 읽기와 말하기에 비중을 두었기에 자료로 소개할 만한 것은 많지 않지만 '전쟁 찬반 논술문 쓰기'와 '고전 읽기 적극 권장해야 하는가(양쪽 입장 다 쓰기) 논술문 쓰기'는 함께 읽어 봐도 좋을 듯하여 소개한다. 또 방학 때는 따로 모임은 갖지 않고 각자 원하는 탐구 주제를 정해 알아서 공부한 후 3~5쪽 정도의 보고서를 써서 발표하면 되었는데 모두 나름대로 열심히 했다. 내가 한 일이라고는 멍석을 깔아 준 것뿐인데 아이들은 그곳에서 제멋대로 뛰놀며 스스로 배워 나갔다. 보고서들은 분량이 많아 탐구 후기만 몇 편 살피도록 한다. 먼저, 전쟁 관련 책들을 읽고 토론을 한 후에 자신의 입장을 최종 정리한 두 아이의 글을 보자.

아이들은 이미 읽기 능력이 상당한 수준이어서 바로 원하는 책들을 골라 원하는 방식으로 감상을 나누고 토론했다

전쟁 찬반 논술문

전쟁을 반대한다 | '전쟁은 필요악일까'

권기경 | 관악중 2학년

난 전쟁을 반대한다. 그 이유를 들자면 첫째 전쟁은 살생을 낳는다는 것이다. 도대체 전쟁을 일으킨 자들은 전쟁을 일으켜 사람을 죽여 무엇을 얻었을까? 그것은 바로 날아오는 비난들과 찾아오는 죄책감, 그리고 몰려오는 나라들의 몰락뿐이었다. 수많은 사람들을 희생해 그런 것들을 얻자니 그런 것이 바로 바보짓이라는 것이다. 평화적인 수단은 여러 가지 것이 있다. 그런 것들을 놔두고 굳이 살생을 택해 이익을 취하는 것은 스스로를 나락의 길로 몰락시키는 것뿐이다.

두 번째 이유는 자신들의 이익만을 추구하는 인간의 이기주의적 행동이기 때문이다. 옛날부터 있어 왔던 영토전쟁, 종교전쟁 모두 그럴듯한 명분만

내세웠다 뿐이지 사실은 이익만을 위해 서로 죽이고 죽였다는 점이다. 지금 있는 이스라엘과 팔레스타인, 이라크와 미국 모두 그저 자기들의 이익만 추구하느라 수많은 사람들을 희생시켜 나가고 있다. 게다가 대부분의 희생자는 민간인이고 말이다. 단 한 사람의 욕망 때문에 일어난 일 치고는 그 대가가 너무하지 않느냐는 것이다. 내가 오늘 본 게 있는데 바로 〈밴드 오브 브라더스〉라는 드라마였다. 전쟁에 관한 시리즈물인데 전쟁의 목적도 모른 채 총 한 자루 들고 다른 색깔 군복을 입은 사람들을 쏘는 것이다. 그저 죽여야만이 고향으로 돌아갈 수 있기 때문이었다. 이렇게 해서 결국 이득을 취하는 쪽은 윗사람이다. 고향으로 돌아가 봤자 전쟁이 끝나면 살인자라 손가락질 받고 스스로도 사람을 죽였다는 죄책감에 제대로 살지를 못하는 것이다. 전쟁이 인간을 바꾸기 때문이다. 셋째로는 전쟁은 악의 무리들을 키우는 악을 위한 것이라는 것이다. 〈로드 오브 워〉라는 영화를 본 적이 있다. 어느 무기판매상의 파란만장한 일대기를 표현한 영화인데 전 세계의 방방곳곳을 찾아가 총과 탄약을 팔고 전쟁을 일으키고 그 돈으로 마약을 사고 그 마약 밀매상들은 번 돈으로 유흥가를 차리는 것이다. 이런 악순환이 전쟁으로부터 일어나고 또 만들어져 가고 있다는 사실이다.

지금까지 말해 온 것이지만 난 전쟁을 전력을 다해 반대한다. 내가 직접 사람을 죽일지도 모른다는 두려움이 있기 때문이다. 그리고 과연 전쟁 옹호자들도 스스로 전쟁에 참여할 수 있을까? 사람을 죽이는 것을 무의미하게 생각하거나 즐길 수 있냐는 것이다. 나라의 발전을 위해? 세계에 기여하기 위해? 그런 말을 하면서 전쟁을 할 거라면 차라리 자기 머리를 쏘라고 말하고 싶다. 전쟁을 하면서 남는 것은 오로지 시체들뿐이다. 이런 이유들 때문에 나는 전쟁을 반대한다.

전쟁 찬반 논술문

전쟁은 피할 수 없다 | '전쟁은 필요악일까'

이동근 | 관악중 2학년

요즘 같은 세상에 전쟁을 완전히 찬성하거나 옹호하는 사람은 드물 것이다. 하지만 전쟁은 계속해서 일어난다. 누군가가 전쟁을 딱히 바란다고 해서 일어나는 것이 아니라 전쟁이라는 것은 사람과 사람 사이에 발생하는 경쟁과 같은 것이어서 필연적이다. 그리고 현대에는 무력 전쟁뿐만이 아니라 미국이 그러했던 것처럼 경제적으로 상대방을 매장시키는 전쟁을 일으킬 수도 있다.

이렇게 점점 사회가 다원화되어 가면서 전쟁의 개념도 다양해지고 있다. 그렇다면 우리 개인과 개인 사이에 일어나는 경쟁들, 예를 들어 공부의 등수를 정하는 것까지 내가 위로 올라가면서 또 다른 누군가를 매장시키게 된다는 개념을 보면 전쟁과 다를 바가 없다고 생각한다. 전쟁 또한 다른 국가를 짓밟아 패배시켜 이익을 취하는 것이다. 그렇게 본다면 서로 경쟁하고 누군

가를 밟고 위로 올라가는 대다수의 사람들이 전쟁에 대해 규탄하고 반전운동을 일으킨다면 그것은 위선이 아닐까?

위에서도 말했듯이 난 전쟁을 옹호하거나 반전운동이 옳지 못하다고 생각하는 것은 전혀 아니다. 다만 어떤 만화에서 본 대사대로 자기의 손으로 남을 직접적으로 해치는 것이 아니라서 경쟁은 허용되고 전쟁은 겉으로 사람을 죽이는 것이 너무나 뚜렷하게 드러나기 때문에 하지말자라고 하는 것은 위선이고 결국에는 그러한 사람들이 전쟁을 반대한다고 한들 그것이 성공할 리는 만무하다고 생각된다. 결국에는 모든 것이 탁상공론이라는 것이다.

그리고 더러 경쟁은 사회에 기여되고 더욱 성숙하게 만든다고 말하는 사람들이 있는데 그렇게 정당화될 것이라면 전쟁 또한 사회에 기여하는 바가 있다. 예를 들어보면 전쟁이 일어나면 과학기술이 무궁한 발전을 이룬다. 전쟁이 아니었다면 우리는 이런 과학이 발전한 윤택한 삶을 살지는 못했을 것이다. 또한 전쟁 직후에는 통상적으로 베이비붐이 온다는 것을 생각해 보면 요즘 같은 노령화 사회의 문제 타파에도 해결책이 될 수 있다. 물론 그냥 그렇다는 것이지 전쟁이 일어나야 한다는 것은 아니다.

전쟁이 일어나면 다만 사람이 죽는다. 나는 알지도 못할 저 먼 어느 나라의 소년이 죽는다 해서 우리가 얼마나 신경 쓸 것 같은가? '전혀'일 것이다. 현재에도 제3세계에서는 엄청나게 많은 사람들이 죽어 가지만 우리들

전쟁 찬반 토론은 꽤 활발히 이루어졌다. 대체로 아이들은 전쟁 반대였지만 '경쟁적 사회를 용인하는 사람들이 전쟁을 반대하는 것은 위선이다'라는 날카로운 지적 앞에서 어찌 답해야 할지 몰라 절절 매기도 했다.

은 전혀 신경조차 쓰지 않는다.

이러한 위선들 속에서 반전이 있을 수 있을까? 조금만 생각해 봐도 전쟁이란 인류 역사에 빠진 적이 없고 사실 우리는 근대 이후 전쟁이나 학살이라고 말하지 그전에는 오히려 위대하다는 형용사가 더 많이 붙었다. 따라서 전쟁이란 필연적이고 막을 수도 없다. 하지만 그것을 극복해 내는 것이 현대인들의 과제라고 생각된다.

전쟁 찬반 토론은 꽤 활발히 이루어졌다. 대체로 아이들은 전쟁 반대였지만 '경쟁적 사회를 용인하는 사람들이 전쟁을 반대하는 것은 위선이다'라는 한 아이의 날카로운 지적 앞에서 어찌 답해야 할지 몰라 절절 매기도 했다.

나는 아이들 토론에 거의 개입하지 않는다. 1기 모임 때도 그렇고 2기 모임 때도 그렇고 내가 하는 일은 간단한 간식거리를 제공하는 일과 활동 주제를 함께 정하고 책들을 추천하며 가끔씩 조언이나 칭찬을 해 주는 일이 전부다. 이 토론을 할 때도 중간에 끼어들어 말을 거들어 주기도 하고 잘못된 부분을 지적해 주고 싶은 마음이 불쑥불쑥 일기도 했지만 그냥 하는 대로 지켜만 봤다. 그래도 아이들은 어찌어찌 길들을 잘 찾아다녔다. 한 단계 더 깊이 들어가도 좋으련만, 하는 아쉬움이 없었던 것은 아니지만, 욕심은 화를 부르기 마련, 아이들이 내린 결론에 "너희들 대단하구나!"라는 말만 하고 말았다.

다음은 서양의 고전소설들을 읽은 후 '고전 읽기, 적극 권장해야 할까'에 대해 자유롭게 토론한 다음, 각각 찬성, 반대 두 입장의 글을 모두 써 본 예를 소개한다. 이렇게 한 사람에게 양쪽 입장을 다 써 보게 한 것은, 두 입장을 함께 생각하다 보면 충분히 생각해 보지도 않고 결론을 단정 짓는 '경솔함'이나 '오만함'을 피할 수 있지 않을까 싶어서였다.

고전 읽기 찬반 논술문

고전 읽기 적극 권장할 필요 없다 | '고전 읽기, 적극 권장해야 할까'

장한솔 | 남강중 2학년

요새 서울대학교나 기타 대학교 등에서 고전을 권장하고 있다. 그리고 중·고등학교들도 점점 고전 쪽에 큰 비중을 두고 있다. 하지만 꼭 그래야 할까? 난 고전 읽기가 적극 권장되어야 할 필요까지는 없다고 생각한다.

일단, 고전이란 건 옛날에 쓰였으므로 요즘 시대에는 잘 맞지 않는다. 현재 우리는 유전공학이나 나노기술, 우주기술 같이 옛 시대엔 없던 기술들이 나오고 발전되었다. 그렇기에 고전은 '우리 조상들은 이렇게 살았고, 또

이때는 이런 때구나.' 라면서 그 시대의 시대상을 알게 해 줄 뿐, 현대의 문제를 해결해 줄 수 없다. 예를 들자면 환경오염 문제 같은 경우, 옛날엔 매연이 적었고 쓰레기도 적었기에 환경오염이 적었다. 하지만 요새는 핵폐기물이나 석유 등 환경을 심각하게 오염시키는 오염물질들이 생겼으므로 고전에서 나타내는 것만으로는 문제를 해결할 수 없다.

그리고, 고전에서는 말하고자 하는 것이 대부분 비슷비슷하다. 《토끼전》처럼 지혜의 중요성을 일깨워 주고 헛된 욕심에 대한 경계를 알려 주거나 《춘향전》처럼 권선징악을 바탕으로 한다. 또, 《심청전》처럼 부모에게 효도하는 것을 중요하다고 한다. 그렇다면 고전은 진정으로 가치 있는 것 몇 편만 읽어도 되지 않을까?

마지막으로, 고전은 읽기가 힘들다. 그 까닭으로는 옛날에 쓰이던 말과 현재 쓰는 말이 달라 해석하기 어려운 단어나 문장이 있기 때문이고, 흥미 위주로 쓰인 것 같은 글들에도 깊은 의미가 담겨 있어 쉽게 읽을 수 없기 때문이다. 《양반전》이나 《호질》처럼 웃기는 이야기에도 양반의 비리에 대한 풍자가 있고, 《흥부전》과 같이 놀부 마누라가 흥부의 볼때기를 주걱으로 때리는 장면 속에도 인간의 이기심과 욕심이 있어 그냥 웃기만 하다가는 큰 코 다친다.

따라서, 난 고전은 정말 중요한 것들만 읽고 나머지는 현대의 작품들을 읽어서 우리 눈앞에 떨어져 있는 당면 과제들을 해결해야 한다고 생각한다.

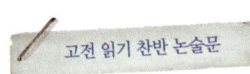
고전 읽기 찬반 논술문

고전 읽기 적극 권장해야 한다 | '고전 읽기, 적극 권장해야 할까'

장한솔 | 남강중 2학년

요새 서울대, 연·고대 등 일명 '명문대'라 불리는 대학에서 고전을 적극 권장하고 있다. 또한 중·고등학교도 점점 고전을 아이들에게 많이 읽히려는 추세이다. 이런 추세에 대해 나는 찬성이다.

고전의 좋은 점이라 함은 일단, 과거를 모르면 현재를 알 수 없다는 데 있다. 예로부터 우리의 조상들께서는 온고지신의 정신을 따랐다. 이는 옛것을 배워야 새것을 안다는 뜻인데 이건 맞는 말이다. 우리는 옛날에 일어났던 일을 바탕으로 나쁜 일은 미리 방지하고 나쁘지 않게 만들며, 좋은 일은 현재에 맞춰 더욱 더 좋게 만들었기 때문이다. 만일 우리가 옛것을 몰랐다면 이렇게 문명사회가 이루어질 수 없었을 것이다. 그런데 이러한 옛날 사회, 물건, 사람들을 잘 알려 주는 것이 바로 고전이므로 당연히 중요하지 않겠는가?

또한, 다른 사람들은 대부분 고전이 재미없다고 말하지만 고전은 재미가 있다. 내가 옛날에 읽은 책 중에 《우리 옛이야기 백가지》라는 책이 있었는데 나의 흥미를 유발시켜 적어도 10번은 읽었고 50번은 웃었다. 특히, 〈네 장사의 모험〉이라는 이야기가 재밌었는데, 바위, 콧바람, 곰배, 오줌손이가 나와 의형제를 맺고 다른 나라 군대를 물리치는 이야기였다. 오줌이 강물처럼 나오거나 콧바람으로 오줌을 얼음으로 만드는 장면들을 상상하면 정말 재미있지 않은가? 또, 《셜록홈즈》 시리즈나 《그리고 아무도 없었다》와 같이 박진감 넘치는 긴장감과 가슴이 시원해지는 듯한 해결과정을 보고 있으면 흥미롭지 않은가? 《이솝우화》처럼 동물들의 재치 있는 행동을 보면 웃음이 터져 나오지 않는가? 이처럼 고전은 우리에게 책에 대한 재미를 준다.

그리고 고전은 오랜 시간 여러 사람들에 의해 검증되어서 좋은 것들만 살아 남았다. 그러기 위해선 시대에 따른 변화가 없는 인간의 본성이나 종교 같은 것을 소재로 글을 써야 한다. 따라서, 고전은 인간의 본질을 다룬다. 예를 들면 《이솝우화》는 삶의 진리를 담고 있고 《폭풍의 언덕》은 인간이 가지고 있는 사랑의 또 다른 일면('파괴성')을 보여 준다. 또한 《레 미제라블》은 종교의 강한 힘을, 《올리버 트위스트》는 인간의 악한 면 속의 선한 면을 우리에게 가르쳐 준다. 이러한 책들을 읽으면서 우리는 변함없는 인간의 본성을 알 수 있고 조심도 할 수 있게 된다.

이처럼 현재를 알게 해 주고 재밌으면서 인간의 본성을 다룬 고전이 없었더라면 우리는 지금처럼 살고 있지 못할 것이다. 우리가 더 발전하고 삶의 질을 높이기 위해 고전 읽기는 적극 권장되어야 한다.

실제로 아이들은 양쪽 입장의 글을 모두 써 본 후 '이렇게 글을 쓰고 보니 양쪽 다 나름대로 일리가 있는 것 같다.'며 어떤 문제들이 '오로지 이것만 옳은' 경우란 많지 않겠다는 얘기들을 했다. 이때 역시 나는 "그렇지?"라고 한마디 거들어 주기만 했다.
이번에는 겨울방학 때 시인 한 사람과 작가 한 사람을 선택해서 탐구한 보고서 후기 세 편을 살펴보도록 한다.

조정래 탐구 후기

장한솔 | 남강중 2학년

탐구 보고서를 쓰는 중간 중간 괜히 조정래 작가를 선택했다는 후회감이 밀려들어 왔다. 잘하고 싶었는데 유럽여행 후 바쁘게 쫓기며 하다 보니 만족스럽지가 않다. 1기 모임 때 형과 누나들과 함께 《태백산맥》과 《아리랑》을 읽었고 아리랑 문학관까지 갔다 온 경험이 있어 쉽게 할 수 있을 줄 알고 덤볐다가 진땀 뺐다. 다 읽은 책을 이렇게 힘들게 글을 쓰는 것은 처음이다. 그래도 이렇게 위대한 분을 탐구해서 끝낸 게 왠지 모르게 뿌듯한 느낌이다.

조정래 작가, 그는 정말 현세대 최고의 작가가 아닐까 싶다. 어떻게 하면 상처 입은 우리의 역사를 이렇게 절묘하게 묘사할 수 있을까. 《아리랑》에서 일제에 침략 당한 우리 민족의 아픔을 읽었을 때 내 몸은 분노로 전율하였고 《태백산맥》에서 우리 민족의 이념적 갈등과 대립을 읽었을 때에는 슬픔과 안타까움의 탄식이 저절로 흘러나왔다. 이처럼 그의 작품은 다른 어떤 작품보다 내가 알고 싶었던 우리 역사의 진실을 적나라하게 알려 주었다. 또 그는 알려 주는 것만으로 끝내지 않고 우리가 과거의 아픔을 딛고 미래를 향하게 해 주었다. 나는 우리나라 사람들이 조정래 작가의 이 대하소설들을 읽으며 이념보다 더 중요한 것은 우리 민족이고 사람이라는 사실을 깨달았으면 좋겠다. 아직 《한강》은 읽어 보지 않았는데 언제 날을 잡아 읽어 보고 싶다.

조정래 작가는 글만 잘 쓰는 것이 아니라 진실을 말할 줄 아는 용감한 작가라는 생각이 들어 더욱 존경스럽다. 그의 반만이라도 따라가면 좋을 텐데, 내가 그럴 수 있으려나.

작가 탐구 후기

윤동주 시인 탐구 후기

송하민 | 남강중 2학년

평소 가장 관심 있었던 시인 윤동주를 이번 기회를 통하여 제대로 탐구해 본 듯하다. 그저 윤동주에 대해 생체 실험을 당했다는 것과 그의 〈서시〉만 알고 있었던 내게 이번 탐구 기회는 윤동주에 대해 조금이나마 더 파악하고 이해할 수 있었던 좋은 기회가 되었다. 비록 5편 밖에 안 되는 그의 시로 그를 탐구했지만 그 안에서 충분히 그의 시의 특색과 그의 시속에 나타난 조국 독립의지, 그리고 시 속에서 자신의 조국 독립의 의지를 나타내는 그의 방식 등을 알 수 있어 나 자신에겐 아주 도움이 되는 값진 시간이었다.

그의 시에서 가장 많이 느낄 수 있었던 것은 단연 조국 독립에 대한 그의 확고한 의지이다. 그 젊은 나이에 어떻게 조국에 대해 그렇게 생각할 수 있었을까? 또 그 마음을 다양한 방법으로 시에 담아 거침없이 표현했던 것도 놀랍고 존경스럽다. 그의 시적 표현에서 가장 인상

깊었던 것은 자아성찰이다. 우물, 거울, 기독교, 별 등 수많은 소재를 통해 그는 자신을 회고하고 또 반성한다. 끝없는 자기반성을 통해 진정한 자신의 길을 확고히 굳혀 나가는 것, 이것이 바로 윤동주 시들의 가장 큰 특징이 아닌가 싶다. 그리고 나 또한 그의 자아 성찰과 자기반성의 자세에서 배워 내가 진정 밟아야 할 길을 확고히 하여 내 미래를 개척하도록 노력해야겠다.

작가 탐구 후기

한하운 시 탐구 후기

권기경 | 관악중 2학년

일전에 학교에서 시 수업이 있을 때 선생님이 내가 쓴 시를 보고는 내가 경험한 것을 진솔하게 써 보라고 충고하셨던 적이 있다. 후에도 열심히 썼지만 결국은 B를 맞고는 시 쓰는 것에 손을 놓아 버렸다. 하지만 아무리 생각해 봐도 그때까지 내가 읽은 시 중에 경험을 살려 진솔하다거나 나에게 엄청난 공감을 일으키는 시는 하나도 없었던 것 같다. 사랑에 대해 쓴 시를 읽어도 도대체 어째서 슬프다는 건지 기쁘다는 건지 당최 알 수가 없었기에 책을 놓아 버리곤 했다. 그런데 갑자기 시를 탐구해 오라니 막막하기 그지없었다. 누구를 해야 할지 몰라서 학교 도서관 사서선생님에게 이것저것 여쭤 보다가 한하운이란 시인을 알게 됐는데 분명 교과서에서도 본 것 같았다.

내가 문둥병을 겪은 것은 아니지만 그의 시는 나에게 무한한 공감을 불러일으켜 주었다. 그의 시를 통해 생생한 경험을 할 수 있었고 직설적이고 진실한 묘사를 통해서 그의 고통까지 모두 느낄 수 있었던 것이다. 그 중심에는 그가 겪은 살이 문드러지는 아픔들이 있었다.

특히 이번 탐구에서는 시 속에 들어있는 한 문장, 한 단어가 무슨 뜻을 가지고 있는지, 무슨 의도로 쓰여 있는지 해석하려고 노력을 많이 했다. 시의 특성상 상징적 비유적 표현이 너무 많았기에 그냥 무턱대고 써댔다간 망하기 십상이었기 때문이었다. 도중엔 너무나 심오한 것도 있고 해석하기 난해한 말들이 많아서 네이버 이곳저곳을 돌아다니다가 아빠한테 물어보다가 정말 별짓을 다해 가며 탐구를 했다. 그리고 덕분에 깨달은 것이 '이런 것이 시구나!' 였다.

난 이번 탐구를 통해 시라는 것이 무엇인지 진정으로 알게 된 것 같다. 초기의 탐구 목적이었던 '한하운의 시세계'를 통해서 진정한 시를 알게 되었다는 것이 너무너무너무 기쁘다. 소설로만 경험해 왔던 나의 문학적 사고가 이번 탐구를 계기로 많이 반성되고 발전한 것 같아 그 역시 기쁘다.

알아서 주제를 정해 관련 책들을 찾아 읽은 후 3쪽 이상의 보고서를 두 편씩이나 써야 한다는 일이 중학생 아이들에게 쉽지만은 않았을 테지만, 아이들은 나름대로 열심히들 했고 그런 만큼 스스로 얻는 것이 많았다. 특히 조정래와 윤동주의 경우에는 작품뿐 아니라 작가의 삶에서 큰 교훈을 얻으며 가치관 정립에 도움을 받기도 하고, 또 스스로 시를 탐구하면서 낯설기만 하던 시의 매력에 푹 빠지는 일도 생겨나게 되었다.

2008년,
탐구의 기쁨이 차오르다

유난히 2기 모임 아이들은 말을 잘하고 책 읽는 것을 좋아했다. 읽고자 하는 책들도 문학, 철학, 역사, 경제, 과학, 예술 등 분야를 가리지 않았다. 또 이 아이들은 시사 문제에도 관심이 많아, 본 주제로 들어가기 전에 짧게 발표하는 '신문기사 5줄 비평'을 좋아했다. 이것은 한 주간의 신문기사 중 제일 인상적으로 봤던 기사 하나에 대해 5줄 정도 비평을 써서 발표하는 것인데, 아이들은 한 사람씩 발표할 때마다 "맞아, 바로 그거야."라든지, "어, 그런 거였어? 왜 그걸 그렇게 생각해?"라며 맞장구를 치거나 질문을 던지는 일이 많아 어느 때는 이 활동이 모임 시간의 대부분을 차지하기도 했다. 그만큼 이 아이들의 생각과 관심은 사방팔방으로 열려 있고 활기찼다. 그렇다 보니 2008년 역시 이 모임은 다양한 분야의 책들을 폭넓게 읽으며 토론하고 탐구하는 활동이 주를 이루게 되었다.

2008년 내용과 대상 도서를 소개한다.

2008년 내용과 대상 도서

주	모인날	활동 내용	대상 도서(*과제)
1	2.17.(일)	동화 쓰기	(*《구운몽》 읽어 오기, 한국의 고전소설 특징 조사해 오기)
2	3.9. (일)	《구운몽》 발표, 한국의 고전소설의 특징 발표	《구운몽》(*《동양 철학 에세이》를 읽고 동양 철학의 주요 사상 알아오기)
3	3.23. (일)	유가, 도가, 법가, 묵가 발표하기	《동양 철학 에세이》 김교빈·이현구, 동녘, 2006 (*《공자가 죽어야 나라가 산다》 읽어 오기)
4	4.6. (일)	《공자가 죽어야 나라가 산다》 주제 토론하기	《공자가 죽어야 나라가 산다》 김경일, 바다출판사, 1999 (*《청소년을 위한 서양 철학사》 읽고 맡은 부분 발제 준비하기)
5	5.4. (일)	《청소년을 위한 서양 철학사》 그리스 철학~르네상스까지 발표와 토론하기	《청소년을 위한 서양 철학사》 박해용, 두리미디어, 2002 (*《청소년을 위한 서양 철학사》 읽고 맡은 부분 발제 준비하기)
6	5.18. (일)	《청소년을 위한 서양 철학사》 계몽주의~19세기 철학 발표와 토론하기	《청소년을 위한 서양 철학사》 (*한 가지 주제 정하여 책 3권 읽고 보고서 쓰기)
7	6.1. (일)	보고서 발표	탐구 대상 도서들(*자기의 진로에 따른 존경 인물에 관한 책 읽고 소감문 쓰기)
8	6.15(일)	소감문 발표	탐구 대상 도서들
9	7.20. (일)	한국의 시인과 작가 탐구하기	(*방학 과제 : 시대별 한국의 시인과 작가 택해서 탐구한 후 보고서 쓰기)
10	8.24.(일)	작가 탐구 보고서 발표	탐구 대상 도서들
11	8.31.(일)	시인 탐구 보고서 발표	탐구 대상 도서들
12	10.26. (일)	《촘스키, 누가 무엇으로 세상을 지배하는가》 정리 발표	《촘스키, 누가 무엇으로 세상을 지배하는가》 드니 로베르·베로니카 자라쇼비치 글, 레미 말랭그레 그림, 시대의창, 2002

주	모인날	활동 내용	대상 도서(*과제)
13	11.16.(일)	지금까지 본 프로그램 중 가장 좋았던 프로그램 5가지, 가장 안 좋았던 프로그램 5가지 쓰고 발표	TV 프로그램 (* 뉴스 채널의 특징 조사, 드라마의 특징 조사, 내가 좋다고 생각하는 프로그램과 그 이유, 내가 만들고 싶은 프로그램 쓰기, 《누가 무엇으로 세상을 지배하는가》 읽기)
14	11.30.(일)	'신문이 국가 권력에 조종당하지 않는 방법' 토론	《한겨레》《경향신문》《중앙일보》 등 일간지 (*역사 인물(고구려)에 대한 책 읽고 탐구 보고서 쓰기)
15	12.14.(일)	탐구 보고서 발표(고구려 인물)	(*역사 인물(백제)에 대한 책 읽고 탐구 보고서 쓰기)
16	12.21.(일)	탐구 보고서 발표(백제 인물)	(*역사 인물(신라)에 대한 책 읽고 탐구 보고서 쓰기)
17	12.28.(일)	탐구 보고서 발표(신라 인물)	(*역사 인물(남북국시대)에 대한 책 읽고 탐구 보고서 쓰기, 성장소설 한 권 읽기)
18	2009 1.1.(목)	탐구 보고서 발표(남북국 인물) 성장소설 감상 발표	《스프링벅》 배유안, 창비, 2008 《꼴찌들이 떴다》 양호문, 비룡소, 2008 《황허에 떨어진 꽃잎》 카롤린 필립스, 뜨인돌, 2008 (*두 명의 역사 인물(고려)에 대한 책 읽고 탐구 보고서 쓰기)
19	1.18.(일)	탐구 보고서 발표(고려 인물)	(*역사 인물(조선 전기)에 대한 책 읽고 탐구 보고서 쓰기)
20	1.25.(일)	탐구 보고서 발표(조선 전기 인물), '조선의 건국은 정당했는가' 토론	(* '조선의 건국은 정당했는가' 자기 생각 쓰기, 《남한산성》 읽고 독후감 쓰기)
21	2.1.(일)	남한산성 방문 《남한산성》 독후감 발표	《남한산성》 김훈, 학고재, 2007 (*《남한산성 여행기》 쓰기, 역사 인물(조선 후기)에 대한 책 읽고 탐구 보고서 쓰기)
22	2.8.(일)	여행기 발표, 탐구 보고서 발표(조선 후기)	(*우리 역사 탐구 소감문 쓰기, 자유 탐구 주제 정하여 탐구 후 보고서 쓰기)
23	2.22.(일)	우리 역사 소감문 발표, 자유 탐구 발표 환타지 문학 탐구(한솔) 홍다리 사슴벌레에 대한 생태 탐구(하민) 황금비 탐구(기경) 포스트 모더니즘 탐구(동근)	탐구 대상 도서들 (*《청소년을 위한 경제의 역사》 읽어 오기)

이처럼 2008년의 활동 역시 2007년과 크게 다르지는 않지만, 2007년이 다양한 분야의 주제별 책 읽기와 토론 중심이었다면 2008년은 동서양의 철학과 한국문학, 한국의 역사를 시대별로 탐구하여 발표하고 토론하는 탐구 활동이 중심을 이뤘다. 그리고 이렇게 탐구 활동이 주를 이루다 보니 지난해에 비해 과제가 많고 글을 쓸 일도 부쩍 늘었다. 행여 과욕을 부리는 게 아닌가 자문하며 천천히 나갈까 제안도 했지만, 아이들은 '힘들지만 재미있다'며 갈 수 있는 데까지 가 보고 싶다는 반응들이었다. 아이들의 글을 보면 알겠지만, 실제로 아이들은 이 활동들을 그다지 어려워하지 않았고 오히려 '탐구의 기쁨'을 만끽했다.

이러한 활동을 하면서 아이들의 마음과 정신에는 어떤 일들이 일어났을까? 세세히 다 들여다볼 수는 없을 테니, 탐구 활동 중간에 촘스키의 책을 읽은 후 언론이 광고주와 권력의 눈치를 보지 않고 진실을 담아낼 수 있는 대안을 모색한 글 두 편과 고구려에서 조선에 이르기까지 매주 그 시대의 인물 한 사람을 탐구하여 발표했던 글들을 살펴보며 아이들의 내면을 들여다보자.

'언론의 진실성 관련 논술문'

언론의 진실 어떻게 지킬 수 있을까

권기경 | 관악중 3학년

요즘 몇몇 신문사들의 기사를 보면 정말 황당할 때가 있다. 권력과 돈에 눈이 멀어 편파적인 기사를 쓰고 진실을 가리고 있는 것이다. 손석춘의

《신문 읽기의 혁명》에서 보면 이런 문제들이 서양에서는 예전부터 있어 왔던 것이 사실이지만 우리나라 역시 민주화 성립까지의 과정을 보면 정말 정부와 신문사의 최악으로 더러운 모습을 보게 된다. 문제는 이런 악습이 아직까지 전해져 내려오고 있다는 것인데 이것에 관해 친구들과의 오랜 토론 끝에 여러 해결 의견이 나왔다.

첫째로 인터넷 신문이 있다. 이 안건은 재정적 부담이 확 줄어든다는 최대의 장점이 있지만 여전히 기사의 진실성에 대한 해결이 어려워 보인다. 종이 신문에서도 자신의 신문에 광고 내는 기업의 눈치를 보며 기사를 내는데 수입을 광고에 전념하는 인터넷 신문은 오히려 종이 신문보다 더 편파적인 편집이 이루어질 것이기 때문이다. 게다가 몇몇 실제 인터넷 신문들은 기자를 시민기자와 전문기자를 고루 받아 기사를 만드는데 그렇게 되면 전문성도 떨어질 뿐만 아니라 진위성 또한 떨어질 것이다.

두 번째로 세금의 일부를 신문사를 유지하는데 쓰자는 의견이 있다. 돈은 나라가 대 주고 운영은 신문사 자체에서 하는 것이다. 그리고 다른 세력의 입김이 들어오지 못하도록 법을 제정해서 보완해 줌으로서 완전한 신문사 하나를 만드는 것이다. 그런데 문제는 세금에 있다. 세금을 아무리 끌어다 쓴다고 해도 그 양에는 한계가 있을 것이고 결국 자금을 충당하기 위해서는 세금을 올린다든가 구독료를 올릴 텐데 그렇게 되면 구독자들은 싼 신문사들로 넘어갈게 불 보듯 뻔하다.

따라서 결론은 이미 났다. 신문사들은 돈으로부터 절대 독립할 수 없는 것이다. 우리가 진실을 보기 위해선 신문사들이 진실을 써야 하고, 진실을 쓰기 위해서는 사실 돈이 뒷받침을 해 줘야 현실적으로 가능하다. 결국 돈과 사람 마음 사이의 미묘한 관계를 어떻게 조절하느냐가 관건인 것이다. 그 해결책이 바로 국민의식 고취이다. 신문사도 하나의 사업인 만큼 어느 정도 돈도 추구해야 하고 진실을 전해야 한다는 기자로서의 사명도 고수해야 한다. 그 둘 사이의 절충이 진실을 쓰면 이윤이 남는 상황이고 그러기 위해서는 국민의식 고취가 있어야만 가능하다.

국민이 신문사의 비리에 대해 열심히 비판하고 기사의 속뜻을 간파할 수 있게 바뀐다면 진실을 담은 신문사들은 국민의 성원과 함께 나아갈 것이고 거짓을 담던 신문사들은 자연히 낙오할 것이다. 그렇게 되면 기업들은 착한 이미지를 만들려고 진실을 쓰는 신문사들에게 지원을 해 줄 것이고 결국 win-win이 되는 것이다.

이러한 주장이 너무 추상적이라고 할 수도 있겠지만 지난번 광우병 파동에서 몇몇 신문사들을 몰아내자던 운동을 보면 전혀 현실성 없는 의견이 아니란 걸 알 수 있다. 물론 국민의식이 하루아침에 높아지는 것이 아니기 때문에 그저 낙관할 수만은 없다. 교육제도도 정비해야 할 것이고, 많은 시간이 걸리겠지만 못할 건 없다고 본다.

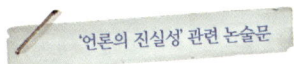
'언론의 진실성' 관련 논술문

인터넷 신문을 주목하자

장한솔 | 남강중 3학년

요즘 신문들이 제대로 진실을 보도하지 못하고 광고주들이나 정치 권력에게 휘말리고 있다. 이러한 상황에서 언론의 진실을 어떻게 지켜야 할까?

친구들과의 토론을 통해 나온 얘기들은 대충 이렇다.

우선, 한 친구는 세금의 일부를 신문사에 대줘서 재정 문제는 국가가 해결해 주되 운영권은 신문사에 맡긴다는 생각을 내보였다. 하지만 지금 내는 세금도 많다면서 안 내려는 사람들이 많은데 신문사 때문에 세금이 오른다고 한다면 그런 사람들이 과연 낼까 싶다. 그 사람들이 내지 않으면 결국 일반 사람들이 더욱 큰 부담을 지게 되고 신문사는 세금을 올린 주범으로 몰려 사람들이 뜨악해 할 것이다. 그런 신문사의 신문을 누가 또 돈을 내고 구독하겠는가. 게다가 신문사가 커지면 커질수록 운영비가 많이 들 텐데 그럴 때마다 세금을 더 걷어야 하나?

또 한 친구는 국민의식 고취를 주장했다. 국민들의 의식을 향상시켜 진실된 신문사가 오히려 살아남을 수 있는 상황을 만든다는 것이었다. 분명 이상으로써는 좋은 생각이다. 이렇게만 된다면 더 좋을 수는 없을 것이다. 그러나 이것은 실현 불가능하다고 본다. 국민의식이란 게 그렇게 쉽게 향상되는 것도 아니고, 우선 신문을 통해 어떤 한 사건을 알게 되고 그 후에 그 사건에 대한 자신의 생각이 형성되는 법인데 이미 거짓 기사가 판치는 세상에서 어떻게 진실을 알아보는 눈이 생기고 의식이 고취될 수 있단 말인가. 촘스키처럼 아주 똑똑한 지식인 몇몇을 빼고는 그렇게 되기가 힘들 것이다.

나는 가장 현실적이고 지금 당장이라도 효과를 볼 수 있는 것은 인터넷 신문이라고 생각한다. 우선, 인터넷 신문은 재정 문제에서 비교적 자유롭다. 회사를 지을 땅도 필요 없고 인쇄 기계 역시 필요 없다. 필요한 것은 오로지 이 두 손과 키보드뿐. 그래서 종이 신문보다 초기 자금이 적어도 된다.

또 직원도 종이 신문만큼 많이 필요로 하지 않는다. 왜냐하면 인터넷 신문은 편집이 복잡하지 않고 회사를 청소하거나 기계를 다뤄야 할 일도 없기 때문이다. 여기서 또 재정적 이익을 본다. 따라서 광고를 조금만 받아도 재정 문제가 해결될 수 있기 때문에 자기와 뜻이 맞는 광고주를 선택할 수 있다.

이제 기사의 진실성에 대한 문제로 넘어가 보자. 종이 신문들이 진실을 보도하기 힘든 것은 광고주와 권력의 눈치를 봐야 하기 때문이다. 그러나 앞에서 말한 것처럼 광고주의 경우는 광고를 안 주는 데에서는 안 받으면 그만이니까 신경 쓸 필요가 없고, 문제는 권력인데, 그것 역시 수많은 네티즌들의 힘이 있기 때문에 종이 신문보다는 훨씬 압박을 덜 받을 수 있다. 만일 권력이 함부로 개입하여 탄압하게 되면 전국의 네티즌들이 가만 있겠는가. 국민들과 원수가 될 것이 아니라면 권력도 함부로 탄압하지는 못할 것이 분명하다.

마지막으로 배포 문제에 대해 생각해 보자. 인터넷 신문을 배포하기 위해서는 홈페이지 하나를 만들어서 그곳에 기사를 싣고 우리나라 사람들이 많이 이용하는 다음Daum이나 네이버Naver같은 곳에 돈을 주고 링크를 걸어 놓으면 된다. 그리고 신문사 홈페이지에 회원 가입을 하면 기사를 볼 수 있을 뿐만 아니라 만화를 그린다든지 신문에 대한 평을 쓸 수 있게 만들어서 사람들의 참여를 불러와 신문의 질을 높이는 데 사용하고 또한 여러 가지 이벤트를 열어서 푸짐한 상품을 회원들에게 보내 주는 것도 좋을 것이라고 생각한다.

이 모든 것을 실행하려면 올바른 가치관을 가지고 재빠르게 신문 편집을 할 편집국장이 필요하지만 인재 천국이라는 우리나라에서 그만한 일은 어렵지 않게 해결할 수 있을 것이다. 오늘날은 인터넷 시대다. 광고주와 권력의 문제가 아니더라도 종이 신문은 이제 인터넷 신문으로 전환을 해야 할 상황이다. 그러니 한 발 앞서 인터넷 신문에 승부를 걸어 진실도 살리고 신문사도 살리는 것이 최선책이라 생각한다.

아이들이 놀랍지 않은가? 아직 열여섯 살밖에 안 되었는데 촘스키를 읽어 내고 언론을 자본과 권력으로부터 지켜 내기 위한 방안까지 마련하다니! 물론 이 아이들이 열여섯 살 우리나라 아이들의 일반적인 모습은 아닐 테지만, 이 아이들이 가능하다면 분명 다른 아이들에게도 가능할 수 있을 것이다. 학교 아이들과도 이러한 기회를 만들어 보고 싶은 생각이 토론 내내 가시지 않았다.

다음으로 아이들의 역사 인물 탐구 보고서 두 편을 소개한다. 이 보고서는 남북국 시대까지는 보고서 양식에 맞춰 2~3쪽 정도 쓰는 거였고 그 이후로는 형식도 분량도 자유였다.

역사 인물 탐구 보고서

왕 중 왕, 세종대왕

장한솔 | 남강중 3학년

오늘은 성군으로 칭송받고 우리나라의 글자인 훈민정음을 창제하신 세종대왕에 대해서 조사해 봤다. 그 많고도 많은 조선의 인물들 중에서도 왜 세종대왕을 골랐을까 한다면 뭐, 그 이유야 당연하지 않겠는가. 우리 곁에 계시는 저 세종 신봉자께서 언제나 세종 최고, 세종 최고 그러고 계시는데 이런 기회에 세종대왕을 조사하지 않는다면 얼마나 실망하실 것인가. 그리고 나 또한 조선을 이야기하면서 '세종대왕을 빼놓을 수는 없다!' 라고 생각하기 때문에 이렇게 세종대왕을 조사하게 된 것은 절대적 필연이라고 할 수 있겠다. 게다가 저기 저 분의 말을 인용해서 말한다면, 이 세상 그 어디를 뒤져보아도 이보다 더 훌륭할 수 없는 발명품인 한글, 바로 그 '한글' 에 대해서 알아보고 싶었기 때문이다. 다른 나라의 언어와 비교하였을 때 어떠한 점에서 극찬 받아 마땅한 것일까?

간단하게 세종대왕의 생애에 대해 먼저 알아보자. 그분께서는 1397년 태종의 셋째아들로 태어나셔서 형들의 양보로 세자에 올라 1418년에 왕이 되셨다. 지극, 지존, 지고, 지인, 지혜로우신 세종대왕께서는 왕위에 오르신 후에 왕이라 믿어지지 않을 만큼 검소하게 사시면서 지방관이 인재를 추천하도록 하는 도천법을 만들어서 덕행을 갖춘 사람을 관직에 올리도록 하였고 음악과 과학, 그리고 책의 중요성을 아시고는 사람들을 시켜 그것들의 발전을 도모하였다. 특히 책을 통해서는 국민들의 일의 효율 상승이라든가 행동, 성품 등을 계몽한다든가 찬란한 문화의 꽃을 피운다든가 했다. 그런데 책을 읽으려면 글자를 알아야 하는 건 당연지사. 그래서 이때, 한글이 필요하게 된 것이다. 한글에 대한 내용은 조금 있다 하기로 하자. 아무튼 그런 많은 일을 하고 왜구도 막고 땅도 조금씩 늘린 세종대왕께서는 1450년 2월 17일 병으로 인해 다시는 돌아올 수 없는, 아득하고 머나먼 길을 떠나셨다. 그런데 이렇게 세종대왕께서 훌륭한 정치를 할 수 있었던 것은 사실 태종의 덕택이라고 한다. 태종이 세종대왕 앞에서 자기가 욕먹을 일, 하기 어려운 일을 다 했기 때문에 세종대왕 때에는 정치가 안정되었으며 경제도 크게 발전할 수 있었고 문화적으로도 훌륭한 업적을 많이 남길 수 있었다는 것이다. 왕자의 난을 일으킨 야심가 태종도 역시 자기 자식을 생각하는 한 사람의 아버지라는 것일까.

이제는 한글에 대해서 이야기해 보자. 세종대왕께서 우리 국민들이 우리말에 맞는 글자가 없어서 글을 쓸 수 없는 것을 불쌍히 여기시고 발음기관을 본뜬 28자의 글자를 만드셔서 최만리 등 한문과 그 정신에 빠져 있는 사대주의 신하들의 반대도 무릅쓰고 그것을 이 세상에 내놓았다는, 그런 다 아는 내용은 굳이 말하지 않겠다. 중요한 것은 한글의 우수성이다.

우선, 한글은 문자의 효율성을 극대화시킬 수 있는 음소 문자라는 점이다. 인간이 만들고 써 온 문자는 단어 문자, 음절 문자, 음소 문자가 있는데 단어 문자는 단어의 수효만큼 글자가 있어야 하고 음절 문자는 음절의 수효만큼, 그리고 음소 문자는 음소의 수효만큼 글자가 있어야 한다. 글자는 말소리를 적는 기호인데 그 기호의 수가 적으면 적을수록 배우고 쓰기 쉬운 것이기 때문에 가장 글자의 수가 적은 음소 문자가 가장 우수하다고 볼 수 있다. 그리고 한글은 한국어의 음소와 거의 1 : 1의 대응 관계를 가지고 있다는 점도 들 수 있다. 음소의 수보다 글자의 수가 많으면 읽기는 쉬우나 쓰기가 어렵다. 예를 들면 영어에서 [k] 발음은 k로 쓸 수 있지만 c 역시 [k]발음이 나므로 어떤 것을 써야 할지 혼란스러운 경우가 있다는 것이다. 그리고 음소의 수가 글자의 수보다 많으면 이번에는 쓰기는 쉬우나 읽기가 어렵다. 이번에도 영어로 예를 들자면 영어의 'a' 자는 같은 a라도 그 위치에 따라 [아/어/에이/애] 등 여러 발음으로 난다. 그렇게 되면 그 언어에 능통한 사람이 아니라면 어떤 발음으로 말을 해야 할지 모르게 된다는 것이다. 그러나 한글은 ㄱ은 [ㄱ], ㅏ는 [ㅏ] 발음만 나므로 발음기호의 표시 없이도 읽을 수 있고 글자와 소리의 대응 관계만 안다면 쉽게 쓸 수 있다. 물론 영어와 같이 묶음 자가 있는 게 아니라 더욱 그렇다. 그리고 한글은 기본자 몇 개로부터 다른 글자들이 파생되어 나가기 때문에 체계적이고, 음소 문자이면서도 초성, 중성, 종성을 모아쓰는 음절 방식의 표기 체제를 가지기 때문에 빠르게 읽을 수 있기에 그 위상이 높아지기만 한다. 게다가 이러한 특징들 때문에 미래 사회에서 우리는 음성 입력 컴퓨터를 누구보다 좋은 조건에서 만들 수 있다. 발음되는 경우가 적고 음운 조직이 과학적이기 때문에 컴퓨터가 우리의 말을 잘 알아들을 수 있고 그것을 문자로 표기하는 것은 쉽기 때문이다.

이렇게 보니까 한글의 우수성이 한눈에 보이는 것 같다. 다른 나라 사람들도 모두 인정한다고 한다. 세종대왕은 이러한 한글을 창제했다는 것만으로도 모든 사람에게 인정받을 수 있는데 거기에 나라를 민본 정치로 다스리고 유교 사회에서 경시받던 여러 기술들을 발전시키고 땅까지 넓히다니, 세종대왕 때가 조선의 최고 전성기가 아닐까, 저절로 고개가 끄덕여진다. 우리 선생님께서 극찬하실 만하다고 느껴진다. 만일 세종대왕이 우리나라에 없었다면 우리는 아마 한자를 쓰면서 말과 글이 맞지 않는 혼란을 느끼며 다들 공부를 때려치우고 대학 간 몇몇만 고위 관리들이 되어서 이 나라를 쉽게 지배하며 살고 있겠지. 또 세종대왕 같은 인물이 저기 선진국에서 태어났다면 그날로 그 나라는 수준이 더 껑충 뛰어오르면서

이 세상의 밸런스가 완전히 깨져 버렸을 것 아닌가. 그런 것으로 보아서 역시 신은 밸런스 조절을 위해서 마구 뛰어다니다가 가련한 조선 땅에 세종대왕을 떨어뜨려 준 것은 아니었을까, 하는 공상에 잠시 빠져 보기도 한다. 이러거나 저러거나 세종대왕은 우리 역사(우리 선생님은 '우리 역사'가 아니라 '우리 인류의 역사'라고 극구 우기시지만!)의 한 장을 다시 썼고 그 영향을 지금까지 미치는 대단한 인물임에 틀림이 없다. 그런 의미에서 한글날에 좀 쉬어 줘야 할 텐데 윗분들은 왜 그걸 모르시는지 원.

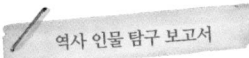
역사 인물 탐구 보고서

연산군은 폭군일 뿐이다

이동근 | 관악중 3학년

연산군, 조선 시대의 유명한 폭군 중 한 명. 현대에 와서는 역사적 인물이 재해석되어 지금까지의 기록, 상식과는 다른 의견이 많다. 그중 하나로 연산군은 역사 속에서 오히려 피해자였다는 것인데, 연산군에 대한 기록을 떠들어 보며 하나하나 짚어 보자.

최근 연산군이 재해석되는 이유가 그의 출생 때문이다. 그는 대다수의 왕과 다르게 복잡한 출생을 가졌는데, 그의 아버지 성종이 왕비 윤씨를 사랑했지만, 많은 후궁과 향락에 빠짐으로 인해 항시 질투를 하던 왕비 윤씨가 성종의 얼굴에 손톱자국을 내고 만다. 이를 안 성종의 어머니 소혜 왕후 한 대비는 격분했고 윤씨를 폐비시켜야 한다는 폐비론을 내세우지만 성종은 부부의 정이 있기에 차마 그러지 못하던 중 조정에서도 이 일을 문제

삼자 결국 윤씨는 궁궐에서 쫓겨났다.

그러나 그 후에 연산군이 세자 책봉 문제가 논의되자, 폐비 윤씨를 다시 들여야 한다는 동정론이 나왔으나 한 대비는 윤씨를 모함하여 사약을 내리게 한다. 결국 윤씨는 죽고, 연산군은 정현 왕후에게 길러지게 되는데 그녀 역시 폐비 윤씨 사사 사건에 가담했다는 기록이 있는 걸 보면 그리 따뜻한 유년시절을 보내진 않았을 것이다. 그리고 유년시절의 그는 학문을 싫어했고 장난이 심했다고 한다. 왕위에 오르자마자 세자 시절의 스승인 조자서를 죽인 이유가 조자서가 깐깐했기 때문이라고 하니 꽤나 학문을 싫어했나 보다.

하지만 연산군이 즉위한 지 4년 동안은 태평성대가 이루어졌다. 암행어사로 민심을 살피고 인재 확보를 위한 문과를 실시하기까지 하였다. 그러던 중 사림이 임금으로서의 도리와 학문을 강요하자 사림파가 눈엣가시가 되었는데 마침 김종직의 '조의제문'이 문제가 되어 김종직과 연루된 자를 모두 귀양 보내거나 죽이고 김종직을 부관참시 했는데 이를 계기로 눈엣가시였던 사림을 견제하고 조정을 손에 넣는데 이를 '무오사화' 라 한다. 연산군은 이를 계기로 사치와 향락을 일삼게 되는데 이것이 민가를 없애고 신하들의 재산을 몰수하는 등 너무 극심해 신하들 사이에서 말이 많았는데, 결국 두 편으로 갈려 마찰이 생기는데 이런 혼란 속에서 폐비 윤씨의 이야기를 들은 연산군은 복수를 시작하게 된다. 이것이 바로 '갑자사화' 이다. 이 사건에서 무고한 신하도 많이 죽었으며 소혜 왕후를 죽게 하고 관련된 사람 중 죽은 이는 부관참시하는 등 폭정이 이루어졌다. 그 후 절을 없애고 유흥장을 만들고 바른 말을 하는 신하를 귀양 보내는 등 폭정을 일삼자 중종반정이 일어나 귀양을 가 죽게 된다.

그의 일생을 적어 놓은 것만 봐도 참 돼먹지 않은 왕이다. 지금까지 일변도의 교육을 해 오던 역사들을 재해석할 필요는 있는 것이지만 일단 한 짓이 있으니 폭군은 맞다고 봐야겠다. 그런데 어떤 사람들은 연산군, 그가 인수대왕대비의 정치적 희생양이라고 한다. 물론 어린 시절 영문도 모르고 어미를 잃고 지냈고 이마저도 남을 통해 들었으니 인수대왕대비의 정치적, 그리고 시도 때도 없이 국정을 참견하던 오지랖의 희생양이라고 할 수도 있겠다.

그런데 그게 잘못되었다는 것이다. 어디 종로에서 뺨 맞고 한강에다 화풀이란 말인가? 적어도 한 나라의 왕으로서 공과 사를 구분하지 못하며 게다가 그 사적인 일을 구실로 정권을 잡아 사치와 향락에 빠지니 '뭐 저런 놈이 있나' 할 정도다. 물론 조선 시대는 왕위 계승으로 정치를 했던 만큼 왕족사가 곧 정치사이긴 하지만 갑자사화에서 무고한 공신들이 죽어 나갔던 부분에서는 그저 보고만 있었던 공신들도 당했던 것이기에 그저 연산군이 미쳐 버린 게 아닌 자신의 어머니의 죽음을 정치적으로 이용한 게 아닌가, 하는 생각이 든다. 그리고 무오사화에서도 학문과 도리를 원체 싫어했던 연산군이기에 꼴도 보기 싫은 사람을 처치하기 위해 벌써 죽어 버린 김종직의 '조의제문'을 왕족의 정통성을 무시한다는 이유만으로 그 많은 사람을 죽인다는 게 말이 안 되고, 필시 이것이 정치적 혹은 왕의 사적인 사정이 들어가 있다는 게 빤히 보인다.

그리고 어쨌든 저쨌든 우리 두령님의 말씀대로 왕의 본분은 정치를 잘하여 백성을 편안케 하고 잘 먹여야 하거늘, 처음 4년 동안은 태평성대를 이루었으나 그것은 그저 아버지 성종의 업적을 등에 업고 가만히 있던 것만

아이들은 매주 한 권 이상의 역사 인물 관련 책들을 읽고 인터넷 자료를 검색하며 2~3쪽 정도의 보고서를 써 와야 했다. "너희들 왜 그렇게 열심히들 하니? 안 힘들어?"하면, 힘들긴 한데 무지 재미있단다.

으로도 별로 어렵진 않았을 것이다. 그 후로는 쭉 음주가무에 빠져 국정을 보지 않고 민가를 몰아내는 등의 행동으로 백성들의 삶이 피폐해지고 원성이 자자해 후기에는 모든 벽마다 연산군을 욕하는 벽보가 붙기 일쑤였는데, 이것들을 총체적으로만 봐도 연산군에 대한 재해석은 더 나아질 수 없다고 본다. 게다가 사회가 그렇게 만들었다느니 주변 환경 탓이라느니 하는 변명들은 말도 안 되는 게 그럼 유영철도 사회가 만든 살인마이니 재해석해야 하는 것인가? 물론 이런 사람들의 등장으로 사회를 고쳐 나갈 수는 있지만 그 개개인은 용서받을 수 없는 것이다.

이제 두령님이 연산군을 두둔해서 얼마나 구수하게 말하여 우리를 꾀어내는지 듣고 싶다.

이 활동을 할 때 아이들은 매주 한 권 이상의 역사 인물 관련 책들을 읽고 인터넷 자료를 검색하며 2~3쪽 정도의 보고서를 써 와야 했다. 물론 깊이 탐구한 것도 아니고 읽은 자료들을 미처 자기 말로 소화해 내지 못해 남의 문장이나 생각을 그대로 베껴 오는 일도 많았지만, 8주에 걸쳐 꼬박꼬박 한 편씩의 인물 탐구 보고서를 써야 하는 일이 어디 쉬운 일이었겠나. 방학 때는 놀 일도 많고 따로 공부해야 할 것들도 많은데 말이다. 그렇지만 네 아이들은 줄기차게 해댔다. 나중에는 내가 질려서 "너희들 왜 그렇게 열심히들 하니? 안 힘들어?" 하면, 힘들긴 한데 무지 재미있단다. 뭐가 그리도 재미있었을까?

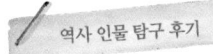
역사 인물 탐구 후기

70일간의 지옥의 하드코어 국사 트레이닝을 마치고

권기경 | 관악중 3학년

드디어 한국사 정주행이 끝났다. 뭐 엄밀히 따지자면 현정권까지 하지 않았으니깐 끝까지 한 게 아니지만 그래도 참으로 힘들었고 서스펜스하고 버라이어티 했던 정주행이었다.

원래 탐구 보고서를 3주 5일의 준비 기간과 이틀의 서술 기간을 거쳐 쓰던 나에게 주마다 한 편씩 써 갖다 바쳐야 하는 이 과정의 소감을 그저 "힘들고 재밌었다."라고 마무리 짓기에는 너무나 아쉽다는 생각을 한다. 그렇다고 해서 딱히 소감이 많이 진지한 것도 아니고 그냥 내 하고 싶은 말이 좀 있는 것뿐이다.

처음 이 여정을 시작할 때만 해도 너무나 풀려 있던 시기라 대충대충 해 갈 생각을 했었다. 그 결과로 연개소문 때 내가 탐구해 간 내용만으로는 아이들의 질문에 도저히 답할 수가 없는 상황에 이르렀고 더 이상 이래서는 안 되겠다는 생각에 매주매주 열심히 해 갔다. 물론 중간 중간에 '이거 정말 하기 싫다.' 라며 불평불만도 많았고 미루고 미루고 미뤄 가며 테트리스를 하다가 허둥지둥하던 때도 있었지만 전반적으로 봐서 학원 숙제보다 이걸 더 열심히 했다. 자료 수집도 더 열심히 하고 또 두령님에게 발리는 운명적인 상황을 어떻게든 타개해야겠다는 각오로 말이다.

또 하나 얻은 것이 있다면 정말 정말 말라가던 내 국사 지식의 우물이 그나마 촉촉해졌다는 것이다. 서초고에 고등학교 배정이 확정되고 덩달아 국사 선생님이신 구한모 군의 아버지께서도 서초고에 발령이 나시는 바람에 국사 지식이 절실히 필요하던 나에게는 참으로 반가운 소식이 아닐 수 없었다. 적어도 내가 국사시간에 졸지 않는다는 전제하에서 '한모야 기경이는 이과생인데도 국사 성적이 참으로 좋은 게 나에게 잘 보여 빌붙으려는 수작이 아니라면 정말 성실한 아이인 것 같구나 친하게 지내렴.' 같은 시나리오도 가능하니 말이다. 나는 이 여정을 시작할 때만 해도 혜현이 살았었는지 뭘 했었는지 관심도 없었고 지증왕을 어디서 들어본 것 같기는 한데 누군지 정확히 생각이 안 나는 이런 상황에 처해 있었는데 신라 역사에 박식한 외사촌 배재운 군이 내게 와서 김대성이 곰을 사냥한 후에 지은 절이 불국사라는 어처구니없는 실언을 하게 되고 지옥의 하드코어 국사 트레이닝에서 그것에 대해 미리 탐구한 바 있던 나는 "얘야 너의 나이에 비해 넓은 역사 지식 수준은 높이 살 만하나 역시 부족한 점이 많구나. 김대성은 곰을 사냥한 후 후회하고 장수사라는 절을 지어 불교의 가르침을 따랐단다."라고 틀린 점을 지적해 주고 형으로서의 권위를 세울 수 있었고 내기에서 이겨 음료수까지 얻어마셨다.

좀 더 진지한 쪽으로 넘어가자면 반복 효과 덕분에 뿌옇던 국사의 기틀이 확고하게 보인다는 것이다. 막상 시험을 보던 중학교 2,3학년 때에는 개미의 몸, 몸통, 꼬리 부분을 차례로 보고 있었다고 한다면 지금은 그 전체가 한번에 보인다고 설명할 수 있다. 항상 부분부분만을 단기적으로 해결하다 보니 부족했던 역사적 사건들의 연결성이 생겼고 이제 더 이상 국사를 암기만 지겹게 하는 더럽고 치사한 과목이 아닌 더러는 흥미로운 과목으로 여기게 됐다는 것에도 의미가 있다.

역사라는 것이 당대 사람들의 기록을 보고 유추해 내고 또 말이 없는 유물에서 힌트를 얻어 만들어 내야 하는 것이니 한 사건을 두고 여러 개의 의견이 나오게 되는 것은 필수불가결이라고 말할 수 있다. 그런 의견들이 어떤 한 시대에는 이 의견이 앞섰다가 또 그 상황이 반대가 되었다가 하는 게 이 탐구를 하면서 가장 눈에 띄었던 부분인데 내가 빌린 책에서의 논조와 요즘 인터넷에서의 논조가 확연히 다르기까지 했다. 그리고 그런 부분을 통해 내가 직접 결론을 내리는 재해석 과정이야말로 이번 탐구의 백미가 아니었나 싶다. 그저 인물만 탐구해 가는 거였으면 초등학생도 했겠지만 그런 흥미로운 논쟁 때문에 더 깊게 빠져들고 탐구하게 되었고 그만큼 큰 효과를 불러오게 된 것이다. 그리고 그런 것들을 기반으로 하여 현재 상황에도 비추어 볼 수 있기도 하고 역사가 의외로 다방면에서 필요하다는 것을 깨달았다.

결국 내가 하고 싶은 말은 이번 역사 탐구를 헛하지 않았다는 것이다. 이 세상에 이것만큼 좋은 결과는 없다고 생각한다. 학교가 가기 싫어 멍하니 앉아 있는 것만큼 아까운 게 없고, 온종일 하는 거 없이 과자만 까대고 있는 것만큼 멍청하고 헛된 인생이 없으니 말이다. 그리고 그와 더불어 배운 것까지 있으니 금상첨화가 아닌가.

이번 탐구는 마치 목적지만 정해 놓고 중간 중간 밥 먹을 때 도시락은 직접 싸가서 먹어야 하는 그런 여행 같았다. 결국 자기 배는 자기가 채워야 하는 그런 것 말이다. 물론 가끔씩 친구가 먹여주는 애틋한 우정도 볼 수 있었지만, 역시 우리는 스스로 도시락을 챙겨 가야만 양껏 배부르게 먹을 수 있었다.

역사 인물 탐구 후기

역사 인물 탐구 소감

송하민 | 남강중 3학년

지금까지 삼국 시대부터 조선 시대까지 총 8명이나 되는 각 시대의 인물들을 탐구해 보았다. 하나하나 할 때는 그냥 짧고 간단한 보고서에 지나지 않았는데, 모아 놓고 보니 두께도 상당하고 조사한 자료들도 꽤 많은 양이어서 지식이 이만큼 쌓였다는 생각에 뿌듯하기도 했다. 지금까지 탐구를 하면서 가장 기억에 남았던 탐구는 고구려 시대 탐구 때 했던 을파소 탐구였던 듯싶다. 처음엔 나도 고구려 하면 남자답고 당당한 기세가 떠올라서 고구려의 장수 을지문덕으로 했지만, 좀 탐구도 만족스럽지 않고, 고구려

위인을 떠올리면 거의 영토 확장을 하거나 적을 막아낸 장수 또는 정복군주가 대부분이라 그러한 생각의 틀에서 벗어나 뭔가 다른 것을 탐구해 보고 싶어서 찾다보니 을파소를 선택하게 되었다.

을파소는 우리나라 최초의 백성 구제책을 내놓은 인물로서 남자답기만 한 고구려에도 이러한 인물이 있었고, 수천 년 전이었음에도 불구하고 현재에 뒤지지 않는 복지정책을 시행했다는 것을 탐구로서 알게 되어 매우 흡족했던 탐구였다. 이 역사 탐구들을 진행하면서 내가 가장 의미를 두었던 것은 역시 우리나라가 꽤나 강대한 나라였다는 것을 알게 된 것이었다.

어렸을 때부터 읽게 되는 여러 만화로 된 역사책들을 보면 고구려 시대를 제외하고는 우리나라는 늘상 다른 나라들의 침략에 시달리고 핍박받는 나라로 나온다. 물론 침략에 시달리던 나라였다. 역사상 크고 작은 침략이 총 3천 번이나 된다는 이야기도 들은 적이 있다. 하지만 시달리고도 가만히 두고 보던 나라는 아니었다는 것이다.

이종무의 쓰시마 정벌을 비롯하여, 조선 시대에 항상 골치를 썩이던 북방의 여진족들도 매번 조선의 반격을 받곤 했다. 게다가 우리나라가 대대적인 선제공격을 퍼부은 역사들도 많다. 발해의 당나라 침공과 윤관의 동북 9성 축조처럼 말이다. 특히 위의 두 역사를 탐구하면서 가장 재밌었던 것 같다. 발해가 당대 최고였던 당나라를 선제공격하고 당나라가 발해에 사신을 보내는 장면과 윤관이 15만 대군을 이끌고 여진족을 격퇴하는 것을 조사할 때에는 뭔가 자부심이 솟는 듯한 느낌이 강했다. 조사하다 보니 정말 우리나라의 역사들이 빛나는 것임을 깨달았다.

동시에 중국의 일명 동북공정은 정말 우리 모두가 막아 내야 할 것임을 깨달았다. 중국이 뺏어가려는 고구려와 발해의 역사는 그 자체만으로도 빛나는 역사일뿐더러 그들의 개척정신과 당당한 정신은 후에 고려와 조선이 사대주의에 물들어 가는 속에서도 자주정신을 잃지 않고, 정복을 할 때는 하게 하는 효과를 발휘하게 하는 등 전체적인 우리 역사에 미치는 영향이 매우 큰 역사들이다. 나 또한 동북공정이란 말을 들으면 뭐 당연히 지켜야지 하고 잠깐 열을 올리고 말았는데, 정말 우리가 잠깐 타올랐다가 잠잠한 이 순간에 중국은 고구려와 발해를 집어삼킬 준비를 하고 있다는 것이다. 이래서는 안 될 것이다. 고구려와 발해에 대한 우리의 관심이 이대로 잠잠해져서는 안 된다고 본다. 인터넷에 동북공정에 대한 글들이 뜰 때 그 밑의 댓글들을 보면 그냥 무작정 중국 나쁜 놈들하고 흥분만 하는 사람들이 대다수이지만 침착하게 대처하는 모습을 보이는 사람들도 많은 듯하여 아직 희망이 있다고 느낀다. 나 또한 그저 중국 나쁜 놈들하고 잠깐 타올랐다가 지는 그 대다수에 속해 있었지만 이번 기회에 역사 탐구를 하며 그렇게 무조건 흥분하는 태도는 안 좋다는 것도 깨닫게 되었다. 이제부터라도 항상 역사에 관심을 갖고 주기적으로 조사하고 지식을 넓혀 감히 중국이 멋대로 왜곡하지 못하도록 해야 할 것이다.

마음 같아서는 이러한 역사 탐구를 우리나라 학생들 모두가 해 보았으면 하는 마음도 들었다. 적어도 모두가 고구려와 발해 역사만이라도 제대로 탐구해 보면 어떨까 하는 생각도 든다. 우리나라가 비록 작지만 위기 상황에는 똘똘 뭉치는 저력이 있는 만큼 정부나 방송 매체에서도 이러한 위기 상황을 꾸준히 알린다면 점점 관심을 갖는 사람도 많아지고, 관심을 넘어서 조사를 해 보는 사람들도 많을 것이라고 본다. 예전에 위대한 유산

74434라는 프로그램이 있었다. 해외로 유출된 문화재 74,434개를 되찾겠다는 목표를 가진 프로그램이었는데 그 프로그램에서 동북공정에 대한 방송을 한 뒤부터 동북공정이란 이름이 우리나라 사람들에게 널리 알려진 듯하다. 아직은 우리나라 사람들이 동북공정이란 단어의 뜻을 아는 정도에서 그쳐 있는 만큼 더더욱 발전하도록 위와 같은 방송들을 대대적으로 내보내야 할 것 같다. 시작이 반이라는 말이 있는데 이미 동북공정이란 이름이 사람들에게 익숙해진 이 시점이 바로 반이 이뤄진 타이밍이라는 생각이 든다. 이제부터 나머지 반을 채워 나가는 것은 국가와 국민들 모두가 노력해야 할 것이다.

결론적으로 내 생각을 이렇게 발전시키도록 해 준 역사 탐구의 기회가 주어져 굉장히 감사하고, 역사 탐구가 끝났지만 앞으로도 계속 관심을 갖고 역사 지식을 늘려 나가야겠다.

아이들은 자기들에게 주어진 기회를 충분히 활용할 줄 알았고, 스스로 배워 간다는 것이 얼마만큼이나 기쁜 일인지도 깊이 깨닫게 된 듯했다. 더구나 탐구 내용이 우리의 역사이다 보니 유난히 애정을 보이며 때로는 비분강개하기도 하고 때로는 미래의 청사진을 내놓기도 하며 다들 애국지사라도 된 듯했다. 이런 아이들을 곁에서 보고 있으면 저절로 흐뭇해지고 마음에 감동이 일곤 했다.

그런데 고려와 조선을 발표하는 사이에 아이들 간에 가벼운 논쟁이 일어났다. 최영과 정몽주, 이성계와 이방원, 과연 누가 옳은 것일까, 조선은 건국되어야 했을까? 한참 동안이나 얘기를 주고받았지만 결론이

나지 않은데다 이 문제는 더 본질적인, 사람은 어떻게 살아야 하고 어떻게 죽어야 하는가의 문제로까지 번지게 되어 더 어렵게 되었다. 그래서 각자 집에 가서 더 생각해 본 후 글을 써서 발표하자며 마무리가 되었는데, 그 글도 읽어 볼 만하여 두 편 소개한다.

'조선 건국' 찬반 논술문

최영과 정몽주, 이성계와 이방원 누가 옳은 것일까

송하민 | 남강중 3학년

최영과 정몽주, 이성계와 이방원, 이 네 인물들은 모두 고려 말에 공존한 인물들이다. 최영과 정몽주는 고려를 지키려 한 사람들이었고, 이성계와 이방원은 고려를 무너뜨리고 새 왕조를 건설하려 했던 사람들이었다. 결과적으로는 이성계가 고려를 무너뜨리고 조선이라는 새 왕조를 세우게 되는데 이 역사적 사실은 내 입장에서는 좀 안타깝다. 이때부터 우리는 대륙 시절의 호전성과 기상을 버리고 본격적인 사대주의의 길로 들어서게 되기 때문이다.

이 네 인물이 있던 시대에 가장 큰 사건을 꼽는다면 바로 '위화도 회군'이라고 말할 수 있을 것이다. 당시 새로 중국 대륙을 차지한 명나라가 원나라를 섬기던 고려를 견제하고 또 사신을 보내어 무례한 태도를 보여 백성들과 고려 조정 대신들 사이에서 불만이 가득했다고 한다. 게다가 명나라 황제는 고려에게 말 5천 필을 바치라고 했고, 고려가 이를 거부하자 고려 사신은 명나라 궁에서 백리밖에 머물게 했다니 정말 무례한 행위이다. 심지어 철령 이북에 철령위라는 것을 설치하여 철령 이북을 요동에 귀속시키려 했다고 한다.

이 철령 이북 땅은 오랫동안 원나라에 빼앗겨 있다가 공민왕 시절 애써 되찾은 땅이었기에 최영과 우왕은 명의 야욕을 막기 위해 요동 정벌을 추진하게 된다. 하지만 이성계 등 신진 사대부들은 '작은 나라로서 큰 나라를 치는 것은 좋지 않고, 농사철에 군사를 일으키는 것은 아니 되며, 왜구가 이 틈에 쳐들어올지도 모른다는 것과 곧 장마철이므로 군사들이 싸우기 어려움' 등의 이유를 들어가며 반대한다. 그러나 이때의 고려가 더 이상 양보만 하다가는 모조리 뺏기고 말 상황이었을 뿐더러 명나라의 그러한 과격한 행위는 고려를 침략할 구실을 찾기 위함이었다고 하니, 언젠가 터질 전쟁이었으므로 하루빨리 선제공격하여 속전속결로 전쟁을 치루는 것이 상대적으로 작은 나라였던 고려에는 더 유리했으리라 사료된다.

물론 이성계 등 신진 사대부들의 주장도 일리 있는 말이지만 당시 상황으로 볼 때 최영의 전쟁 결단이 고려가 택할 수 있는 최선의 선택이었으리라고 생각된다. 아무튼 이 요동 정벌이 위화도 회군으로 수포로 돌아가고, 최영은 얼마 안가 권력 싸움에서 밀려 참수된다.

최영이 죽은 후 이성계 일파는 본격적으로 자신들의 야욕을 내비친다. 정몽주는 이성계와 현재까지는 뜻을 그래도 함께 했지만 이 시점에서 이성계와 대립을 시작하게 된다. 정몽주는 고려를 안정되게 만드는 것을 이상으로 삼았기 때문에 이성계와는 그 뜻이 달랐다. 결국 정몽주는 이방원의 부하에게 죽게 되지만 이때에 정몽주를 죽인 이방원의 결정은 참 잘못되었고 이성계의 뜻과도 달랐다. 정몽주를 죽임으로서 고려 백성 상당수가 이성계로부터 마음을 돌렸고, 고려의 수많은 인재들이 조선 건국 후에 조선의 신하가 되지 않고 산에 숨어 지내게 되는 계기가 되었기 때문이다. 또한 정몽주는 의창을 세워 백성을 구제하는 등의 정책을 내놓았고 실행하게 되는데 이 정책이 쭉 계속 되었더라면 고구려 시대의 을파소의 것과 같은 성과를 거두지 않았을까 하는 생각이 든다.

조선이 세워진 후에도 딱히 백성들의 삶이 나아지지 않았음을 생각한다면 정몽주는 살아 있었어야 했고, 그가 뜻을 펴기 위한 고려라는 국가는 이름뿐이더라도 남아 있어야 했다. 난 고려를 지키려 했던 정몽주와 최영이 옳았다고 본다. 전체적으로 정리해 생각해 보면 그들이 고려를 지키려 했기 때문에 옳았다고 생각하는 것이 아니라 그들의 훌륭한 정책들이 고려를 발전시켜 우리 역사의 큰 전환점을 가지게 할 수 있었다고 여겨지기 때문에 그들이 더 옳았다고 생각하는 것이다.

'조선건국' 찬반 논술문

인간은 어떻게 살아야 하고 어떻게 죽어야 하는 것일까
- 최영과 정몽주, 이성계와 이방원을 생각하며

장한솔 | 남강중 3학년

이번 역사 탐구 숙제로 인해 우리들은 최영, 이성계, 정몽주, 이방원 등 고려 말기를 살았던 역사 인물들의 삶과 태도를 통해 '과연 조선은 건국되어야 했는가, 아니면 고려를 이어나가면서 문제를 해결했어야 했는가'에 대해 자신의 생각을 결정하고 더 나가서 인간은 어떻게 살다가 죽어야 하는지에 대해서 깊이 생각해야 했다.

우선 나의 생각을 말하기 전에 고려가 그때 어떤 상황이었는지, 각각의 인물들이 어떤 생각을 가지고 있었는지 살펴봐야 할 것이다. 고려는 그 말기 때 매우 혼란스러웠다. 무신정변이 있었고 원나라의 침입이 있었기 때문이다. 또한 왜구와 홍건적의 침입도 자주 일어났는데 이때 최영과 이성계가 그들을 물리치면서 뜨게 된다. 그러나 그 둘은 생각이 달랐다. 최영은 정몽주 등과 함께 고려 체제 속에서 개혁을 하려 했고 이성계는 정도전 등과 함께 고려왕조를 엎고 새로 시작하려 하였다. 이런 상황에서 원나라가 망하고 명나라가 세워지면서 그들의 관계는 조금씩 틀어지기 시작하고 위화도 회군으로 결국 최영은 저 하늘의 별이 되면서 이성계 등이 정권을 장악, 조선을 세우게 된다.

그렇다면 인물들에 대해 살펴보자. 우선 최영은 고려 내부에서 간신들을 쫓아내고 정동행성과 쌍성총관부를 없애면서 외국의 영향력을 점점 없앴고 그러함으로써 기울어 가는 고려를 일으켜 세우려는 노력을 하였다. 또한 그는 외교, 정치적으로라기보다는 전투, 전쟁 등으로 국가적 우위를 보여 줌으로써 외적으로 인한 국민들에게 가는 피해를 막고 고려의 자주성을 세우려 했다. 반면에 이성계는 무능한 왕, 엉터리 신하들 때문에 고려는 이미 살릴 수 없다고 생각해서 그가 직접 왕이 되어서 조선을 세운 후에 농업을 장려하고 고려 시대 때 백성들을 괴롭히던 불교 대신 유교 정신을 받아들여서 국민들의 삶을 상승시켜 주고자 했다. 그리고 정몽주는 고려의 잘못은 왕한테 있는 것이 아니라 권문세족들한테 있다고 생각하고 그들만을 쫓아낸 후 고려 임금을 중심으로 하는 정책을 세우려고 했고 그것에 방해가 되자 정도전, 조준 등을 귀양 보내기도 하였다. 그렇게 하자 그 반대편이었던 이방원은 오히려 그러한 정몽주를 죽이고 조선 건국에 방해가 되는 사람들을 해치우면서 이성계의 개혁에 큰 도움을 주고 안정을 도모했다.

이런 것들을 모두 종합해서 나의 의견을 말하자면 나는 조선이 건국되는 편이 더 나았다고 생각한다. 왜냐하면 우선, 당시 고려는 권문세족들이 꽉 쥐고 있었기 때문이다. 권문세족들은 무신정권 이후 원나라의 영향을 받기 시작한 시대부터 왕의 측근 세력들과 우호적인 관계를 맺어 자신들의 정치적, 사회적 지위를 유지하려고 한 문벌귀족, 무신세력, 그리고 친원파 등으로 이루어져 있었는데 그들은 보수적 사회세력으로 음서제도 등을 통해 고위 관리직을 도맡고 있었고 대규모의 농장을 가지면서도 국가에 세금을 내지 않았으며 원나라의 앞잡이 노릇을 하고 있었다. 그러한 그들은 농민들을 농장으로 끌어들이고 부를 축적했으며 자신들의 기득권을 강화하면서 소농들의 몰락과 국가 재정의 고갈을 불러일으키면서 국가를 위기 상황으로 몰아가고 있었다. 그들은 오히려 왕보다 더 세력이 컸고 왕은 그저 꼭두각시였다. 그들은 이미 고려라는 사회에 깊이 잠재되어 있는 암 덩어리였다고 볼 수 있기 때문에 새로이 나온 신진 사대부들은 그들을 처리해야 했다. 그러나 이미 그들은 높은 관직에 다들 올라가 있었고 괜히 어설프게 그들을 처리했다가는 나중에 그 영향력들로 오히려 크게 당할 수 있었다. 그래서 그들을 아예 뿌리 뽑는 방법인 정권 교체를 할 수밖에 없었다.

그리고 고려를 그대로 두고 개혁을 한다고 치면 그 시간도 오래 걸리고 권문세족들의 틈바구니 속에서 그 개혁을 제대로 성공시킨다는 보장이 없다. 아마 기득권자였던 그들이 지금 자신들의 상황을 변화시키는 개혁 따위를, 그것도 백성들을 위한 개혁을 받아들였을 리가 없다. 게다가 중국에서는 명나라가 날리고 있는데 그런 명나라에 반감을 품고 있는 고려가 과연 명나라의 침입을 받지 않을 수 있었을까. 만일 고려로 계속 갔다면 우리는 명나라에게 집어삼켜져서 연변에 있는 조선족과 같은 인생을 살게 되었을 수도 있다.

결론적으로 최영과 정몽주는 의기는 있었으나 현실성과 진취성이 부족한 사람이었다는 생각이 든다. 그렇기 때문에 나는 조선을 건국한 이성계나 이방원, 정도전과 같은 사람들을 지지하는 것이다. 그리고 우리는 그들을 통해 우리가 어떻게 살아가야 하는지 알 수 있다. 우리는 적극적으로 앞을 내다보며 걸어 나가야 하고 융통성 있게 주위의 상황을 둘러볼 줄 알아야 하며 장애물에 부딪혔을 때에는 마음을 굳게 먹고 결단을 내려야 한다. 그리고 가장 중요한 것은 언제나 주인의식을 가지고 살되 자기만 생각하는 것이 아니라 남들도 생각할 줄 알아야 한다는 것이다. 고려의 권문세족들처럼 자기 권세를 이용하여 백성들을 짓밟아서는 안 된다.

어차피 하나의 정답이 있을 수 없는 만큼, 아이들은 당시의 상황과 사실에 대한 자료를 모으고 분석하여 자기가 중요하다고 생각하는 가치에 비춰 판단하면 되는 것이었다. 그래도 꽤 까다로웠을 텐데 두 달 가까이 역사 공부를 해 온 덕인지 아이들은 친구들의 말에 귀를 기울이면서도 나름의 근거들을 제시해 가며 자기 논리를 펼 줄 알았다.

2009년,
아이들의 성장이 눈에 띄다

아이들은 1년 새 부쩍 자랐다. 다들 열심히 노력한 탓이겠지만 유난히 이 아이들은 성장이 눈으로도 확인이 될 만큼 쑥쑥 자랐다.

2기 모임 아이들은 고등학생이 되었음에도 마땅히 모임 활동을 계속해야 한다고 생각하는 듯했다. 나 역시 아이들이 책 읽는 일을 별로 어려워하지 않는데다 오히려 이러한 모임이 삭막한 고등학교 생활에 해방구가 되지 않을까 싶어 탈퇴니 해체니 하는 말은 아예 꺼내지도 않았다. 오히려 5월에는 친구 하나가 더 들어와 모임이 더욱 활발해졌다.

2009년 역시 달마다 주제를 정해 관련 책들을 읽은 후 소감을 나누고 토론을 하는 활동이 주를 이루었는데, 바쁜 와중에도 꼬박꼬박 책을 읽고 글을 쓰고 모임 활동을 유지해 나가는 아이들이 놀랍기도 하고 대견하기도 해 칭찬을 입에 달고 살았다. 1년 동안의 활동 내용과 대상 도서를 소개한다.

2009년 활동 내용과 대상 도서

주	모인날	활동 내용	대상 도서(*과제)
1	3.8.(일)	《청소년을 위한 경제의 역사》 요약	《청소년을 위한 경제의 역사》 니콜라우스 피퍼, 비룡소, 2006 (*《유시민의 경제학 카페》 읽고 독후감 쓰기)
2	3.22.(일)	《유시민의 경제학 카페》 독후감 발표	《유시민의 경제학 카페》 유시민, 돌베개, 2002
3	3.29.(일)	'경제적 인간이냐 도덕적 인간이냐' 토론하고 글쓰기	(*'경제적 인간과 도덕적 인간'에 관한 글 다시 쓰기, 《야누스의 과학》 읽기)
4	4.5.(일)	'경제적 인간이냐 도덕적 인간이냐'에 관한 글 발표 《야누스의 과학》 요약	《야누스의 과학》 김명진, 사계절, 2008 (*《침묵의 봄》 읽기)
5	5.3.(일)	《침묵의 봄》 요약 발표하기	《침묵의 봄》 레이첼 카슨, 에코리브르, 2002 (*과학 관련 책 읽기)
6	5.10.(일)	읽은 과학 책 요약 발표 다른 과학 책 읽기	《과학의 즐거움》 알베르 자카르, 궁리, 2002 《교과서보다 쉬운 세포 이야기》 쿠로타니 아케미, 푸른숲, 2004 《E=mc²》 데이비드 보더니스, 생각의나무, 2005
7	5.17.(일)	과학 책 정리한 것 발표 다음 토론 주제 정하기 (영원한 생명의 가능성과 그 필요성)	위의 책
8	5.24.(일)	'영원한 생명은 가능한 것이고 필요한 것일까' 토론하기	(*《이윤기의 그리스 로마 신화1》 읽기)
9	5.31.(일)	그리스 로마 신화에서 가장 좋아하는 신 발표	《이윤기의 그리스 로마 신화1》 이윤기, 웅진닷컴, 2000 (*우리 신화 책 읽고 내용 정리)
10	6.7.(일)	내용 정리한 것 발표, 우리 신화에서 가장 좋아하는 신 발표, 그리스 로마 신화와 우리 신화 비교하기, 신 창조하기	《우리가 정말 알아야 할 우리 신화》 서정오, 현암사, 2003 《살아있는 우리 신화》 신동흔, 한겨레출판, 2004 (*《햄릿》 읽기)
11	6.14.(일)	《햄릿》 독후감 쓰기 및 발표와 토론	《햄릿》 (*셰익스피어 4대 비극 읽기)

주	모인날	활동 내용	대상 도서(*과제)
12	7.12. (일)	셰익스피어 4대 비극 평가, 동작 교육청 중학생 여름 독서 캠프 봉사활동 준비	《햄릿》《맥베스》《오셀로》《리어왕》
13	7.19. (일)	동작교육청 중학생 여름 독서 캠프 '사라진 책을 찾아라' 프로그램 준비	
14	7.21. (화)	동작교육청 중학생 여름 독서 캠프 봉사활동	(*셰익스피어 5대 희극 읽기)
15	7.26. (일)	셰익스피어 5대 희극에 대해 정리하고 발표하기	《베니스의 상인》《말괄량이 길들이기》《십이야》《한 여름 밤의 꿈》《뜻대로 하세요》 (*16세기 이전 고전 읽기)
16	8.9. (일)	셰익스피어 글 발표 16세기 이전 작품 독후감 발표	《일리아스》《오디세이》《신곡》《유토피아》 등 (* '16세기까지의 서양 고전 돌아보기'에 대한 글 쓰기)
17	8.23. (일)	'서양 고전 돌아보기' 발표 및 토론	《일리아스》《오디세이》《신곡》, 셰익스피어 4대 비극과 5대 희극, 《유토피아》《우신예찬》 등 (*고전 읽고 독후감 쓰기)
18	9.6. (일)	17세기 이후의 세계 고전 독후감 발표와 토론(1)	《좁은문》《변신》《1984》《호밀밭의 파수꾼》 등 (*고전 읽고 독후감 쓰기)
19	10.18. (일)	17세기 이후의 세계 고전 독후감 발표와 토론(2)	《죄와 벌》《달과 6펜스》《젊은 베르테르의 슬픔》《검은 고양이》 등 (*고전 읽고 독후감 쓰기)
20	10.25. (일)	17세기 이후의 세계 고전 독후감 발표와 토론(3)	《전원교향악》《동물농장》《위대한 개츠비》《여자의 일생》 등 (*고전 읽고 독후감 쓰기)
21	11.15. (일)	17세기 이후의 세계 고전 독후감 발표와 토론(4)	《가시나무새》《인간의 조건》《양철북》 등 (*고전 읽고 독후감 쓰기)
22	12.20. (일)	《허생전》《양반전》《호질》에 대한 독후감 발표	《허생전》《양반전》《호질》 (*박지원 더 읽기, 다산 읽기)
23	2010 1.3. (일)	박지원과 다산에 대한 발표와 토론	《열하일기, 웃음과 역설의 유쾌한 시공간》《다산 정약용》《다산 정약용 유배지에서 만나다》 등 (*진로 관련 책 2권 이상 읽고 보고서 쓰기)
24	1.24. (일)	진로 탐색 보고서 발표 및 진로에 대한 토론	각자 읽은 책 (*《퇴계와 고봉 편지를 쓰다》 읽기)

주	모인날	활동 내용	대상 도서(*과제)
25	2.7. (일)	《퇴계와 고봉 편지를 쓰다》 발표 및 성리학 맛보기	《퇴계와 고봉, 편지를 쓰다》 김영두, 소나무, 2003 그외 성리학 관계 자료들
26	2.20. (토)	1년 모임의 마무리, 1기 모임과의 만남	(* 다음 모임은 7월 기말고사 직후. 그때까지 유학과 실학 더 공부하고 조정래 《아리랑》과 《태백산맥》 읽기)

이 아이들이 책을 읽고 얘기 나누는 것을 보고 있으면 이따금 나도 고등학교 시절로 다시 돌아가 이런 분위기에서 이런 책 모임 활동을 하고 싶을 때가 있었다. 참 뜬금없고 어이없는 생각이지만 어린아이도 아니고 어른도 아닌, 자신의 존재와 삶에 대한 궁금증이 최고조에 달하는 시기에 이렇게 친구들과 함께 책을 읽고 토론하며 마음을 나누고 생각의 가지를 뻗어나가는 모습이 너무도 멋져 보인 탓이다.

이 아이들은 대학생들도 잘 읽지 못한다는 《유시민의 경제학 까페》도 쉽게쉽게 읽고 넘어갔다. 또 지루하기 짝이 없는 레이첼 카슨의 《침묵의 봄》과 읽어도 주변만 건드리다 말게 되는 《E=mc²》 등을 완전히 소화라도 한 듯 거침없이 이야기를 나눴다. 물론 이 아이들이라 해서 하루아침에 이리 될 수는 없었을 테고 또 이 아이들이 우리나라 청소년을 대변할 수 있는 건 아니겠지만, 그래도 나는 이 아이들을 보며 우리나라 청소년 아이들에 대한 '가능성'과 '희망'을 엿보곤 했다. 다른 아이들에게도 만일 어려서부터 이러한 기회가 주어진다면, 아니 학교에서 이런 식의 수업과 평가가 이루어지기만 한다면 충분히 가능할 것이라는 생각이 신념처럼 단단히 굳어지곤 했다.

활동 내용을 모두 소개할 수는 없으니, 함께 읽어도 좋을 만한, 경제 관련 책을 읽은 후 '경제가 먼저냐 도덕이 먼저냐'에 대해 토론한 후 쓴 글과 신화 관련 책을 읽은 후 직접 신을 창조하여 쓴 글을 먼저 함께 읽고, 셰익스피어와 서양 고전 관련 글들에 대한 에세이와 독후감 및 박지원과 다산에 대한 독후감, 진로탐색 보고서 후기 등을 차례대로 살피며 아이들이 이러한 활동을 하며 어떻게 자신들을 성장시켜 나갔는지 들여다보자.

도덕이 먼저냐 경제가 먼저냐

경제가 우선이다

송하민 | 남강고 1학년

경제적인 인간은 자신의 이익을 주요 목적으로 활동하기 때문에 경제적이지 못한 인간보다는 훨씬 이기적이라고 말할 수 있다. 따라서 이들은 도덕적인 인간과 여러 면에서 충돌할 수밖에 없다. 이 두 경우의 인간은 대조적이어서 어느 쪽의 성향에 중점을 두느냐에 따라 사회는 큰 차이를 보이게 된다. 그래서 내가 정책 결정자라는 신분을 가졌을 때 이 둘 중 어느 쪽에 중점을 둘 것인가를 생각해 볼 기회를 갖게 되었는데, 난 경제적인 인간에 중점을 두어야겠다는 생각을 갖게 되었다. 정책 결정자의 입장에서 생각할 것은 많지만 가장 중요한 것은 경제 정책이고, 그 다음이 도덕 관련 정책이다. 도덕 관련 정책은 교통질서 유지, 국민의식의 성숙화 등 주로 사람의 마음의 성숙을 유도하려는 정책이라고 할 수 있다. 내가 경제 정책 쪽을 선택한 이유를 설명해 보겠다. 예를 들어, 자신이 경제적으로 매우 어려운 상황에서 길거리에 떨어진 지갑을 발견했다고 하자. 물론 예의 자신은 교육과정에서 도덕의식이라는 것을 충분히 교육받았다는 가정하이다. 이 지갑을 원래 주인에게 돌려줄 수 있을까? 물론 도덕적 의식이 뚜렷한 사람의 경우엔 돌려줄 수 있겠지만, 그러한 사람은 많지 않을 것이다.

이 상황에서 지갑이 주인의 손으로 돌아가도록 하는 방법은 두 가지이다. 첫째로 이 사람을 사전에 경제적으로 조금 풍요롭게 만들어 지갑을 봐도 자신에게 필요성이 그리 크지 않다고 인식하도록 하는 방법이 있다. 이때 아무리 경제적 여유가 있더라도 지갑을 탐하는 사람들도 있겠지만 경제적 여유가 생기기 전보다는 그 수가 덜할 것이다. 둘째로, 이 사람을 도덕적으로 성숙시키는 것이다. 도덕적 성숙이 모두에게 보편적으로 주입되지는 않겠지만 일단 한번 의식을 성숙하게 확립한 사람은 그 의식이 변할 가능성이 적기 때문에 지갑을 줍게 되는 사람의 수를 크게 줄일 수 있다. 이 두 방법 모두 각각 장점을 갖고 있지만 둘 사이엔 큰 차이가 있다. 전자의 경우엔 지갑을 줍지 않아도 잘 살 수 있다. 하지만 후자의 경우엔 지갑을 줍지 않아도 될 만큼 여유를 부릴 수 있는 형편이 아니다.

도덕적 측면에서 본다면 전자보다 후자에게 더 큰 가치를 부여할 수 있을 것이다. 도덕적 소양을 갖고 선행을 한 경우와 그냥 내키는 대로 한 선행엔 차이가 있기 때문이다. 그러나 내 입장은 정책 결정자의 입장이다. 첫째로 중요한 건 국가의 부강함과 국가를 이루는 국민의 경제적 삶이다. 따라서 전자를 택할 것이다. 전자를 택하면 경제적 풍요를 얻음과 동시에 선행 실행 확률도 높일 수 있으니 어부지리의 효과를 얻을 수 있다. 정책 결정자로서의 합리적 선택 추구를 전제로 하고 볼 때 경제 쪽에 중점을 두어야 한다는 것이 최종적인 나의 생각이다.

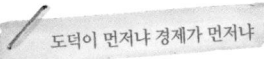
도덕이 먼저냐 경제가 먼저냐

도덕적 양심이 우선이다

권기경 | 서초고 1학년

내가 나라를 이끌어 가면서 선택을 해야 할 때 경제적 이익을 더 추구해야 할까 도덕적 양심에 더 중점을 둬야 할까. 물론 경제적 사고와 도덕적 사고가 합리주의와 이타주의라는 전혀 반대 방향의 목표를 잡고 있기 때문에 어느 하나를 완전히 배제하기보다는 같이 병행하는 게 제일 옳은 일일 테지만 굳이 한쪽에 힘을 더 줘야 한다면 나는 도덕적 양심에 더 중점을 둬야 한다고 할 것이다.

예를 하나 들어 보자. 당신이 리더가 돼서 여행을 가고 있었다. 돈 한 푼 없이 가는 무전여행이 아닌 엠피쓰리나 모자 정도 가지고 다니는 도보여행이라고 하자. 그렇게 다른 이들을 이끌고 일정을 소화하던 도중 당신은 지갑을 발견하게 된다. 지갑 안에는 물론 돈이 있고 여기서 당신은 앞서 말했던 질문에 답을 해야 한다. 지갑에서 돈을 빼다 사용할 것이냐 아니면 주인을 찾아 주게 경찰서에 돌려줄 것이냐.

전자를 택했다면 목적지까지 택시를 타고 갈 수도 있겠고 점심으로 먹으려던 김밥이 참치김밥이 될 수도 있겠고 여행의 편안함이 커질 것이다. 하지만 그뿐이다. 목적지에 도착하면 어떤 사람들은 길거리에서 주운 돈을 쓴 데에 대한 양심의 가책을 느낄지도 모르겠고 여행의 달성이 쉽게 이루어져서 다음 여행이 더 힘들고 고될 수도 있다. 케이크를 먹고 난 뒤의 귤이 달 리가 없을 테니 말이다.

하지만 후자를 택한다면 어떻게 될까. 여행은 물론 전자보다는 힘들 것이다. 더운 날씨에 아이스크림 하나씩 사먹고 싶겠지만 지갑을 되찾아 줌으로써 우리는 더욱 좋은 것을 얻을 수 있다. 바로 신뢰이다. 팀원은 리더에 대한 신뢰가 생기겠고 다른 팀들은 우리 팀에 대한 신뢰가 쌓이겠고 찾아준 사람은 어쩌면 우리에게 사례를 할지도 모른다. 또 그런 것들이 그룹 내의 결속력을 더욱 높여 주고 먹을거리보다 더 여행의 질을 높여 주는 것이다. 또 목적지에 도착했을 때는 그동안의 고난을 이겨 냈기 때문에 다른 어떤 시련도 견딜 수 있는 자신감도 얻을 수 있다. 그래서 그 그룹은 더 발전할 수 있는 잠재적 능력 즉 원동력을 얻게 되는 것이다. 비합리적이었던 선택이 더욱 더 합리적인 결과를 낳게 되는 이상한 일이 생기는 것이다.

물론 어떤 사람은 그 돈을 사용함으로써 다른 팀보다 더 빨리 목적지에 도착하는 게 훨씬 좋은 것 아니냐고 반박할 수도 있다. 하지만 생각해 보자. 길에서 주운 돈으로 여행을 하는 사람들을 다른 이들은 어떻게 평가할까. 편법을 써서 오는 이익이라곤 그때 당시뿐이고 결국에는 그 결과를 가지고 갖은 질타와 책임을 묻는 말들이 오갈 것이다. 이런 움직임들은 비즈니스계에서도 볼 수 있는데 바로 윤리경영이라는 것이다. 그동안 행해 왔던 대기업들의 암흑의 거래와 긁어모은 잉여자금 또는 탈세 같은 행위들에 대해 반성하고 윤리적으로 기업을 경영하자는 뜻을 모은 CEO들이 모여 의논하고 있다는 것이 바로 윤리경영이다. 21세기에 벌어먹고 살려면 윤리경영이란 개념은 꼭 필요하다는 것인데 그만큼 도덕적 양심은 모든 분야에 있어서 중요한 요소라는 근거가 된다.

애초에 이 문제는 장황하게 늘어놓은 앞의 말들 없이 단 한 마디로 끝난다. 인간은 도덕 없이는 살 수 없다. 사람이 기본적인 양심 하나 바로 서 있지 못하고 무슨 대의를 논하겠느냐 이 말이다. 세상의 모든 비양심적인 일들은 밝혀지게 마련이고 바로 잡히게 마련이다. 지금 세상이 어느 때인데 누이 좋고 매부 좋은 일을 마다한단 말인가. 그것은 참으로 경제적이지 못한 거다. 결국 우리는 경제적인 이익을 위해서 도덕적인 판단을 해야 하는 것이다.

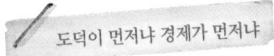
도덕이 먼저냐 경제가 먼저냐

경제와 도덕의 기로에서 길을 묻다

이동근 | 상문고 1학년

우리가 지난번 모임에서 토론해 봤듯이 경제와 도덕이 정반대의 합리적이고 이상적인 인간상을 취하기 때문에 이중 어느 것이 우선이냐, 라고 결정하는 것은 상당히 힘든 일이다. 그런데 여기서 양자택일을 굳이 강요받아야 할 필요가 없다고 본다. 우리는 결국 도덕적 입장과 경제적 입장에서 모두 합리적인 선택을 해야 하므로 열린 사고로 일거양득할 수 있는 그런 대안을 찾아야 한다.

지난번 토론에서 언급되었던 예시를 이용한 생각을 해 보자. 지갑을 주운 사람이건 부모의 집에 얹혀사는 마피아 마약상이든 뭐든 좋다. 그들은 도덕적으로 옳지 않은 행동으로 자신의 경제적 이득을 취해 극단적으로 크게는 생계를 이어나가고 작게는 그 이익을 여가 비용으로도 쓸 수 있다. 그런데 여기서 생각해 보아야 할 것이 당사자의 재정 능력이다. 어쩌다가 돈을 주운 A라는 사람이 있을 수도 있고, 범법 행위로 돈을 버는 사람 B가 있을 수도 있다. 대충 보아도 A는 그 지갑을 가지더라도 별 상관이 없지만 B는 그 행위에 대한 처벌이 필요하다고 생각하는 것이 일반적이다. 그런데 만약 A는 소위 말하는 강남 3%의 땅 부자이고 B는 학력도 중졸이고 관절에 이상이 있어 중노동을 할 수 없으며 집에 부양해야 할 가족이 6명이나 있다. 이런 예시만 들어도 도덕에 가치를 두는 사람들은 B를 오히려 도와주어야 한다고 생각하게 될 것이다. 이렇듯 도덕이란 개인과 개인, 단체와 단체의 입장 차에 따라 기준이 극단적으로 바뀔 수 있는 것이다. 그러므로 국가의 지도자인 우리는 전 세계를 획일화 할 것이 아니라 대략 3개 등급 정도로 나누어서 생각해 볼 필요가 있다.

우선적으로 위에서 말했던 B와 같은 입장인 빈민국의 지도자인 '나' 라면 타국에 대한 시위로 어쩔 수 없이 무력 시위를 택할 수밖에는 없을 것이다. 북한과 같이 핵이라도 있다면 세계적인 지원을 받을 테니 최선의 선택이 아닐 수 없다(물론 북한이 무기 생산을 위해 돈을 쏟아붓는 것이 좋다는 것이 아니다.). 이런 경우 과한 무력 개입이 아니라면 두둔의 시선과 피해자라는 신분을 갖기도 하므로 사회적으로 '비도덕적'인 것만도 아니고, 지금의 입장에서는 자국민이 하루에도 몇 명씩(얼마나 되는지 모릅니다) 죽어 나가는 판국에 도덕론만을 강조하여 정당한 무역으로만 국익을 채워 나간다면, 그래서 계속 자국민이 죽는다면 오히려 그것이 더욱 비도덕적이다. 내 양심을 지키는 것도 도덕적이지만 그전에 '우리' 라는 공동체를 포기한다면 그것은 자살과 같이 비도덕적이므로 빈민국에서는 약간은 범법적이고 무력이 개입된 경제적인 입장이 곧 그들이 취할 수 있는 최선책이라는 것이다.

두 번째로 A도 B도 아닌 그저 중간 정도 사는 나라, 개도국 등등이 있다. 사실 이런 나라에서는 도덕적인 측면을 강조하기가 어려운 게 우리도 그랬고 중국도 그렇듯이 너도나도 잘 살게 돼서 일단 경제적인 선진국이 되자는 일념 하나로 국민들이 움직이고 또한 그것 때문인지 결속력과 애국심도 높다. 이런 국가에서 지도자는 어떻게 해야 할까? 이때부터야 말로 도덕적인 것, 국민의식 향상에 대한 것들이 강조되어야 한다. 뭐 사람으로 치면 조기교육 정도이겠다. 그러나 이때의 도덕 감정은 세계적이고 진취적인 것을 위한 것이라기보다는 이들 나라가 선진국이 되었을 때와 같은 때를 위한 것이다. 훗날 선진국이 되었을 때 국민의식 함량 미달로 추잡한 짓만 한다면 또 곤란하기 때문이다. 가장 좋은 예로는 대한민국이 있겠다. 대한민국이 아니라 일부 해외든지 국내에서든지 외국인 한국인 가릴 것 없이 매너 없는 짓을 하는(지하철에서 자리를 뺏거나 나이 조금 많다고 피차 어린 주제에 초면부터 반말하고…….) 그런 사람들을 보자면 세대교체가 덜 되기는 했지만 그 전까지 우리가 충분히 민주적인 사회에서 자라지 못했기 때문이다. 그러므로 이 중간 계급 국가들은 세계를 위해서가 아닌 자국의 미래를 위한 기본적 도덕, 즉 환경을 자국의 토지 정도가 아닌 세계의 유산으로 생각하고 문화를 포용하는 생각의 발전

단계 정도가 필요하겠다.

그리고 A와 같은 선진국들은 지금과 같은 입장을 취해서는 안 된다. 그들은 이미 성장할 대로 성장한 거대 국가이므로 관용과 배려의 자세가 필요하다. 그런데 그 방법이 문제다. 일단 이들 국가는 기본적으로 빈민국에게 원조를 해 주어야 하며 위에서 말했던 빈민국들의 불가항력적 무력 시위를 원치 않는다면 그들의 땅에 인프라를 적극적으로 설치해 주는 방안이 필요하다. 이것은 그러한 인프라를 갖춤으로써 빈민국은 자국 영토 개발을, 개도국은 주로 중화학 공장이 밀집되어 있으므로 원료 판매의 이익을, 선진국은 평화적 해결과 자국의 기술력을 이용해 돈을 버는(물론 이 선진국이 버는 돈에 대한 것은 자세히 설명할 능력이 안 되지만, 뭐 빈민국들의 장기채권을 산다든지 그 나라에서 얻을 수 있는 만큼 최소한을 가져야 한다.), 모두에게 윈윈 게임이 되는 방안이 필요하고 또한 선진국들은 IMF, WHO, 세계은행과 같은 경제적 원조 기구, 무역기구 등과 OECD와 EU 등과 같은 체제를 가진 국가단체가 빈민국과 개도국 사이에서 각각 나올 수 있게 장려해야 한다.

하지만 위의 주장에서 경제력과 도덕성이 비례해야 하는 것처럼 주장했지만 이 모든 것은 모두가 이익을 얻을 수 있는, 모두가 관용을 베풀 수 있는 그런 상황에서나 이루어질 수 있다. 따라서 각 국가는 위 주장 이전에도 아니고 이후에도 아닌 실행 도중 서로의 이해타산도 배려해야 하지만 각자의 이해관계에서 자신의 이익을 추구하다 보면 시장경제와 같이 보이지 않는 손의 등장으로 서로의 이해관계의 균형이 맞게 되면서 세계적인 발전을 이룩할 것이다.

아직 생각이 여물지 않아 말만 그럴듯하기도 하고 충분히 논거를 제시하지 못하는 등 부족함은 많지만 함께 토론한 후에도 꿋꿋하게 자신의 입장을 견지하며 나름대로 논리를 전개해 나가는 아이들이 몹시 대견스러웠다. 학교에서는 그리도 '하나의 정답' 만을 가르치고 있건만 이 아이들은 결코 그리 길들여질 것 같지는 않아 얼마나 흐뭇했는지 모른다.

이제 아이들이 창조한 신들을 살펴보자. 이 활동은 그리스 로마 신화와 우리 신화에 나오는 신들 중에서 가장 마음에 드는 신과 마음에 들지 않는 신에 대해 얘기 나누다 이왕이면 우리가 신을 하나씩 창조해 보자 하여 즉석에서 쓴 것이라 살은 없고 뼈만 있는 신화이다. 그래도 발상이 꽤나 신선하니 함께 읽어 보자.

아이들이 창조한 신 이야기

신 없애는 신

권기경 | 서초고 1학년

태초가 시작되고 신 만드는 신이 신 만드는 짓을 시작하고 나서도 한참 후인 옛날에 신 만드는 신은 세상이 신으로 포화되었다고 느꼈다. 그래서 신 만드는 신은 신들을 정리하기 위해 신 없애는 신을 만들고야 말았다. 신 없애는 신은 신을 없앨 수 있는 자신의 능력이 너무 마음에 들었던 한편 신 만드는 신 자신은 정작 신 만드는 일을 너무 지겹고 괴롭다고 생각했다. 그래서 신 만드는 신이 자신의 일을 대신해 줄 또 다른 신 만드는 신을 만드는 동안 신 없애는 신은 만천하를 돌아다니며 다른 필요 없는 갖은 쓸데없는 신들을 없애고 다녔다. 심지어 전설의 포켓몬까지 말이다. 세상은 자신들을 관리하던 신들이 갑자기 없어지자 미쳐 돌아갔다. 그러던 어느 날 신 없애는 신은 자신을 만든 신 만드는 신마저 없애 버려서 진정한 신 없애는 신이 되려고 마음먹었다. 신 만드는 신과 신 없애는 신은 대혈투를 벌이는 바람에 세상이 들썩거렸는데 결국 신 만드는 신은 자신이 신 만드는 일이 하기 싫어 신 없애는 신의 손에 없어졌다. 그래서 요즘 세상에 더 이상 신이 없는 것이다.

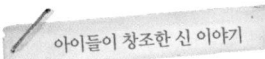
아이들이 창조한 신 이야기

사상의 신 이야기

김동한 | 남강고 1학년

옛날 옛적 한반도에서 백성을 다스리던 단군왕검이 백두산과 한라산의 정기를 받아 알을 하나 낳았어. 하지만 알은 시간이 지나도 부화를 하지 않는 거야. 그러자 단군왕검이 나라에서 지혜롭다고 소문난 사람을 불러 물어보았는데, 그 사람이 대답하길 "이 알에서는 두 아들이 태어날 것입니다." "두 아들은 지금이 아닌 먼 훗날 어지러운 세상에서 태어날 운명인데, 두 아들은 본래 한 알에서 태어났기 때문에 다시 한 몸이 될 때, 이 세상에서 가장 강한 나라를 다스릴 것입니다."라는 예언을 하는 거야. 단군왕검은 이 말을 듣고 깜짝 놀라 백두산 깊은 곳에 이 알을 숨겨 두었어.
시간이 흘러 알은 부화를 했고, 예언대로 두 사내아이가 태어났어. 두 아이는 백두산 신선의 가르침을 받고 자랐는데, 어찌나 총명하고 용감하던

지 두 아이가 열 살이 되던 해 백두산 호랑이를 잡을 정도였어.

그러던 어느 날 두 아이는 사춘기가 되자 싸우기 시작하는 거야, 백두산과 한라산의 정기를 받고 태어난 두 아이는 목소리가 얼마나 큰지 둘이 싸우는 소리에 백성들은 하루도 편하게 지내지 못했어. 그러다 결국 형은 남쪽으로 동생은 북쪽으로 흩어져 각자 자신의 나라를 세우고 전쟁을 하는 거야. 보다 못한 두 사내의 스승이 나타나 각각 백두산과 한라산에 봉인해 버렸어. 그러자 두 나라는 조용해졌지.

시간이 지나자 봉인된 두 형제는 서로의 잘못을 뉘우치고 화해하고 싶지만 봉인되어 있기 때문에 아직 서로의 마음을 전하지 못하고 있대. 두 나라의 백성들은 봉인이 풀리면 두 형제는 한마음이 되어 자신들의 나라를 세상에서 가장 강한 나라로 만들어 줄 것이라 굳게 믿고 있대.

아이들이 창조한 신 이야기

아차 신 이야기

장한솔 | 남강고 1학년

옛날옛날 한 옛날에 한 남자가 살았습니다. 그의 이름은 프라이버시 때문에 말을 안 하겠지만 그의 별명은 말해 드릴 수 있습니다. 바로 '아차' 입니다. 그 이유가 뭔고 하니 어딜 가나 무엇인가를 '아차' 하고 놓고 올 때가 많기 때문입니다. 또한 '아차!' 한 사이에 내기에서 진 일도 태반이었습니다. 그러나 그는 괜찮았습니다. 아름다운 부인이 있었기 때문입니다.

그러던 어느 날, 길을 가던 한 나그네가 그와 그의 아내를 보았습니다. 그의 아내가 정말 미녀였던지라 그가 '아차!' 한 사이에 나그네는 부인을 들고 그의 고향으로 도망갔습니다. 아차는 전력을 다해 쫓아갔습니다. 그러나 나그네가 들어간 곳은 궁궐이었습니다. 나그네는 바로 왕자였던 것입니다. 그는 허탈해졌습니다. '아아, 신이시여. 저는 어찌하면 좋겠습니까.' 그런 생각을 했을 때, 웬 할아버지가 뱀과 독수리 그리고 거북이를 들고 그의 앞에 나타났습니다. "당신은 누구신가요?" "난 신이니라." 자칭 신은 그에게 동물 세 마리를 넘겨 줬습니다. "이 뱀은 아담과 이브로 하여금 사과를 따먹게 한 뱀의 후예이니라. 그 누구든지 유혹하지. 그리고 이 독수리는 이집트에서 직수입한 그리폰과 우리 토종 독수리를 교배시킨 독수리이니라. 전투에서 큰 힘을 발휘할 게야. 그리고 마지막으로 이 거북인 자네에게 올바른 길을 인도할 걸세." 그는 무슨 말인지는 잘 몰랐지만 그래도 이 동물들이 자신을 도와줄 수 있다는 걸 깨닫고 신에게 꾸벅 절하였습니다. 신은 미소를 띠며 사라졌습니다. '자, 그럼 가 볼까.' 라고 생각하며 그가 주먹을 움켜쥐었을 때 그의 팔 안에 있던 동물들이 달아났습니다. '아차!' 한 사이에 일어난 일이었습니다. 그는 눈앞이 깜깜해졌습니다. '최소한 한 마리라도 잡자.' 그래서 그는 제일 느려 보이던 거북이를 찾았습니다. 그러나 거북이는 벌써 저 멀리 도망가고 있었지요. "거기 서!" 그는 쫓아갔습니다. 그런데 뭔 놈의 거북이가 이리도 빠른지 도저히 따라잡을 수 없었습니다. 그가 포기하려고 할 때 옆에서 낮익은 목소리가 들렸습니다. 그의 아내였습니다. 그는 기쁨의 눈물을 흘리며 그녀를 끌어 안았고 도망칠 궁리를 하기 시작했습니다. 그런데 저 멀리서 병사들이 오는 것이었습니다. '이 일을 어쩌지.' 그런데 그때 뱀이 나타나면서 병사들이 다른 길로 가게끔 유혹하고는 사라졌습니다. 그래서 그는 정문까지 갈 수 있었습니다. 그러나 정문에는 너무도 많은 병사들이 진을 치고 있었습니다.

'이 일을 어쩌지.' 그런데 역시 이때 하늘에서 독수리가 날아오더니 병사들을 전멸시켰습니다. 그는 동물들에게 감사하며 문을 막 나가려 할 때 그만 '아차' 해서 넘어져 버리고 말았습니다. 힘을 내 일어나 보니 그의 눈앞에는 왕자가 검을 차고 있었고 단칼에 그의 목을 잘라버렸습니다.

그렇게 억울하게 죽은 그는 원혼이 되어 저승에도 가지 못하는 떠돌이 생활을 하게 되었습니다. 그런 그가 불쌍했던 염라대왕은 그를 아차 신으로 만들어 세상의 '아차' 하는 사람들을 도와주라 명하셨습니다. 그래서 그는 거북이 등에 타고 양 어깨에 뱀과 독수리를 올려놓은 모습으로 그러한 사람들을 돕기 시작한 것입니다.

나는 이러한 활동을 학교 아이들과도 할 때가 있는데 그때마다 너무도 의외의 신들이 창조되는 바람에 깜짝 놀라곤 한다. 독서모임 아이들 역시 똑같았다. 신 없애는 신, 사상의 신, 아차 신. 장난기 가득하지만 얼마나 기발한가. 신 없애는 신 이야기는 비록 뼈대밖에 없는 이야기이긴 하지만 평상시 만물의 근원을 생각해 보지 않았다면 나오기 힘들었을 테고, 사상의 신 이야기는 요즘 아이답지 않게 민족의 문제를 염두에 두고 사는 것 같아 놀랍고(이 이야기를 쓴 아이는 이때부터 모임 활동을 함께 하게 되었다.) 아차 신 이야기는 사건의 전개가 신선하고 재밌다. 이런 아이들을 가만히 보고 있으면 참으로 아이들은 유연하고 그 안에 무궁무진한 힘을 지니고 있는 존재라는 생각이 든다. 또한 창조는 모방으로부터 나오기 마련이고 풍부한 독서야말로 창조의 지름길이라는 사실을 거듭거듭 확인한다.

이제 셰익스피어와 16세기 이전의 서양 고전으로 넘어가 보도록 하자. 이 주제는 그동안 아이들이 읽은 서양의 고전문학이 주로 18세기 이후의 것들이었기에 그 이전의 작품들도 읽어 봐야 하지 않을까 하는 생각에서 권한 것이었는데, 셰익스피어의 경우에는 그 작품들이 워낙 유명하여 실제로 작품을 읽은 적이 없음에도 내용을 다 알고 있어, 우리 작은 아이처럼 이야기라면 무조건 좋아하는 아이를 제외한 나머지 아이들은 그다지 재미있어 하지는 않았다. 그리고 16세기 이전의 작품은 호메로스로부터 셰익스피어에 이르기까지 세 작품 정도를 골라 읽은 후 서양문학의 맥을 짚어 보든지 그것들이 담고 있는 문화와 지향하는 가치 등을 살펴보라 했는데 처음으로 아이들이 '참 어렵다'는 말을 했다. 사실 제대로 하려면 1~2주 정도로는 어림도 없는 일이거니와 겨우 세 작품 정도로 서양문학의 맥을 운운한다는 것이 무리이긴 했다. 그래도 아이들은 각자 할 수 있는 만큼씩 책을 읽고 토론하고 글을 써서 발표했다. 함께 읽어 봐도 좋을 것 같아 16세기 이전의 작품들을 읽고 쓴 글 두 편 소개한다.

서양 고전문학 읽기

호메로스에서 셰익스피어까지 다리를 놓아 보자

장한솔 | 남강고 1학년

우리 독서모임에서는 지지난 주까지 셰익스피어의 문학 작품들을 읽었다. 그러고 나서 16세기 셰익스피어 때까지의 서양문학의 맥을 잡기 위해 16세기 이전의 고전소설들을 읽기 시작했다. 과연 고전소설들과 셰익스피어의 작품은 어떠한 차이가 있고 그 당시 정치, 문화, 사회 등은 각 소설들에게 어떠한 영향을 끼쳤을까?

16세기 이전 고전소설(1) – 호메로스의 《일리아스》《오디세이》

시간의 순서대로 보았을 때, 호메로스의 《일리아스》와 《오디세이》는 셰익스피어의 작품보다 한참 전인 B.C 900년쯤에 쓰인 고전소설이다. 《일리아스》는 트로이 전쟁 9년째의 약 50일 정도를 다룬 작품으로 아킬레우스의 친구 파트로클로스가 헥토르한테 죽임을 당하고 그에 대한 복수로 아킬레우스가 다시 헥토르를 죽인 후 시체를 능멸하다가 헥토르의 아버지인 프리아모스왕의 간청으로 시신을 돌려준 후 장례식을 하면서 끝나는 내용이고 《오디세이》는 트로이 전쟁이 끝나고 그리스의 영웅 오디세우스가 집에 돌아가면서 겪는 모험을 보여 주는 내용이다.

이 작품들의 특이한 점은 우선 그리스 로마 신화에 대한 이야기이면서도 신에 대한 이야기가 아닌 인간의 이야기를 하고 있다는 점이다. 물론 그리스 로마 신화가 상당히 인간 중심적이긴 하지만 그래도 신화라고 한다면 신들이 중심이 되어 그들의 전지전능함으로 이 세상을 어떻게 만들고 유지시켰는지에 대해 얘기하며 옛 사람들에게 신에 대한 믿음과 종교로 인한 통합을 가능케 했던 문학이다. 그러나 호메로스의 두 작품에서 그런 것은 보이지 않는다. 이것은 무엇을 의미하는 것일까. 인간 영웅들의 이야기를 보여 주면서 그들의 능력, 그들의 위대함을 나타내고 결국은 신과 함께 추앙 받는 영웅이 되는 것으로 '인성 속에서의 신성의 창조'를 보이려 했던 것이 아닐까. 고대 그리스의 인간 중심 문화를 문학 작품 속에서 그대로 보여 준 것이다.

그러나 이 두 작품은 고대 그리스의 썩은 고름을 보여 주기도 한다. 당시 고대 그리스 사회는 시민이라고 하면 오직 성인 남성만이 그 대상이었고 그것도 여성, 노예 등은 절대 시민이 될 수 없었다. 이러한 남성우월주의와 여성과 노예에 대한 분명한 선 긋기, 그리고 아버지 중심의 가부장적 사회가 이 두 작품에 나타나 있는 것이다. 우선, 《오디세이》에서 보자면 오디세우스라는 부권의 상징이 없는 집에 찾아오는 다른 남성들의 손길들, 그러나 텔레마코스라는 아직 모성 속에 젖어 있는 남성은 그것을 막아내지 못한다. 그렇기 때문에 그는 모성에서 벗어나 아버지를 향해 가고 그 길에 다른 여러 부권의 상징들을 만나면서 진정한 성인 남성으로 되어가고 드디어 오디세우스와 만났을 때는 진정한 부권과의 결합을 통해 모성으로부터의 일탈에 성공하고 또 다른 부권의 상징이 된다는 것이다. 그리고 집에 돌아간 오디세우스의 화살이 일렬로 선 도끼 구멍을 통과하는 것으로 모든 구혼자가 돌아가게 되었을 때, 가부장적 사회는 최고조에 달하게 된다. 이는 고대 그리스 사람들에게 가부장적 질서와 남성우월주의를 계속해서 퍼뜨리는 좋은 도구였을 것이다. 그리고 《일리아스》에서는 헬레

나라는 여성 때문에 전쟁이 시작했다는 것으로 여성에 대한 비판을 하고 고대 그리스의 귀족들이 자신들을 영웅들로 이상화해서 권위적 존재로서, 그리고 강력한 가정 내 질서 수립자로서 나타나게 한 것이다.

이처럼 호메로스의 두 작품은 고대 그리스 사회의 인간 중심의 문화를 우리에게 보여 주기도 했지만 그들의 잘못된 정치적, 사회적 질서를 계속 유지시켜 나가는 하나의 축이기도 하였다. 그렇다면 그 이후의 작품들은 어떠하였을까?

16세기 이전 고전소설(2) - 단테의 《신곡》

호메로스 이후 세상은 가톨릭교에 의해 인간 중심의 사회에서 신 중심의 사회로 변화하였다. 그러나 르네상스 운동으로 다시 인간을 중심에 세우려는 노력이 있었다. 그러한 르네상스 운동 초기에 바로 단테가 살았다. 그의 《신곡》은 〈지옥 편〉〈연옥 편〉〈천국 편〉 총 3편으로 이루어져 있는데 단테 그 자신이 주인공이 되어 지옥, 연옥, 천국을 돌아보면서 신에 대한 믿음과 깨달음을 다시 새롭게 한다는 내용이다.

그러나 중세에서 르네상스 시대로 넘어가는 과도기에 만들어진 작품인지라 그러한 성향을 드러내는 특징들이 많다. 우선 신을 만나 구원을 받으려는 중세적 사고가 들어 있음에도 인간 중심 사회로 대표되는 고대 그리스와 로마의 신화 속에 나오는 인물들과 생명체들이 계속해서 등장한다. 또한 지옥에서 벌을 받고 있는 대부분의 사람들이 교황, 추기경, 수도승, 수녀와 같은 신을 믿는 자들의 집합이었다는 점도 가톨릭교가 엄청난 힘을 가지고 있던 중세와는 또 다른 점이라고 할 수 있겠다. 그리고 연옥에서 모든 인간의 본성과 이성을 털어버린 채 오직 신앙만을 가지고 살아 있는 몸으로 천국에 감으로써 '신을 믿으면 인간은 죽어서 천국에 간다.' 라고 말한 교회에 대한 비판도 보이고 있다. 하지만 대조적으로 지옥과 연옥에 있던 사람들을 보면 당시 중세 사회가 요구했던 인간상을 마련하는데 꽤 힘을 쓴 것 같다. 신을 믿지 않는 자들을 지옥의 맨 밑바닥에 둔 것이나 죄를 저질러도 마지막에 신앙을 가지면 지옥에 가지 않고 천국으로 갈 수 있는 발판인 연옥으로 가게 된다거나 하는 점에서 볼 때 말이다.

단테는 호메로스와 마찬가지로 인간 중심의 사회를 꿈꾸며 교회에 대해 비판적인 글을 썼지만 그와 동시에 당시 남아 있던 중세적 사고를 버리지 못하고 중세의 인간 전형을 보여 주기도 하였고 결국은 신에게 다가가려는 마음을 비추기도 하였다. 그러면 그 이후 어떻게 변화하였을지 이제 셰익스피어 때로 넘어 가도록 해 보자.

16세기 소설 – 셰익스피어의 '4대 비극' 과 '5대 희극'

호메로스, 단테를 거쳐 드디어 셰익스피어에 도달하였다. 르네상스 후기 시대로 르네상스 운동이 만들고자 하였던 인간 중심의 사회가 정점을 맞이했을 때가 아닐까 싶다. 그러한 때 쓰인 셰익스피어의 작품들, 과거와 비교했을 때 과연 얼마나 달라졌을까?

우선, 단테의 《신곡》과 비교해 보았을 때, 신과 교회 중심적 성향이 상당 부분 사라졌다. 셰익스피어의 작품에서 그러한 성향을 직접적으로 보이는 작품은 《베니스의 상인》뿐, 다른 작품들에선 오히려 발전된 인간 중심적 사고가 엿보인다. 그 예로 '4대 비극' 중 하나인 《햄릿》에서는 사랑과 권력에 관한 문제를 다루고 《리어왕》에서는 인간의 탐욕을, 《맥베스》에서는 인간의 운명을, 《오셀로》에선 질투의 문제를 다룬다. 이러한 것들은 전부 인간의 감정과 본성으로 지극히 인간 중심적인 것들이다.

그리고 호메로스의 《일리아스》《오디세이》와 비교해 보았을 때, 인간 중심인 것은 비슷하지만 남성우월주의나 여성에 대한 비하는 줄어들었다는 것을 알 수 있다. 물론 셰익스피어의 '5대 희극' 중 하나인 《말괄량이 길들이기》에서 볼 때 여성이 남성에 순종하는 것 때문에 그렇게 보지 않을 수도 있지만 같은 5대 희극인 《뜻대로 하세요》와 《십이야》 같은 경우에서 볼 때 여성을 주인공으로 내세우는, 호메로스뿐만 아니라 단테의 작품에서도 볼 수 없었던 방법을 사용하고 있다. 또한 주인공은 아닐지라도 《베니스의 상인》에서도 여성이 궁지에 몰린 남성을 도와주는 것으로 여성의 지혜가 이처럼 뛰어날 수도 있다는 것을 보여 주고 있다. 하지만 당시 사회가 아직까지는 여성에 대해 그렇게 열려 있지 않았는지 위의 세 작품 모두 여성이 남장을 하고 나온다는 점이 조금 아쉽기는 하였다. 또 셰익스피어에게 실망한 점이 있다면 아직까지도 입체적 성격을 가진 인물이 등장하지 않았다는 점이겠다. 선하면 선한 쪽으로, 악하면 악한 쪽으로 쭉 나가는 그런 인물들만 나와서 좀 싱겁고 지루했다.

이처럼 호메로스부터 셰익스피어까지의 서양 문학의 맥을 잡아 보려고 노력했다. 역시 당대 가장 유명했던 작가들의 작품이라 그런지 당시 사회적 상황과 문화가 더 잘 드러나 있었던 것 같다. 내가 그들을 통해 본 서양 문학은 인간과 교회의 싸움의 증거라고 할 수 있을 정도로 그들의 투쟁을 잘 반영해 주고 있었다. 이 문학들만 쭉 읽어도 인간을 중심으로 했던 고대 그리스에서 로마를 거쳐서 가톨릭이 힘을 잡아 신에 대한 복종을 강요했다가 르네상스 운동을 통해 고대 그리스 로마 사회를 재현하려는 움직임 등을 한눈에 잡아낼 수 있을 것 같다. 시간 상 멀리 떨어져 있는 작품들을 이렇게 다리를 놓으며 읽는 맛도 꽤 괜찮은 것 같다.

서양 고전문학 읽기

《우신예찬》과 《유토피아》로 보는
16세기 북유럽 르네상스 문학의 인문주의와 개혁정신

권기경 | 서초고 1학년

15~16세기의 르네상스 문학은 인문주의의 전파 시기라고 볼 수 있다. 최초로 이탈리아에 르네상스가 발현하면서 보다 인간다움을 중요시하는 휴머니즘이 유행하게 되었고 그 척도로 《그리스 로마 신화》 같은 고전이 각광받게 된다. 고전을 연구함으로써 새로운 인간상을 세우려던 운동은 르네상스의 인문주의라는 말로 불리게 되는데 14세기 단테의 신곡을 선두로 15~16세기에 인문주의는 유럽 전역으로 퍼져 나가게 된다. 16세기 말 무렵에 에스파냐가 유럽의 패권을 쥐게 되면서 르네상스도 그에 따라 성격을 바꿔 가며 진보해 나간다. 절대왕권을 확립하고 있었던 에스파냐에서는 기사도 정신과 서민문화가 융합되었고 그 결과 세르반테스의 《돈키호테》란 걸작이 탄생하게 된다. 그 후 프랑스로 옮겨 갔던 르네상스는 종교 전쟁을 거치면서 네덜란드와 영국으로 넘어가게 되고 토머스 모어와 에라스뮈스를 내세우며 기독교적 인문주의를 주창한다.

우선 16세기 북유럽의 사회상을 알아야 할 필요가 있는데 15세기에 영국은 왕권 다툼을 종식시키고 장미전쟁을 끝내게 된다. 전쟁이 끝남과 동시에 튜더왕조가 들어서면서 왕권 안정을 도모하였고 그 결과 대륙과의 사회문화적 교류가 늘어나게 된다. 종교개혁과 르네상스 역시 대륙에서 봇물처럼 쏟아져 들어온 사상 가운데 하나였다. 게다가 콜럼버스의 신대륙 발견으로 인해 미개척지에 대한 상상력까지 불타오르게 되면서 영국은 르네상스, 종교개혁, 인문주의가 주를 이루게 되는 과도기를 맞게 되고 그 변화의 규모 또한 엄청났다.

토머스 모어와 에라스뮈스는 바로 이 과도기 때에 활동을 하게 되는데 찰스 디킨스의 《올리버 트위스트》 정도까지는 아니더라도 영국은 산업혁명 초기에 들어서면서 사회적으로 대단한 혼란을 겪고 있던 시대였다. (에라스뮈스는 네덜란드 사람이긴 하지만 토머스 모어와 시기적으로나 기독교적 인문주의라는 사상적으로나 일맥상통하기 때문에 같이 쓰겠다.)

에라스뮈스의 《우신예찬》에서는 특히 교회의 부패에 관한 풍자가 들어 있다. 모어의 이름에서 모티프를 따 만든 모리아라는 우매한 여신이 등장하고 현실 세상에서 일어나는 어리석은 일들은 죄다 자기의 힘이라고 과시하는 내용이다. 문제는 그런 어리석은 일들이 너무 많아서 책 한 권을 엮을 만큼이라는 것인데 학자들의 의미 없는 토론이라거나 위선적인 성직자와 교황, 부패한 교회의 현실, 이런 것들이 모두 모리아 자신의 승리로 이루어졌다며 스스로를 예찬하고 인간들을 비웃는다. 에라스뮈스는 《우신예찬》을 머리를 식힐 겸 쓴 작품이라고 회고했지만 실제로 그 영향은 종교계를 두 쪽으로 갈라놓는 핵심적인 역할을 했다. 그만큼 이 책이 현실을 적나라하게 비판하고 찔리는 사람들을 잔뜩 긴장하게 만들었다는 것인데 점점 배타적으로 변하는 사회적 태도를 짚어 냈다는 데에서 아직까지 고전으로 인정받고 있는 것이다.

《유토피아》 또한 이런 현실들을 여실히 반영하고 있다. '어디에도 존재하지 않는 땅' 이라는 뜻의 유토피아란 나라를 이야기하면서 그 당시 영국이나 유럽의 정치 제도와 생산제도에 대해 날카로운 비판을 한다. 두 권으로 구성되어 있는 이 책은 1권에서는 유토피아에 나녀온 라파엘이란 사람이 우매한 정치인, 아첨꾼 그리고 성직자들을 이야기하며 부패한 영국 상을 이야기한다. 우습게 들릴 것을 두려워해서 비인습적인 것을 말하지 못한다거나, 사태를 바로 잡지는 않고 겉만 포장해 악화만 막으려는 근시안적 행동에 대해 비판하고 윗사람들은 법을 가지고 사람들에게 명백한 양심을 갖고 죄를 짓도록 만든다고 주장한다. 결국 사유재산이 이 모든 악행들을 만들어 냈다면서 자본주의를 없애고 유토피아처럼 자본을 공동 분배해야 한다고 말한다. 이런 이야기를 듣고 유토피아에 대해 상당한 의구심이 든 모어를 위해 2권에서 라파엘은 유토피아의 정치, 경제, 군사, 종교, 교육, 문화에 대한 모든 걸 알려 준다. 책에서는 유토피아를 '매우 적은 법으로 만사를 효과적으로 운영하고 개인적 공적을 만인의 동등한 번영과 결부시켜 인정하는 현명한 제도를 가진 나라' 라고 설명한다. 유토포스라는 사람이 이곳을 정복하고 유토피아라 이름 짓고 원주민들을 거느리기 시작한 게 이 나라의 시작인데 각 도시마다 토지를 고르게 분배해 경작하게 하였다. 유토피아에서는 일하는 시간이 정해져 있고 충분한 휴식시간을 갖는다. 노예가 있어 잡일을 담당하고 유토피아인들은 죄다 똑같은 옷을 직접 만들어 입는다. 밥도 식당에서 지정된 시간에 단체로 먹고 자신이 하고 싶은 일에 종사하는 가정에 입양되어 길러진다. 시장이나 마을의 대표는 비밀선거를 통해 평생 그 직업을 맡게 되고 창피 당하지 않기 위해 양심껏 행동하고 솔선수범을 보이며 노동한다. 종교는 자유이며 서로 자신의 종교를 남에게 강요하지 않는다. 각자가 숭배하는 신들은 다르지만 신의 이름은 미트라스로 통일되어 있고 모두 같은 교회에서 예배를 본다. 유토피아의 도덕철학에서는 합리적이고 이성적인 쾌락은 건강한 것이며 즐겨야 한다고 이야기한다. 고대 스토아학파와 에피쿠로스학파가 이성과 쾌락을 존중했다는 것으로 미루어 볼 때 이것은 고대 로마의 헬레니즘을 연구하던 르네상스 휴머니즘과 정확히 일치한다고 볼 수 있다. 또 특이한 점은 화폐가 없다는 점이다. 유토피아는 모든 것이 공동분배이기 때문에 돈을 사용하지 않고 상점에서 물건을 쓸 만큼 가져다 쓰고 물건들은 항상 넘쳐나기 때문에 사람들은 과욕을 부리지 않는다. 또 금이나 은은 죄수의 수갑에 사용해 그 가치를 떨어뜨리고 보석은 아이의 장난감으로 만들어서 클수록 치욕을 느껴 보석을 지니지 못하게 만든다. 따라서 외국인들이 들어와 보석이나 금, 은으로 매수한다 쳐도 그들은 별 관심을 가지지 못하고 도리어 조롱당하게 된다.

이로써 알겠지만 유토피아는 말 그대로 그 어디에도 존재하지 못한다. 공산주의 같은 사상적 논의를 떠나서 경제학적 관점에서 본다 하더라도 자본의 정확한 분배 따위 가능할 리가 없고, 인간이 갖는 불로소득에 대한 매력 또한 만만치 않을 것이기 때문에 노동력은 점점 감소할 것이 뻔하다. 결국 유토피아의 사람들은 전부다 이상적인 인간들이기 때문에 그 모든 것이 가능하다는 소리이다. 이런 공상 하나 갖다 놓고 무엇을 취하겠나 싶기도 하지만 공상은 공상 나름대로 무의식 속에서 반영된 현실이라는 토대를 가지고 있기 때문에 진실적인 면모를 갖추고 있다. 이 책이 망상이 아닌 이상 우리는 유토피아라는 이론적으로만 존재하는 것만 보고 있음에도 사회의 근본적이고 본질적인 문제점들 또한 볼 수 있게 되는 것이다.

이렇듯 16세기 북유럽 르네상스 문학은 인문주의와 종교개혁이 합쳐져 사회개혁의 성격을 많이 띠게 된다. 유토피아 문학이 성행한다는 것은 그만큼 사회적으로나 도덕적으로나 불안이 고조된 시대라는 방증이고 《우신예찬》이나 《유토피아》를 읽으면서 현재 상황을 비춰보게 되는 것은 그 비판의 생명력이 매우 대단하다는 뜻이다.

사실 이 두 책만 가지고 16세기 르네상스 문학을 꿰뚫었다고는 할 수 없지만 적어도 그 맥락 정도는 짚을 수 있었다. 또 토머스 모어와 에라스뮈스가 친구라는 놀라운 사실도 알게 되었는데 절친한 두 친구가 쓴 책이 16세기 북유럽 르네상스 문학의 양대 산맥이었다니 대단하다고 느꼈다. 그런데 한 가지 의문이 드는 것은 《유토피아》에서 모어는 종교의 선택에 관해 굉장히 자유롭고 관용적인 태도를 취했는데도 실제 정치에서는 그렇지 않고 신교도 박해에 대해 침묵했다는 점이다. 유토피아가 공상인 만큼 그때 당시의 실제 정치에서는 맞지 않다고 생각했던 것일까, 아님 그런 큰일을 할 용기가 없었던 것일까. 모어나 에라스뮈스나 현실의 부조리는 정확히 알고 있었지만 모어는 참수형을 당했고 그것을 보고 회의를 느껴 소요를 떠나 조용히 죽음을 맞이한 에라스뮈스를 보면 당시 유토피아의 꿈은 너무 혁신적이었는지도 모르겠다. 그리고 솔직히 말해 3백 년이

나 지난 지금도 적당한 시기라고는 자신 있게 말하지 못하겠다. 하지만 한 가지 확실한 것은 16세기 후대의 인문학자들이 해 주었듯이 우리가 유토피아의 이상을 추구하는 한 적어도 인간은 퇴보하지 않으리라는 것이다.

아이들의 발표를 듣고 있다 보면 '참으로 아이들이 쑥쑥 자라는구나!' 하는 생각에 흐뭇하다가도 아직도 우리나라 학교에서는 교과서 위주의 단순암기식 교육이 절대적임을 알고 있기에 마음이 착잡해질 때도 많았다. 선진국 여러 나라에서는 아이들이 다양한 책과 자료들을 찾아 읽으며 스스로 배우고 탐구하는 일들이 학교에서 일상적으로 이뤄지고 있고 공공 도서관에서는 우리 독서모임 같은 독서클럽을 여럿 운영하고 있다던데, 어째서 우리는 아직도 이런 일들이 개인의 몫이어야 하고 학교 공부와 스스로 배우고 탐구하는 일이 별개여야 할까? 더욱 앞으로 우리 아이들이 살아가야 하는 21세기는 어느 때보다 '상상력'과 '창의성'을 요구하고 남이 시켜서 움직이는 사람이 아니라 스스로 일을 찾아 움직일 줄 아는 능동적인 사람을 필요로 한다는데 말이다. 아이들이 읽고 쓰고 발표하고 토론하며 스스로 쑥쑥 성장하는 모습을 지켜볼 때마다 왜 이렇게 좋은 방법을 학교 수업에서는 마음껏 적용할 수 없는지 답답하고 안타까웠다. 학교 수업 시간을 통해 전국의 아이들 모두 이처럼 호메로스와 셰익스피어, 에라스뮈스(물론 다른 작가여도 된다!)를 읽고 자신의 생각을 자유롭게 발표하고 토론할 수 있는 날은 언제인 것일까?

안타까움은 잠시 접어 두고 이제 아이들이 3개월여에 걸쳐 자유롭게 읽은 17세기 이후의 서양 고전소설에 대한 독후감 세 편을 함께 읽으며 아이들의 내면에서 일어난 일들을 살펴보자.

서양 고전문학 읽기

달과 6펜스, 스트릭랜드를 비판한다

이동근 | 상문고 1학년

'달과 6펜스' 라는 제목에서 달은 인간의 감성을 설레게 하는 예술과 같은 존재이고 6펜스는 그 당시의 최소 화폐 유통 단위로써 물질적이고 세속적인 것을 의미한다. 서술자는 주인공인 스트릭랜드가 안정된 증권가의 삶에서 예술가로서의 길을 걷는 모습을 경험과 자기 나름의 추측으로 풀어나간다. 그리고 주인공인 스트릭랜드는 결국 성공하지 못한 예술가로 생을 마감한다.

독서를 하는 과정에서 화자가 남, 그러니까 다른 사람들이 속한 계급은 성격이 이렇고, 저런 사람은 대개 어떻고 하는 모습을 독백으로 보여 준다. 매우 지루하고 오만해서 그만 읽고 싶을 정도였으나 다 읽고 난 뒤 생각해보면 지극히 평범한, 나와 같은 소시민을 표현한 것으로 나는 스트릭랜드와 대비되는 인물이었구나, 생각된다. 스트릭랜드는 가족을 아무렇지 않게 버리고 은인의 아내를 빼앗고 또 다른 은인들에게 해를 입혀도 죄책감을 느끼지 않는 특이하고 파렴치한 인물이다. 화자 또한 이러한 그를 욕하고 이해할 수 없으며 책을 읽는 나 또한 그렇다.

다만 이 예술가가 사후에 지독한 천재로 평가 받음으로써, '아! 대인의

첫걸음을 소시민들은 이해할 수 없는 것이구나!' 라는 생각은 들 수 있지만, 그러해도 인간적으로 남에게 해를 끼치는 이런 사람은 '파렴치한 사람'이라는 생각이 강하다.

물론 이런 비윤리적인 대인과 윤리적인 소시민 중 맞는 인생도 없고 틀린 인생도 없다. 다만 가족을 버리고 스트릭랜드가 한 말 "나는 그림을 그려야 하오. 잘하건 못하건 그림을 그려야 한다지 않소. 물에 빠진 사람에게 수영을 잘하느냐 못하느냐는 중요하지 않소. 헤어 나오는 것이 중요하지. 나는 지금 그려야 합니다."라는 말은 요즘같이 모두가 획일화된 사회에서 진정으로 하고 싶은 것을 하지도, 그것이 무엇인지도 모르는 이때에 대인이건 소인배이건 우리 모두 깊이 새겨들어야 할 말이라고 생각한다.

서양 고전문학 읽기

《달과 6펜스》 감상

권기경 | 서초고 1학년

《달과 6펜스》는 후기 인상파 화가 폴 고갱을 본떠 만든 스트릭랜드라는 사람의 일생에 대한 이야기이다. 스트릭랜드는 런던의 주식 브로커였지만 어느 날 처자식을 버리고 파리로 건너가 그림을 그리기 시작한다. 그 동기는 지극히 단순하게도 '그림을 그리고 싶어서'가 전부였다. 바람이 났다는 주위의 소문이 무색하게 스트릭랜드는 여자, 술, 돈에는 관심 없는 오직 그림만 그리는 삶을 산다.

허름한 집에서 먹을 게 없어 병이 들기도 하고 거지들과 노숙하면서도 불후의 명작들을 남긴다. 불행히도 그 그림들은 스트릭랜드가 죽고 한참 후에나 진가를 발휘하게 되는데 그가 살아있을 때는 조롱만 받는다. 파리에서의 삶이 궁핍해지자 그는 타히티라는 열대 섬으로 들어가게 되고 아타라는 여자를 만나 아이까지 낳고 행복하게 살지만 결국은 문둥병에 걸린 장님이 되어 처참하게 죽는다.

'달과 6펜스'란 제목에서 이 작품의 주제를 알 수 있는데 '달'은 마음을 설레게 하는 상상의 세계나 열정을 뜻하고, '6펜스'는 물질세계와 세속적 가치를 나타낸 것이라고 한다. 결국 스트릭랜드는 6펜스에서 달로 전향한 사람을 말하고 있는 것이다. '달'이나 '6펜스'나 둥글고 밝다는 점에서 공약수를 가지고 있지만 '달'은 하나뿐인 이상이고, '6펜스'는 어디에나 굴러다니는 현실이라는 것이 다르다는 점에서 제목이 갖는 적절함에 상당히 놀랐다. 이 작품에 대한 설명을 들었을 때 단순히 예술적 가치관이나 세계에 대한 경외심이나 찬미를 표현한 작품인 줄 알았지만 딱히 그렇지만도 않았다. '6펜스의 세계'에서 날아올라 '달의 세계'로 도약할 때 우리가 감당해야 할 윤리적 책임이 바로 그것이다. 단지 예술적 재능이나 개성이 있다고 해서 처자식을 버리고, 남을 가슴 아프게 만들고 심지어 자살로 몰아가면서 여러 사람의 인생을 파탄 내는 게 용서되는 것일까. 비록 그의 작품을 통해 인류는 지적으로, 예술적으로 한 단계 상승했다 할지라도 그가 신이나 뭐 그 비슷한 게 된 것은 아닌데 말이다.

하지만 또 다른 한편으로 스스로 인정하는 예술적 감각과 안목이 갖춰져 있고 또 그런 세계에 흥미를 가지고 있는 나로서는 스트릭랜드의 삶이 윤리적으로 잘못 되었을진 몰라도 굉장히 시크하고 멋있어 보였던 건 사실이다. 그리고 그런 굳건한 결단들이 없었다면 그렇게 불후의 명작들이 나왔을까 싶기도 하다. 특히 이야기가 절정에 다다랐을 때 눈이 먼 스트릭랜드가 미칠 듯이 벽에 그림을 그리고 있던 것을 상상해 보면 그 뿜어져 나오는 기세가 〈매트릭스3 - 레볼루션〉에서 눈이 먼 네오가 마음의 눈으로 함선을 조종하던 그것과 흡사했다. 또 한 가지 생각나는 게 있다면 현재 음악시장에서 보이는 일명 달세계로의 6펜스의 침략이 있다. 결말에서 자신을 떠나간 남편을 그렇게 미워하던 스트릭랜드 부인이 유명해진 남편의 이야기를 해 가며 명성을 쌓는 모습을 보고 참으로 씁쓸했다. 그 순수한 열정의 집합체가 결국은 6펜스의 세계에서 농락 당하고 있다니 말이다. 요즘 가요계도 전부 대중화, 상업화 되어 버려서 돈이 안 벌린다고 징징대는 모습들을 보이는데 금전에는 매우 무심했던 스트릭랜드가 그런 점에서 얼마나 위대했는지 새삼 느끼게 된다.

《달과 6펜스》는 인간이 가져야 하는 사랑이나 가족 같은 사회계약적 요소들과 인간이 가지고 싶어 하는 순수한 영혼의 세계 사이의 갈등에 대해 생각할 거리들을 던져 준 진정한 작품이다.

《가시나무 새》를 읽고

장한솔 | 남강고 1학년

언젠가 이런 생각을 했었다. '왜 사람들은 될 리 없는 사랑을 하며 스스로를 아픔, 슬픔, 고통으로 밀어 넣는 것일까?' 엄마는 그것이 인간의 감정 때문이라고, 어쩔 수 없다고 하셨다. 하지만 나는 이해할 수 없었다. '인간의 감정이 그러하다면 인간의 이성으로 막으면 되지 않는가.' 그러한 생각을 하고 있었다. 그게 내가 《전원 교향악》을 읽었을 때의 이야기이다. 그런 와중에 이번에 이 《가시나무 새》를 읽게 되었다.

이 작품에는 한 신부가 나온다. 신에게 모든 걸 바친 그는 그 어떤 욕망이나 감정에 얽매이지 않고 경건하게 살아왔다. 그러던 그가 '메기'라는 이름의 한 소녀를 만났을 때 그의 일상은 변화하였다. 사랑을 해 버린 것이다. 그녀를 잊으려고 먼 곳으로 떠나고 더 높은 직위에 오르면서도 결코 그녀를 잊지 못한다. 그녀도 마찬가지였다. 이룰 수 없는 사랑임을 알았지만 그를 사랑하고 그의 흔적이 남아 있는 남자와 결혼하면서도 결코 그를 잊지 못해 결국 그의 아이를 낳아 버린다. 또 작중에서 보면 메기의 어머니도 한 남자와 관계를 맺고 메기의 아버지와 결혼을 하였지만 그 남자를 잊지 못하는 부분이 나온다. 과연 그들이 본래 감성적 존재였을까? 메기라면 모르겠지만 나머지 둘은 아니란 생각이 든다. 특히 신부는 철저한 이성적 존재였다. 그렇기에 그 사랑이란 자신도 어찌할 수 없는 절대적, 혹은 초월적 감정이 아니었을까 생각된다. 물론 사랑을 해 본 적 없는 내가 이런 말을 하는 것이 우습다. 그러나 '깨닫고 보니 어느샌가 좋아하고 있었다.' 라는 말처럼 사랑이란 이성만으로는 어쩔 수 없는 것 같다.

또 최근 들어 내가 읽은 것 중에, 본래 살던 세상에서 아무도 없는 세상으로 옮겨져 홀로 살아가는 한 소년의 이야기가 있다. 그는 상처 입거나 상처 입힐 다른 사람이 없는 그런 세상을 꿈꾸고 도달했지만 적막, 고독함, 그리고 예전 세계에서의 즐거웠던 추억으로 인해 결국 미쳐 버리고 만다. 이처럼 사랑뿐만 아니라 인간과 인간이 관계함에 따라 생기는 감정 역시 이성만으로는 어쩔 수 없는 것이 아닐까?

분명 이러한 감정들 때문에 가시가 생겨나 가슴을 가시에 찔려 붉은 피를 흘리며 아름다운 노래를 부르면서 죽어간다는 켈트족의 전설에 나오는 가시나무 새처럼 몹시 아파할 수도 있을 것이다. 그러나 그 아픔을 감수하면서 아픔을 만든 감정에 대해 스스로 가치 있다고 느끼고 그 아픔을 이겨 내면서 우리는 성숙해지고 진정한 인간으로 거듭나게 되는 것 아닐까, 하는 생각이 든다.

짧지만 세 편 모두 아이들의 생각이 살아있고 진정성이 엿보인다. 더구나 누구도 그 답을 쉽게 결론지을 수 없는, '윤리적이지는 못하지만 자신의 내면의 소리에 충실한 감정이나 행위는 유죄인가 무죄인가' 라는 질문 앞에서 각자 나름대로 답을 찾느라 애 쓰는 모습이 얼마나 풋풋하고 아름다운가. 《달과 6펜스》의 스트릭랜드에 대해 상반되는 입장의 글을 쓴 두 아이는 발표 후 서로 놀라 "아니 어떻게 그런 파렴치한을 멋지다 하는 거야!", "아니, 그렇게 멋있는 사람을 파렴치한으로 몰아붙이다니!"하며 한참 동안 격론을 벌이기도 했는데 함께 읽는 재미를 한껏 누리는 아이들의 모습이 무척이나 보기 좋았다.

이 서양의 근대소설 읽기를 통해 아이들은 인간은 이성이나 윤리만으로는 설명될 수도 없고 살아갈 수도 없는 '복잡한 감정의 동물' 이라는 사실을 깨달은 듯했다. 한 걸음씩 인간에 대한 이해의 지평을 넓혀 가는 아이들이 대견스러웠다.

다산 정약용과 박지원에 대해서는 어떤 생각들을 했을까? 3개월 넘게 서양 근대문학의 숲을 걸었던 아이들이 비슷한 시기에 우리의 실학자들이 우리의 삶을 개선하기 위해 노력한 일들을 통해서 무엇을 배우고 어떤 평가를 내렸는지 살펴보자.

우리 고전 읽기

박지원을 배워 보자

장한솔 | 남강고 1학년

내가 연암 박지원을 공부하기 위해 읽은 책은 그의 《허생전》《양반전》《호질》이라는 소설과 고미숙의 《열하일기, 웃음과 역설의 유쾌한 시공간》이다.

《허생전》《양반전》《호질》. 아무리 무식한 사람이라도 어디선가 한 번쯤은 들어봤음직한 이 작품들은 박지원의 사상이 잘 드러나 있는 소설들이다. 《허생전》은 허생이 집을 나가 돈을 벌며 자기 자신과 사회를 시험해보고 사회 개혁을 하려다 좌절하여 끝내 행방을 감추는 이야기이고, 《양반전》은 부자가 양반 자리를 사들이고 양반의 허례허식에 질려서 결국 다 내팽개치고 도망가는 내용이며, 《호질》은 고상한 척하는 한 양반을 범이 와서 꾸짖고 가는 이야기이다.

앞에서도 말했듯이 이 작품들은 박지원의 사상을 잘 담고 있는데 그중 대표적인 것이 바로 양반에 대한 비판과 풍자이다. 《양반전》은 말할 것도 없고, 《허생전》과 《호질》에서는 각각 '이완'과 '북곽 선생'을 양반을 대표하는 인물로 내세워 그들의 언행을 우스꽝스럽게 함으로써 그러한 점들을 통쾌하게 드러낸다. 또한 그의 작품에는 북학파이자 실학자인 그의 면모도 잘 드러나는데 《허생전》에서 허생이 이완에게 알려 준 시사삼책, 신흥 상인계층을 옹호하는 말들만 봐도 알 수 있다.

하지만 박지원은 신분제를 뛰어넘지 못하는 한계를 지니고 있다. 분명 상·공인 계층에 대해 우호감을 갖고 양반에 대한 실망을 감추지 않고 있음에도 불구하고 《허생전》에서 장사치란 말, 《양반전》에서 문서가 양반에게 더 유리하게 쓰인 점 등 여러 면에서 그런 면을 보인다. 그러한 면에서 그는 《홍길동전》을 쓴 허균에 비해 좀 떨어져 보일지도 모른다. 그러나 이것은 방법의 문제라고 생각한다. 박지원과 허균만을 비교해 보았을 때 박지원은 제도 내에서의 개혁을 꿈꾼 것이고 허균은 나라를 뒤엎는 개혁을 꿈꾼 것이다. 마치 고려 말 신진 사대부의 온건 개혁파와 급진 개혁파처럼 말이다. 나는 허균보다는 박지원을 지지한다. 그의 개혁이 허균의 개혁보다 훨씬 현실성이 있어 보이기도 하고 실리를 추구하면서도 정신적 가치를 중요하게 여기는 것이 지금 우리 사회에 더 필요하다고 생각하기 때문이다.

소설만으로는 부족한 것 같아 한 권 더 읽은 책은 박지원의 《열하일기》를 고미숙이 다시 풀어쓴 《열하일기, 웃음과 역설의 유쾌한 시공간》이다. 《열하일기》는 알다시피 박지원이 사절단의 일원으로서 열하까지 갔다 오는 내용을 담은 여행기이다. 보통 여행기라면 여정, 견문, 감상이 적절히 섞여 들어가야 하겠지만 박지원의 《열하일기》는 그렇지 않다고 한다. 마치 송강 정철이 어디 가서든지 '연군지정', '우국지정'을 찾았던 것처럼 그의 머릿속은 청의 문물과 사람들로 꽉 차서 대부분이 그 내용이라고 한다. 호기심과 세심한 관찰력을 가지고 청을 바라본 그의 눈에 다른 사절단들처럼 과연 청이 되놈의 나라, 오랑캐의 나라로 보였을까? 아니, 당연히 조선이 더 미개한 국가로 보였을 것이다. 유교적 사상에 사로잡혀 발전의 기회도 차 버리고 경구에만 매달려 있던 어리석은 양반들, 눈뜬 장님들. 한심하게 느껴지지 않을 수가 없다.

그렇지만 박지원은 그런 조선을 위해 청의 문물을 버릴 건 버리고 취할 건 취해서 돌아왔다. 그러나 그의 그러한 노력은 오직 고문을 본떠 쓰지 않았다는 이유만으로 외면 당하고 만다. 이 얼마나 황당한 일인가. 또 그것으로도 모자라 박지원 본인에게도 위해가 가해졌다. 그러한 면에서 보면 그 당시 조선 사회와 현재 우리 사회는 별로 달라진 점이 없다. 물론 경제적으로 더욱 풍요로워지고 정보화도 되었지만 정신적인 진화는 그에 비해 너무 더디다. 아니 요즘 우리 정부와 국회가 하는 일들을 보고 있으면 오히려 퇴행이 일어나고 있는 것 같다.

그렇다면 우리는 어떻게 해야 할까? 양반이면서도 양반의 부패를 폭로하고 유학과 조선의 울타리 속에서 살았으면서도 다른 나라의 것을 수용하고 실학의 길을 만들어간 박지원처럼 우리도 진보적인 사고를 가지고 힘든 사회라도 포기하지 말고 바꾸려는 노력을 해야 하지 않을까?

우리 고전 읽기

다산 정약용에게서 배운다

권기경 | 서초고 1학년

정약용이 이룩해 놓은 업적이야 참으로 많다. 500권이나 되는 방대한 양의 서적, 정약용 자신이 집대성한 다산학, 수원 화성의 축조와 거중기의 발명, 서학에 대한 연구, 시, 사회제도의 개혁 등 매우 다양한 방면에서 전부 활동한 인물이다. 물론 당시 사회가 학문의 체계가 정리, 분리가 되어 있지 않고 두루뭉술하게 섞여 있던 때라 그럴 수밖에 없었을지도 모르지만 아마도 그의 행보가 대단하다는 데에 그 누구도 이의를 걸지 않을 것이다. 다산 정약용의 대표 키워드라 하면 서슴지 않고 꼽을 수 있는 것이 바로 실학이다. 실학은 실생활에 이익이 되는 것을 연구하는 학문이라고도 할 수 있지만 크게 보면 근대 지향적인 개혁 이론이라고도 할 수 있다. 유형원을 시작으로 성호 이익, 그리고 다산 정약용으로 이어지는 실학은 나중에 크게 세 가지 경세치용, 실사구시, 이용후생 학파로 나뉘는데 정약용은 중농학파이며 경세치용학파였다. 나라의 경제, 군사, 정치에 있어서 어떻게 하면 현실적으로 잘 운용할 수 있는가를 따지는 실학은 당시 당쟁의 핵심 이론이었던 주자학을 신랄하게 비판한다.

주자학이 유가에서 맹자를 따르는 것이라면 실학 또는 다산학은 순자를 따른다고 할 수 있다고 한다. 내가 읽은 책 첫장에서 실학의 의의를 잘 설명해 주고 있는 예로 르네상스를 꼽았는데 바로 이 르네상스의 인문주의가 순자의 철학과 일맥상통한다고 볼 수 있다. 주자학은 인간이 아니라 자연이 선의 원천이라 주장했고 그렇기 때문에 인간 행위는 미리 정해져 있다고 생각했지만 실학이나 다산학은 인간 스스로의 노력을 선의 원천으로 보는 인문주의였다. 이런 실학의 인문주의는 르네상스의 그것과 마찬가지로 옛것, 서양으로 치면 그리스 로마 신화이고 동양으로 치면 고대의 유가 사상을 재탐구하는 것에서 시작하는데 주자학이나 실학이나 그 근본은 효와 예를 중요시하는 유가사상이었지만 그 핵심 사상이었던 인(仁)의 해석을 자연주의와 인간주의로 달리함에 따라 그 행보 또한 달리하게 된 것이다.

당시 주자학에 매달리던 붕당들은 예송논쟁에 휘말리면서 일당전제화되고 현실과 괴리되는 정치를 벌이고 있었는데 이런 상황을 개혁하고자 나섰던 정조와 영조의 뜻과 맞물리면서 실학계의 샛별 정약용이 잠깐이나마 활약을 하게 된다. 정약용은 수원 화성을 축조하는 데에 있어서도 당시 최첨단 토목기술을 개발하고 훌륭하게 활용하였고, 목민심서를 통해 관제 개혁, 경세유표를 통한 토지개혁, 앞의 두 책을 통한 상공업 진흥 등 각종 사회제도 개혁을 주장했다. 하지만 다들 아시겠지만 힘이 없는 남인인 관계로 유배 당하고 다산서원 하나 세워서 제자 양성과 연구, 저술에 힘쓴다.

다산 정약용은 당시 팽배하던 주자학에 반기를 들고 경악할 만큼 근대적인 개혁 방안을 내놓은 대단히 용감하고 선구적인 지식인임에 감탄했지만 나는 그것보다도 과거를 되돌아보고 현실을 개혁하려 한 자세가 참으로 마음에 들었다. 그리고 그 제대로 된 통찰이 있었기 때문에 200년이나 지난 지금까지도 고개가 절로 끄덕이게 되는 다산학이라는 자신만의 학문을 완성할 수 있지 않았나 싶다. 과거를 돌아보고 근대적 방안을 내놓았다는 점을 보면 우리를 변화시키는 것이 우리는 무엇이며 어디에서 왔고 무엇을 해 왔는가라는 과거에 대한 고찰도 필요하겠지만 실제로 경험하고 실행해 나가는 것이 있어야 한다는 것을 알 수 있다. 다산 정약용은 자신이 구상했던 많은 것을 이루지 못했지만 유배지에 가서도 낙심하고 놀고 있지만 않고 열심히 제자를 양성하고 책을 쓰지 않았는가. 오늘날도 마찬가지다. 과거에 대한 탐구가 있고 현실에서의 실천이 있다면 미래의 변화는 가능할 것이다.

그림책과 동화로 출발했던 아이들이 호머를 읽고 셰익스피어를 건너 서양 근대문학의 숲을 거닐더니 이제 연암과 다산에까지 이르게 되었다. 전문가들의 눈으로 볼 때는 문 앞에서 어정거리다 발길을 돌리고 만 것 같아 많이 아쉽고 어설프겠지만, 그나마 이렇게 동서양을 오가고 과거와 현재를 넘나들며 읽고 쓰고 서로 얘기 나눌 수 있었기에 이만한 마음과 생각을 갖게 된 것 아닐까 싶다. 입시와 경쟁에 내몰려 있는 한국의 열일곱 살 아이들에게서 '진보적인 사고'니 '현실에서의 실천' 운운하는 얘기를 듣는다는 게 그리 쉬운 일은 아닐 테니 말이다.

이제 마지막으로, 1년의 활동을 마무리하며 자신의 진로와 관계되는 책과 자료들을 찾아 읽고 자신의 진로를 탐색한 보고서 두 편 소개한다. 전문을 싣기에는 양이 많아 아이의 생각과 고민이 있는 부분 중심으로 뽑아 싣는다.

아이들이 쓴 진로 탐색 보고서

나의 진로 탐색 - 기자

김동한 | 남강고 1학년

■ 나는 어떤 일을 해야 할까

평소 나는 '내가 정말로 하고 싶은 일은 무엇일까?' '내가 정말 잘하는 일은 무엇일까?' 라는 질문을 나 자신에게 해 보곤 했다. 그때마다 나의 대답은 '글쎄, 뭐 어떻게든 되겠지. 나중에 생각하자.' 였다. 처음 선생님이 자신의 진로에 대해서 관련된 책을 읽고 글을 써 오라고 하셨을 때는 막막했지만, 우선 평소 내가 관심이 있던 분야의 직업을 골라 보았다. 먼저 방송국 프로듀서에 대해서 생각해 보았다. 흔히 PD라고 부르는 이 직업은 방송 프로그램의 제작자 겸 연출자로 작품의 선정과 인력 관리, 예산 사용 등을 통괄하는 사람이다. 처음 이 직업에 관심을 가지게 된 계기는 학교 방송반에서 PD를 맡게 되어서였고, 텔레비전을 보면서 나도 저런 방송을 만들어 보고 싶다는 생각에서였다.

그 다음은 기자라는 직업이다. 언젠가 시위 현장에서 사진기를 들고 뛰어다니는 기자들을 본 적이 있다. 그리고 다음날 그 시위 현장 보도기사를 봤는데 그걸 읽으며 나도 이렇게 세상 사람들에게 무엇이 진실인지를 알려 주고 싶다는 생각이 들었다. 마지막으로 공대 취업 후 회사 취직……. 안정적이긴 하겠지만, 솔직히 나는 한 번 사는 인생인데 뭔가 특별하고 세상에 이름이 알려지는 직업을 가지고 싶다. 물론 회사원도 좋지만 나에게는 언론 쪽에서 일을 하는 것이 더 맞는 것 같다.

그래서 언론 관련 서적을 찾다가 《기자, 그거 아무나 하는 게 아니야》라는 이용우 작가의 책을 읽게 되었다. 처음 기자라는 직업에 관심을 가지게 된 것은 시위 현장에서 카메라를 들고 다니며 취재하는 기자들이 멋있어 보이고, 신문에 자신의 이름이 올라가는 것이 좋아 보였기 때문이었다. 그런데 《기자, 그거 아무나 하는 게 아니야》라는 책을 읽고 기자가 그렇게 멋있기보다는 진실하고 용감해야 한다는 것을 알게 되었다.

이 책에서 저자는 자신이 기자 생활을 하면서 겪었던 여러 이야기들을 해 주고 있다. 어느 날 동료들과 술에 취해 그 당시 사회를 비판하는 이야기들을 하는데 그때 지켜보고 있던 감시원들도 분위기가 워낙 드세서 못 들은 걸로 하고 가겠다며 꽁무니를 뺀 사건, 또 결혼식을 마치고 휴가를 받아 신혼여행을 떠나는 도중 특종을 잡겠다며 부인만 택시에다 버리고 취재하러 간 사건 등등 여러 가지 기자의 생활을 보여 주고 있다.

그중에서도 가장 기억에 남는 것은 국제신문 종간 내용이다. 국제신문 마지막 호 1면에 '갈 곳이 없다'라는 시커먼 제목을 붙인 기사가 났다. 이는 당시 언론 말살 정책으로 올바른 기사를 쓰지 못하고, 감시원들이 따라다니던 때 정말 파격적인 내용이 아닐 수 없었다. 국제신문 편집진이 자신들의 목을 죄어오는 절망적인 상황에서도 결코 용기를 잃지 않고 '전문대 졸업생들의 취업문이 좁아졌다'는 단 여섯 줄의 평범한 기사를 작금의 언론 학살에 빗대어 대담하게 신문의 사회면 머리로 장식했기 때문이다.

나는 이 내용을 읽으면서 글은 총, 칼보다 강하고 영원하다는 것을 깨닫게 되었고, 다시금 글의 가치가 얼마나 큰 것인가 생각하게 되었다. 나도 세상을 바라보는 진실된 눈만 있다면 국제신문사 편집진들이 했던 것처럼 이 시대를 올바르게 바꿀 수 있는 사람이 될 수 있다는 확신이 들었다. 국회에 나아가 정치가로 세상을 바꾸는 것보다 기자가 되어 참된 글로 세상 사람들의 의식을 바꾸어 세상을 바꾸는 것이 더 빠르고 가치 있다. 그렇기 때문에 나는 기자가 되기로 결심했다.

■ **기자가 되려면** (생략)

■ **내가 준비할 일**

내가 지금부터 기자라는 꿈을 이루기 위해서는 무엇을 해야 될까? 우선 지금 당장은 대학을 가기 위한 공부이다. 기자라는 직업 때문만이 아니어도 나 스스로 지식을 쌓고 싶고, 그것이 꿈을 이루는데 도움이 되니 일석이조인 셈이다. 또 기자가 되기 위해서는 글쓰기 능력과 듣고 이해하는 능력이 필요하다. 때문에 나는 매주 신문 스크랩과 책 읽기를 할 것이다. 지금 당장은 내가 세상을 바꿀 수는 없지만 내가 커서 세상을 바꿀 수 있도록 열심히 꿈을 위해서 준비할 것이다.

아이들이 쓴 진로 탐색 보고서

나의 진로 탐구 - 심리 상담가

송하민 | 남강고 1학년

■ 심리 상담가 선택 동기

비록 글을 쓰는 현재의 꿈은 심리 상담가이지만 불과 2주 전만 해도 내 꿈은 검사였다. 하지만 사법고시 체제에서 로스쿨 체제로 바뀌고 뭐가 뭔지 알 수 없는 현재 사태, 더불어 그런 불안한 사태를 헤쳐 갈 만큼 법학에 대한 내 열정이 강하지 않다는 것도 깨달았기 때문이다.

다른 꿈을 찾아보던 중, 장래도 유망하고 또한 사람의 심리라는 흥미로운 것을 공부할 수 있는 심리학 분야가 눈에 들어왔다. 심리학 분야 직업을 알아보니 범죄 심리학 관련 직업, 마케팅 심리 관련 직업 등 여러 가지로 세분화 되어 있었는데, 가장 내게 맞겠다고 생각된 직업은 심리 상담가였다. 이 직업이라면 심리학 공부를 통해 다른 사람들도 도울 수 있기 때문에 내가 이전에 사회복지학과를 선택했다가 장래의 경제적인 면 때문에 포기했던 찝찝함도 달래 줄 수 있을 것이고, 심리학이라는 분야가 예기치 못한 새로운 사실을 일하면서 수시로 발견할 수 있다는 점을 갖고 있기 때문에 직업 생활을 재밌게 할 수 있겠다는 생각이 들었다. 물론 이런 직업 생활에 관련된 현실적인 면을 따져 보기 이전의 바탕에는 심리학에 대한 흥미와 배워 보고 싶은 생각이 있기 때문에 여기에 현실적인 면도 고려하여 심리 상담가라는 직업을 선택한 것이다. 그리고 이번에 읽게 된 《스키너의 심리상자 열기》로렌 슬레이터 지음, 조중열 옮김, 에코의서재, 2005라는 책이 더욱 이쪽으로 마음을 굳히게 도왔다.

■ 관련 책 읽기

《스키너의 심리상자 열기》는 심리학에 관련된 실험들 중 영향력이 크고 이슈가 되었던 실험이나 사건 10가지를 소개하고 그 실험을 통해 사람의 심리에 대하여 독자에게 얘기하는 내용을 담은 책이다. 인간도 보상을 통해 길들여진다고 주장했고 실제로 그의 딸을 어렸을 때 상자 속에서 키우며 그것을 실험했던 스키너, 우리가 기억하는 기억의 진실 여부에 대해 연구한 로프터스의 이야기 등 재미있는 10개의 이야기가 소개되는데, 그중에서도 내가 가장 느끼는 바가 많았고, 재밌게 읽은 파트는 '사람은 왜 불합리한 권위 앞에 복종하는가?' 였다. 이 파트는 밀그램이라는 예일대학 교수가 1960년대에 권위에 대한 복종을 주제로 실험을 한 것을 주 내용으로 한다.

이 실험의 내용은 이렇다. 실험자를 학생과 문제 내는 사람으로 나누어 문제 내는 사람이 단어 퀴즈를 내고, 이를 학생 역할을 맡은 사람이 맞추지 못할 때마다 문제 내는 사람은 학생 역할을 맡은 사람에게 전기 충격을 주게 되고, 문제를 틀릴 때마다 그 전기 충격은 계속 강도가 세져서 나중에는 목숨에도 치명적일 수 있는 전기 충격이 가해지도록 하는 것인데, 과연 남의 목숨이 위험한 상황에도 문제 내는 사람은 전기 충격 레버를 작동시킬 것인가 하는 것이 실험의 주 내용이다. 사실 이 전기 충격 장치는 다행히도 모두 가짜이고, 학생 역할을 맡은 사람은 전문 배우로서 전기 충격을 당하는 상황을 실감나게 연기했다고 한다. 그리고 피실험 대상자는 전기 충격 레버를 손에 쥔 문제 출제자 역할을 맡은 사람이었다. 물론 이 피실험자는 자신이 손에 든 전기 충격 장치가 진짜라고 알고 있다. 그리고 이 피실험자들은 가정생활을 평온하게 하고 있는 지극히 평범한 일반인들이었다. 그런데 이 실험은 학생 역할을 맡은 배우가 살려달라고, 여기서 나가게 해달라고 비는데도 레버를 끝까지 당긴 사람이 절반이 넘는 65%나 되는 충격적인 결과가 나왔다.

이 충격적인 결과가 나온 배경은 이렇다. 실험 당시 문제 출제자 즉 피실험자 옆에는 흰 의사가운 복장을 한 감독관이 있었고, 피실험자가 레버 당기는 것에 회의를 갖고 감독관에게 질문할 때마다 감독관이 그저 "됐으니까 그냥 실험 내용대로 계속하라."는 지시를 내렸고, 피실험자들은 감독관의 흰색 의사가운이 이 레버를 당겨도 학생 역할을 맡은 사람에게는 큰 이상이 없을 것이라는 묘한 설득력 있는 상황을 제공했기 때문에 레버를 끝까지 당겼다는 것이다.

밀그램은 이 실험 전에 사람이 파괴적인 권위에 굴복하는 이유가 그 일이 일어나는 상황에 있다는 가설을 세웠는데, 가설을 세운 본인조차도 65%나 되는 사람들이 이 지령을 따를 줄은 몰랐기 때문에 실험 후 인간 기피

현상도 좀 보였다고 한다.

이 실험을 읽고, 인간이 지금까지 갖고 있던 상식과 인정 등이 한낱 설득력 있는 상황이라는 요소에 휘둘려 버렸다는 것, 그리고 그러한 결과를 보여 준 사람들이 지극히 평범한 사람들이었다는 것이 참 충격적이었고, 평소 의문을 갖고 있던 나치에 대한 독일인들의 복종에 대해서도 이 실험과 덧붙여진 설명을 통해 어느 정도 이해하게 되어 의미 있었다.

이뿐 아니라 또 와 닿았던 부분은 인간이 안 좋은 상황을 자신을 달래기 위해 합리화하려고 애쓴다는 것, 그리고 집단 안에 있을 때보다 오히려 혼자 있을 때의 책임감이 커진다는 것 등이 있었는데 얘기하다 보면 너무 길어질 것 같아 책 이야기는 이쯤해서 마쳐야겠다.

이 책을 보고 인간은 참 의외로 나약하기도 하고 복잡하기도 한 존재라는 생각이 들었고, 심리학이 공부해 볼 만한 가치가 있다고 느꼈다. 비록 이 책이 담고 있는 이야기는 10개에 불과하지만 내가 심리학에 대하여 흥미를 강하게 느끼게 해 준 귀중한 이야기들이었기 때문에 내가 앞으로 1,000가지를 공부하더라도 이 10가지 이야기를 담은 《스키너의 심리상자 열기》는 내가 심리학 분야로 나가게 된다면 그 문을 열어 준 책으로 기억에 쭉 남을 것 같다.

■ **심리 상담가가 되려면** (생략)

■ **후기**

이제 내가 흥미를 느끼는 분야도 찾았고, 그 분야에서 하고 싶은 일도 찾았다. 이제 남은 것은 목표를 위해서 노력하는 것인데 이제 고2가 되는 지금, 일단 해야 할 것은 대입을 위한 공부이다. 지금까지 내가 내신 벼락치기만 하는 사이에 다른 친구들은 굉장히 열심히 공부하는 모습을 봤는데, 지금껏 안 해 온 공부를 따라잡기 위해서, 그리고 그로 인해 내 목표를 달성하기 위해 열심히 해 봐야겠다.

아이들은 이 활동을 하면서 자신의 진로를 진지하게 고민하고 대입 문제에 대해서도 구체적으로 생각해 본 듯했다. 그 직업을 얻기 위한 과정과 공부해야 할 내용들을 조사하고 생각하며 아이들은 그동안 꿈꿔 왔던 진로를 바꾸기도 하고 더욱 마음을 굳히기도 했다. 여기에 다 소개는 못했지만, 오랫동안 비행사를 꿈꿔 온 동근이는 갑자기 의사가 되겠다 하여 우리를 의아케 하고, 물을 때마다 아직 직업은 모르겠고 공대에 가고 싶은 것은 확실하다던 기경이는 느닷없이 물리학이나 의학을 공부하여 국립과학수사연구원이 되고 싶다 하여 우리를 깜짝 놀라게 했다. 또 중학교 때까지는 코난 도일을 꿈꾸다가 고등학교에 올라온 이후에는 내내 수학을 전공하고 싶다던 한솔이는 《뷰티플 마인드》와 《리만가

아이들은 함께 읽고 토론하며 쑥쑥 자란다.

설)을 읽은 후 수학과 경제학 사이를 오락가락하며 아직도 확실한 결론을 내리지 못한 듯했다. 물론 꿈대로 다 이뤄지기도 힘들 것이고 꿈이 또다시 바뀔 가능성도 많지만, 관련 책들을 찾아 읽고 여러 자료들을 조사하며 스스로 자신의 진로를 고민하고 준비하는 아이들이 믿음직스러웠다.

아이들은 스스로 잘들 컸다. 어떤 아이는 말을 잘하고 어떤 아이는 문장이 좋으며 어떤 아이는 창작에 강하고 어떤 아이는 자료 분석을 잘한다. 다들 다른 장점과 특성을 갖고 있지만 모두 책 읽기를 좋아하고 배움에 대한 열망이 강해 서로 자극하고 서로 나누며 잘들 컸다.

이 아이들이 지금까지 읽어 온 책들과 쓴 글들을 보면 참으로 놀랍다. 자료를 잘 보관한 아이들의 경우에는 3년 동안 쓴 글들이 수십 편에 이르고 함께 읽은 책들이 책장에 한가득하다. 그것도 문학, 역사, 철학, 신화, 종교, 과학, 환경, 정치, 경제 등 모든 분야를 총망라한다. 함께 읽지 않았더라면 불가능했을 일이다.

많은 이들이 오늘날은 인문학이 죽고 돈과 경쟁이 판을 치며 사람들은 권력과 자본 앞에서 무기력한 사람이 될 수밖에 없다며 한탄을 하고 있지만, 나는 이 아이들에게서 희망을 보았다. 여러 책들을 읽으며 친구와 함께 토론하고 서로를 격려하며 자신을 튼튼히 키워 가고 인간과 삶에 대해 진지하게 고민할 줄 아는 아이들이라면, 결코 나만 아는 이기적인 사람이 되거나 권력과 자본 앞에서 쉽게 무너져 버리는 무기력한 사람은 되지 않을 것이다. 늘 내게 깨우침을 주고 희망을 안겨 주는 우리 아이들이 참 고맙다.

 7년간의 배움의 여정을 마치며

7년의 시간들을 이리 풀어 놓고 보니 아득한 꿈길 같기도 하고 오늘 아침 막 밟고 지나온 함초롬한 풀밭 길 같기도 하다. 정신없이 만화책에만 빠지게 된 우리 큰아이를 다양한 책의 세계로 이끌어 보고 싶고, 막막하고 불안한 사춘기 시절을 친구들과 서로를 위로하고 격려하며 좀 더 따뜻하게 보내었으면, 하는 마음에서 시작한 이 모임이 이제는 우리 큰아이뿐 아니라 나와 가정독서모임 아이들 모두의 삶을 탄탄히 받쳐 주는 힘이 되고 그리움이 되었다. 형식상으로는 내가 아이들을 이끈 것처럼 되어 있지만 외려 아이들은 늘 나를 배울 수 있게 해 주고 내게 무수한 영감을 제공해 주었으며 내가 추구하고 있는 것들에 대한 믿음을 심어 주었다. 이러한 우리 아이들에 대해 사랑과 감사를 전하며 이 모임이 아이들에게는 어떠한 것이었는지 아이들의 마음속 이야기들을 들어 보는 것으로 7년간의 이야기를 마무리한다.

2003년 겨울에 시작되어 2007년 겨울에 끝을 맺은 가정독서모임 1기. 그 시간 동안 나는 게을렀고 무지했다. 삶의 인연을 깨닫지 못했다. 그러나 책 공부를 한다는 것이 즐거웠고 만남이라는 것이 소중하다는 것을 배웠다. 수능을 위한 딱딱한 학습이 아닌 즐길 수 있는 배움, 자신의 길을 닦을 수 있도록 이끌어 준 독서라는 것이 지금 생각해 보면 참 위대한 것이었구나, 하는 생각이 든다.

동양 철학 강의 시간에 심성을 뜨겁게 만드는 철학을 하나 배웠다. 만남이 있으면(인) 떠남이 있다(연). 하면 떠남(연)이 있으면 만남(인) 또한 없겠는가, 라는 것이다. 그렇다. 서로의 만남이 있으면 헤어짐이 있어야 하고 헤어짐이 있으면 만남 또한 있어야 하는 것이 마땅할 것이다. 다섯 해라는 길고도 짧은 시간 동안에 우리는 서로 만나 친목을 다지고 정보를 교환하고 배움을 갈망했다. 그리고 하나로 쭉 이어진 길, 그 푸릇푸릇한 꽃길을 걸어와 여러 갈래로 뻗어 있는 지점에서 알싸한 꽃송이들을 꺾어 서로에게 건네주며 헤어졌다.

책을 읽고 토론을 하고 여러 실험을 하며 좋은 작품과 나쁜 작품들을 비교하기도 하고 직접 그 현장에 찾아가 설렘을 찍어 맛보기도 했다. 덕분에 삭막하고 혼란스러운 중고등학교 시절을 우리는 비교적 풍성하고 따뜻하게 보낼 수 있었다.

가끔 저녁녘에 자다 일어날 때면 달빛이 이불을 비추고 있다. 하늘에 청아하게 떠있는 달이 소리 없이 들어와 포근히 자고 있는 모습이 보기 좋아 살짝 쓰다듬으면 그때마다 가정독서모임의 추억이 아련히 떠오르곤 한다. 2005년 여름 강진·해남 기행, 2006년 겨울 안동 기행, 여름 하동·남원 기행, 2007년 겨울 군산·김제 기행. 기행을 준비하면서 책을 정하고 작가를 연구하고 지역마다 무엇이 있는지 조사를 하고, 그리고 여러 사람들을 만날 수 있었던 것이 새록새록 기억이 난다.

가정독서모임에서 가장 소중한 것은 사람과의 만남이었다. 은선, 재현, 성훈, 유미, 송요, 송경영 선생님, 고무신 선생님 그리고 기행을 다니면서 만났던 여러 사람들. 그 사람들을 만나지 않았다면 지금의 내가 존재할 수 있을까? 가정독서모임이 끝나고 한참 뒤 이 글을 쓰고 있으니 무엇인가 아쉬움도 생겨나고 그때 그 시절이 그립기도 해 애달프다. 그러나 정신도 육신도 살아 있으니 언젠가 다시 만남이 있겠지.

- 장벼리 | 원광대학교 문예창작학과 3학년

독서모임을 가기 전엔 매번 걱정을 많이 했다. 책을 읽고 감상문까지 썼지만 내가 이 책을 제대로 이해한 것인지 언제나 마음에 걸렸다. 그러나 친구들과 선생님까지 도란도란 모여 독서모임을 시작하면 선생님께선 모든 아이들에게 칭찬을 아끼지 않으셨다. 그 칭찬으로 아이들의 개성을 살리고 용기를 북돋아 주셨기 때문에 선생님께서 부족한 점을 지적하실 때도 움츠러들지 않고 자유롭게 생각을 펼 수 있었다. 또한 친구들이 칭찬받는 것을 보면 내가 미처 알지 못했던 그 아이의 장점이 눈에 들어왔다. 독서모임을 할수록 사람의 가치는 사람의 겉모습, 사회에서 요구하는 기준, 나만의 편협한 시각으로 감히 판단할 수 없음을 알아 갔던 것 같다.
또한 책을 꾸준히 읽으면서 알게 된 건 책을 읽으면 마음속에 바람이 불어온다는 것이었다. 시원한 바람이 나도 모르는 새 내 마음 한구석의 탁한 먼지를 쓸고 나가곤 했다. 책을 읽은 후 친구들과 토론을 하면 내 사고의 틀은 이리저리 부딪치며 깨지고 변형되기를 반복했다. 그 밖에도 책을 매개로 한 다양한 활동들은 내 정신의 안팎에서 오고가는 자극이었다. 그것은 끊임없이 잠든 머리와 마음을 깨웠다. 그런 과정을 통해 나는 내 안에 다른 누구도 함부로 부술 수 없는 나만의 공간이 있다는 것을 깨달았다.

그 공간은 색도 없고 무게도 없는 것 같다. 그것이 있다는 것을 알려면 그 투명한 벽을 손으로 두드려도 보고 알록달록한 물감으로 채워도 봐야 한다. 그래야 비로소 그 존재를 짐작할 수 있다. 그것을 깨닫게 해 준 것이 독서모임이다.

내가 독서모임을 시작했을 때 겨우 중학생이었지만 나름대로 미래에 대한 두려움이 있었다. 두려움에 갇힐 때면 나란 존재는 너무 작아져서 형체도 없어지는 것 같았다. 그때나 지금이나 세상을 더 겪어 봐야 할 나이이고 여전히 두려움이 많다. 그러나 독서모임을 하면서 내 내면의 공간은 맥박처럼 두근대며 자신의 존재를 내게 확인시켰다. 그래서 언젠가 내 앞에 넘기 어려운 벽이 있을 때 그것을 넘어서는 힘이 있다면 그 힘은 내 안의 그 공간에서 나올 것 같다.

– 조은선 | 건국대학교 경제학과 3학년

그때는 아주 자연스러웠던 것 같다. 주말이 저물어 가는 시간, 어느새 모두가 모여서 책을 읽고 토론하고 감상을 나누던 시간들이 지극히 당연하게 여겨졌다. 지금 돌이켜 생각했을 때, '4년간을 매주 일요일마다 2시간씩'이라는 수치는 그 시간을 보내 온 당사자인 나에게조차 낯설고 신기하기만 하다. '책이 좋고, 함께 읽고 이야기할 수 있는 친구들이 있으면 더 좋겠고 그 과정에서 우릴 이끌어 주는 선생님이 계신다면 더할 나위 없이 좋겠다.' 정도의 공통된 바람을 가지고 있던 우리가 백화현 선생님을 만나면서 가정독서모임은 시작되었다. 그리고 그 바람을 이룬 날들이 짧게만 느껴지는 것은 그 시간이 강제적으로 지워진 의무가 아니라 자율적인 즐김과 배움으로 채워졌기 때문이라는 생각이 든다. 반대로 대학 입시를 준비하던 기간을 중·고등학교 6년으로 뭉쳐 표현해도 그 어둠과 인내의 깊이가 다 드러나지 않는 느낌인 것은 그 반대 이유 때문일 것이다.

물론 매주 '읽고 쓰고 이야기' 하는 것은 그저 행복한 일만은 아니었다. 지금 생각하면 대단한 글도 아니지만 당시에는 시험 답안이 아닌 다른 글쓰기에 익숙하지 않아 내 부족한 글을 보고 자괴감도 많이 느꼈다. 무엇보다 굉장히 내성적이던 나는 내 의견을 발표하면서 토론하는 일에 수줍음을 많이 타서 애를 먹었던 기억이 난다. 그럼에도 선생님은 정말이지 끊임없이 칭찬해 주시고 내가 준비될 때까지 기다려 주셨는데, 다른 사람의 평가에 한참 민감하게 반응하던 시기에 선생님의 격려로 인해 자신감을 가지고 독서활동을 계속 해 나갈 수 있었던 것 같다.

이외에는 힘들었던 일이 생각이 안 날만큼 독서모임은 나에게 따뜻하고 평화로운 배움의 이미지로 남아 있다. 책을 읽고 끝나는 것이 아니라, 독서와 더불어 했던 다양한 활동들 때문인지 지금 그때 읽었던 책 목록을 봐도 대부분 또렷하고 생생하게 기억이 난다. 당시에 읽었던 책들이 내 세계관의 많은 부분을 뒤흔들었고, 현재의 나의 성향과 감수성의 많은 부분을 구성하고 있다. 예를 들어 전쟁, 인권과 관련한 책을 읽고 논의하면서 세계의 소외된 사람들에 대해 연민을 가질 수 있게 됐고, 그 계기로 인간에 대한 최소한의 예의를 지켜야 한다는 정의감이 형성된 것 같다. 대학 진학 때 전공을 국어국문학으로 정할 수 있었던 것도 독서모임 때 읽은 다양한 문학 때문임은 물론이다.

이렇게 당시를 추억해 보니 각자 편한 자세를 취해 가며 책을 읽고, 테이블 주위에 둘러앉아 이야기를 나눌 때 우리를 둘러싸고 있던 순수하고 따뜻한 공기가 어렴풋이 느껴진다. 서로가 쓴 글을 읽고, 이런 저런 토론을 한 후 집으로 가던 버스 안에서 새로운 세계를 발견한 충격을 진정시키면서 되뇌던 많은 다짐들이 떠올라 다시 마음이 시큰해지기도 한다. 우리가 함께 보낸 4년의 시간들은 앞으로 내 삶에서 40년 넘게 따뜻하고 감동스런 원동력이 되어 줄 것이다.
— 박유미, 연세대학교 국어국문학과 3학년

나는 고집이 세며 강요받는 것을 싫어한다. 책에 대해서도 내가 읽고 싶은 것만 읽어 왔다. 그런 나에게 독서모임은 너무나 충격적인 일이었다. 우연인지 필연인지 하필 이사 오게 된 집이 벼리네 옆집이었고 같은 나이에 같은 학교이다 보니 친구가 되어 독서모임에까지 끌려 들어가게 된 것. 후회는 바로 밀려들었다. 내 앞에 펼쳐진 읽어야만 하는 책들을 보니 말문이 막혔다. 간신히 우여곡절 끝에 다 읽으면 또 다른 압박이 존재했으니 바로 독후감. 초등학생 이후 한 번도 써 보지 않은 나에게 글쓰기(독후감)는 큰 고통이었다. 내 평생 처음으로 공책 한 쪽이 그렇게 커 보인 적이 없었다. 글을 채우다 못해 했던 말을 반복하고 또 쓰고 그렇게 나의 독서모임은 후회와 고통의 나날이었다. 꾀도 부리고 반항도 해 보고 소위 땡땡이(?)도 쳐 보고 그곳을 벗어나려는 노력은 계속 되었다. 그러다 중도하차. 그러나 아버지의 깊은 탄식 앞에 무릎 꿇고 다시 입문.

독서모임을 다시 시작하면서 나도 조금씩 변해 가기 시작했다. 고등학생이 되면서 읽어야 할 책들의 난이도도 조금 올라갔다. 그중에 가장 기억이 남는 책은 《$E=mc^2$》. 물론 제대로 이해하지는 못했지만 읽었다는 것에 만족을 느낀다. 그 외에 여러 권의 책을 읽었는데 특히 여행을 목적으로 읽었던 책들이 많다. 여행은 우리 독서모임의 꽃이라 할 수 있다. 책을 읽는 것만으로 만족하지 않고 실제로 그 현장에 가 보자는 생각에서 시작된 여행은 우리 독서모임을 더욱 실속 있게 만들어 주었던 것 같다. 여행을 위해 철학책에서부터 대하소설까지 장르를 망라하여 모든 책을 섭렵하였다.

여행은 재미있는 놈이자 항상 나를 설레게 하는 놈이다. 나는 무계획적으로 떠나는 즉흥 여행을 선호하는 편이다. 그것을 통해 생각지도 못한 경험과 사람들을 만나는 것을 좋아하기 때문이다. 하지만 독서모임의 여행은 달랐다. 정해진 기간에 책을 읽고 조사를 하고 현장으로 떠난다. 여행에 대한 나름의 생각을 가진 나로선 처음에는 큰 거부감이 들었다. 이런 여행은 대부분 실망하기 때문이다. 조사한 곳만 돌아다니고 일정에 맞춰 움직이고……. 즉 틀에 갇힌 채로 여행을 하기 때문이다. 하지만 내가 싫다고 변하는 것은 없다. 처음으로 여행 계획을 짜 보았다. 서로 가 볼 만한 장소를 고르고 조사해 보고. 그러면서 조금씩 '아 계획을 하고 떠나는 여행도 그 자체의 맛이 있구나!' 라고 생각했다.

여행은 나에게 새로운 인연을 만들어 주었다. 강진 숙박시설의 주인 부부, 내게 냄새의 기억을 뼛속 깊이 박히게 해 주신 운전기사 아저씨, 안동여행의 고무신 선생님, 송경영 선생님, 송요, 하동의 가원이 그 외에 스치고 지나갔던, 단 한 번이라도 얘기를 나눈 사람들까지 말하자면 무척이나 많은 사람들을 여행은 내게 소개해 주었다. 이렇듯 독서모임의 여행은 나에게 잊을 수 없는 가장 큰 추억이 되었다.

가끔 난 나의 지난 시간을 후회한다. 그리고 상상한다. 만약 돌아갈 수 있다면 매 순간 최선을 다할 것이라고……. 나의 독서모임도 그렇다. 내겐 욕심도 열정도 없었다. 그저 호기심에 시작했고 그게 다였다. 지금 와서 생각하니 참 어리석었던 것 같다. 내게 두 번 다시 돌아올 수 없는 시간을 허비했다는 생각과 동시에 지금은 하고 싶어도 할 수 없다는 생각이 겹치니 가슴이 답답하다. 독서모임은 내게 즐거운 추억, 쓰라린 추억, 그리고 뼈저린 후회를 동시에 주고 있다. 이런 생각 때문인지 지금의 나는 조금 더 바쁘게 살려 노력 중이다. 매 순간 최선을 다해 나중에 다시 이 시간을 생각할 때 후회하지 않으려 하기 때문이다.

독서모임과 나의 중고교 시절은 함께 존재한다. 그만큼 추억도 남다르다. 가끔 책을 읽다가도 모두가 모여 앉아 조용히 책을 읽던 모습들이 떠오르기도 한다. 이렇듯 독서모임은 끝났지만 내 안에서는 아직도 진행 중이다.

— 박재현 | 호서대학교 경제학과 2학년

책 읽는 게 좋다는 걸 모르는 사람은 없지만 정말로 꼬박꼬박 책을 읽는 사람은 참 보기 드문 것 같아요. 책을 꼬박꼬박 읽는 것도 일종의 습관인지라 어릴 적부터 몸에 배어 있지 않으면 굉장히 수고스러운 노역이 되기 때문에, 가 그 이유가 아닌가 생각하는데……. 이거 정말 서두부터 식상하기 짝이 없군요. 이러다가 분명히 '그렇지만 저에게는 독서모임이 있어서 책을 열심히 읽는 청소년이 되었답니다. 호호.' 라고 쓸 생각이었을 것 같지 않나요? 맞습니다.

사실 저는 책을 굉장히 대책 없이(?) 읽는 편이에요. 표지에서부터 저질의 향기가 올라오는, 듣도 보도 못한 책도 좋아라고 읽고요, 고등학교 2학년의 여름방학 때는 고리끼의 소비에트 소설이 재미있다는 주관적 루머를 유포하고 다니기도 했어요. 결과적으로 얕고 넓은 지식을 가지게 되기는 했지만, 시간이 지날수록 내키는 책만을 찾아 읽다 보니 어느샌가 쉽고 편한 내용만을 얻어 챙기고 있더라고요. 초등학교 6학년 때, 좋아하는 친구들과 함께 체계적인 독서활동을 통해서 '좋은 책'이 무언가에 대한 생각을 해 보게 되었던 것이 그래도 제게 큰 힘이 되었어요. 여전히 이 애들과는 김수영 시인의 〈풀〉을 가지고 장문의 문자 메시지를 주고받으면서 토의도 하고, 대학 자기소개서에 노암 촘스키의 헤게모니를 언급하면서 자신의 주장을 피력해도 좋은가 함께 고민도 하고 그래요.

이러나저러나……. 역시 제 독서 인생(엄청 대단한 것 같은 이 낱말의 조합은 뭘까요.)에 있어 가장 큰 한 방은 문학기행이라고 생각해요. 이제야 본론이 나오다니, 흐흥. 열 권이 넘는 대하소설을 쭉쭉 읽어 낼 만큼의 지구력을 갖추지 못했는데도 불구하고 여행에서 함께 이야기 나누기 위해 덜덜거리면서 《태백산맥》을 폈던 것이 엊그제 같진 않지만……. 그래도 그 두려움과 걱정의 기억만은 생생한데, 최근 자기소개서에 '내 인생에 가장 영향을 준 책'의 1순위로 저 책을 적어 냈어요. 오늘도 지네 수탉을 또 쪼이고 점순이와 애증의 풀밭 뒹굴기를 벌이던 '나'가 김유정에 대해 가지는 느낌과도 일치했던 시절이 있었는데, 실레마을로 여행을 다녀온 이후로는 김유정이 훨씬 더 강렬하고 깊게 다가왔어요(물론 거기서 접했던 유정은 사랑 앞에서 혈서 쓰는 남자였고 지금 저에게는 상(이상)의 정신적 반려자로 각인되어 있지만.). 귀신사의 눈 내리는 저녁을 만나면서 《원미동 사람들》로만 알고 있던 양귀자의 다른 면모를 알았고 신동엽 시인의 생가에서는 '언제까지나 살며 있는' 우리들의 삶에 대해 생각하게 됐어요. 책을 읽는 습관을 들여서 꾸준히 읽어 내는 것도 중요하지만 그 독서가 실제 삶에서 펼쳐질 수 있도록 디딤돌이 되어 주는 일은 역시 여행이 아닌가 싶어요.

문학기행은 스스로의 정서에 있어서도 도움이 되지만, 사람과의 만남에 자신감과 믿음을 심어 주기도 하는 것 같아요. 예전엔 낯을 많이 가리던 성격이었는데, 여행을 다니면서 새로운 사람을 만나는 데에 많이 익숙해 졌어요. 김유정 문학관, 산국농장, 토지 문학관, 귀신사, 토담농가에서의 도란도란 이야기는 물론이고 영양 조지훈 마을에서 우연히 만난 꼬마들과 구례 차부에서 만난 동네 아주머니, 할머니들의 모습까지 모두 기억에 남아요. 여행을 함께 했던 선생님들과 언니 오빠들, 한솔이와 조금 수줍기도 한 속마음을 이야기하고 가까워진 것도 정말 기분 좋은 경험이었어요. 독서모임을 하고 문학기행을 다니면서, 말로 예쁘게 다듬어 정리해 내진 못했지만 참 많은 걸 얻게 되었다고 매번 느껴요. 우리의 이야기를 많은 사람들이 듣고 함께 할 수 있게 되기를…….

- 김송요 | 한국예술종합학교 미술이론과 1학년

저는 어머니가 이러한 독서모임을 만드실 때부터 그 조그마한 몸을 이끌고 형, 누나들과 함께 책을 읽었습니다. 그땐 아직 어리고 철이 없어서 형, 누나들에게 어리광과 고집도 많이 부렸지만 그때마다 잘 대해 주던 그들의 모습은 아직까지 제 기억 속에 또렷하게 남아 있습니다. 읽은 책의 이름은 잘 기억나지 않는데 다 같이 간 독서기행만큼은 분명히 기억하는 걸 보면 툴툴대면서도 나 역시 이 여행을 무척이나 좋아했던 것 같습니다. 저보다 4년(송요 누나는 2년입니다.) 일찍 태어나 먼저 세상에 대해 알아가던 형, 누나들을 보며 저는 많은 것을 배웠고 지금의 제가 있게 되었습니다. 다만 그때, 제가 너무 이기적이어서 받은 만큼 보답하지 못한 것이 후회스럽습니다. 시간을 되돌려 다시 그때로 돌아가 착한 동생이 될 수 있었으면 좋겠습니다.

그리고 저와 제 친구들이 주체가 되어서 활동하고 있는 2기 모임은 저에게 또 다른 정신적 성숙을 주었습니다. 1기가 감정적 성숙이었다고 한다면 2기는 이성적 성숙이었습니다. 우리 사회가 안고 있는 문제, 발전과정 등을 책을 통해 배우면서 사회를 알게 되고 어떻게 하면 이러한 사회를 고쳐 나갈 수 있을지 미흡하지만 깊이 생각해 보면서 사회에 관심을 가지고 저의 생각은 조금씩 발전해 나간 것 같습니다. 그리고 친구들과 함께 책을 읽고 글을 쓰고 토론을 하면서 저는 저의 생각만이 아닌 다른 사람의 생각에 대해 생각해 보고 다양한 사고를 할 수 있게 되었습니다. 또한 친구들과 함께 하면서 편히 지낼 수 있는 친구들의 소중함도 배울 수 있었던 것 같습니다. 아마 이때부터 사람 사귀기를 꺼리던 제가 조금씩 사람들에게 문을 열어 주었던 것 같네요.

저에게 책은 단순히 시험공부용이라든지 여가활동을 위한 것이 아니라 제가 체험해 보지 못한 일들에 대해 상상해 보는 것이자 지금껏 제가 만나 온 사람들, 생각해 온 것들, 한 일들에 대한 성찰과 기억의 메모리입니다. 그러한 책들을 읽을 기회를 주신 선생님이시자 어머니께 감사를 드립니다.

— 장한솔 | 남강고등학교 2학년

어느덧 이 모임을 시작한 지도 3년이라는 시간이 흘렀다. 처음에 올 땐 그냥 책 읽고 독후감이나 쓰는 그런 판에 박힌 모임으로 짐작하고 이 모임을 시작했는데, 막상 와서 시작해 보니 그게 아니었다. 단순히 읽고 쓰는 것이 아니라 우리가 쓴 글을 서로 발표해 보고 다른 사람들의 생각도 받아들여 보는 그런 기회가 되었다. 글을 발표하고 다른 사람들의 생각을 듣는 것이 별 거 아니라고 생각하는 사람들도 있겠지만, 적어도 내겐 상상 이상의 영향력을 끼쳤다. 나의 경우엔 초등학교 때부터 어머니께서 도서관을 자주 다니시면서 책을 많이 빌려다 주셨기 때문에 최소한 책이 낯설지는 않았다.

하지만 다른 사람과 의견을 나눈다는 것, 그것은 이때껏 경험해 보지 못했다가 이 모임에서 처음 알게 된 것이었다. 지금껏 혼자 읽고 혼자 글을 쓰던 나는 작가가 의도하는 대로 그대로 따라다녔다. 예를 들어 작가가 '테러는 나쁘다.'라고 주장하는 글을 썼다면 나는 그 작가의 입장만 좇아 그 뒷배경은 생각지도 않고, '아, 테러는 많은 사람들을 다치게 하니까 무조건 안 좋은 거야.'라고만 생각해 왔던 것이다.

하지만 이 모임에 와 보니 그 책을 읽고도 작가를 무조건 추종하지 않고 작가의 의견을 곱씹어 비판하는 친구들도 있었다. '테러를 하도록 정국을 주도한 자들도 나쁜데 왜 테러가 무조건 나쁘냐.'와 같은 작가를 거스르는 생각을 가진 친구들이 있다는 것에 대해서 나는 충격을 받았다. 그 친구들과 의견을 나누고, 내가 쓴 글이 너무 판에 박혔다는 것을 깨달은 후 나도 조금씩 작가의 의견에 의문을 달기 시작하게 되었고, 무조건 작가의 의견을 좇던 내가 점점 바뀌어 가고 있다는 것을 느끼고 있다.

그뿐 아니라 또 다른 많은 것들을 이 모임을 통해 얻을 수 있었다. 글을 날

카롭게 쓰는 친구, 글을 재밌게 만들어 내는 친구, 글을 세세하게 열심히 쓰는 친구, 이들과 함께 여러 종류의 글을 써내며 다양한 글 쓰는 양식을 경험하다 보니, 어느새 번거롭고 귀찮게만 느껴졌던 글 쓰는 일도 한결 재밌게 다가왔다. 그리고 3년 동안 탐구 보고서, 소설, 비평글 등 다양한 종류의 글을 써내면서, 단지 독후감이라는 글에만 익숙해 있던 내가 학교에서 내주는 글쓰기 숙제들도 어렵지 않게 해 나갈 수 있게 되었다. 또한 고등학생이 되어 바쁜 와중에도 1주일에 한 권 정도는 꼭 책을 읽게 해 준다는 것은 앞으로 입시 경쟁에 뛰어들어야만 하는 나를 판에 박힌 입시공부에 무조건 빠지도록 내버려 두지만은 않을 것 같아 흐뭇한 기분도 든다.

생각해 보니 이 독서모임은 지금까지 나를 바꿔 왔고, 내게 많은 것을 느끼게 해 주었으며, 앞으로도 큰 도움을 줄 것 같다. 그리고 시간이 지나 수험생이 되면 아쉽게도 우리 모임이 일시적으로 해체되겠지만, 다시 모여 친구들과 의견을 나누며 서로를 평생 도울 수 있는 우리 모임이 되었으면 하는 바람이다.

— 송하민 | 남강고등학교 2학년

솔직히 이 모임에 참가하게 된 동기는 책을 읽고 싶다거나, 뭔가를 배워 보고 싶다는 그런 건강한 취지였던 것이 아니었지만, 일단 참여하게 된 후 평소보다 책을 많이 읽게 되고 생각의 폭이 넓어졌다는 확신은 선다. 비록 내가 모임에서는 가장 불성실해서 독서를 안한 편이기는 하지만 그마저도 이 모임이 없었다면 읽지 못했을 양이고, 지금은 그때그때 한 권씩 읽고 책장에 꽂아둔 책들을 보면 흐뭇하기도 하다.

그리고 가장 인상 깊었던 부분은 초창기에 선생님께서 파업에 대해 생각해 보라고 하실 때였는데 그때야 비로소 언론이 사람들의 의식을 어떻게 조종해 나갈 수 있는지 절실히 느낄 수 있었던 게 아직도 기억이 생생하다.

그리고 이 모임이 일요일에 이루어졌기 때문에 그냥 허무히 날려 버리기 쉬운 일요일 저녁시간을 알차게 쓸 수 있었고 그다지 부담도 되지 않았다. 물론 매주, 혹은 격주로 두세 권의 책을 읽어 가는 것은 버거운 일이기는 했으나 초창기에 나는 버거워서 자주 안 했고 그때마다 퇴출의 위기가 있었지만 꿋꿋이 버텨냈다. 매주 숙제를 거른 건 아니지만 내가 읽기 쉬웠던 경제학이나 비문학 계열을 제외한 문학이나 시 등에 관한 독서는 뜸했던 것과 모임을 가질 때마다 썼던 글들을 꾸준히 모아 정리하지 않은 점이 지금 와서는 가장 아쉬움으로 남는다.

또한 이 일요일 저녁에 나 혼자만 있던 게 아니라서 더욱 의의가 컸다. 일요일 저녁 그 방에는 장한솔 군과 송하민 군과 권기경 군과 김동한 군이 있어서 항상 즐거웠다. 서로에게 배울 점 또한 많았다. 동한 군은 리더십이 있고, 기경 군은 표현력이 좋고, 하민 군은 성실함이 있고, 한솔 군은 항상 독특했고, 난 말주변이 좋았다. 이렇게 만날 수 없었을지도 모를 서로를 만났다는 것만으로도 충분히 가치 있는 시간을 보내 왔다고 생각한다. 그리고 지금까지 자주 숙제도 거르고 코드도 많이 달랐던 나를 아직까지 거둬 주시고 계신 백화현 선생님께 감사드린다. — 이동근 | 상문고등학교 2학년

벌써 3년이다. 자리가 하나 남아서 땜빵용으로 들어간 것을 시작으로 2명이 나가고 다른 1명이 왔다가고 또 새로운 멤버가 들어올 때까지 3년이

란 시간을 나는 (약간 과장하자면) 주말마다 책을 읽고 글을 쓰며 보냈다. 남이 들으면 길게 느껴지겠지만 역시 겪어 온 사람에겐 한순간처럼 느껴지나 보다. 내가 이 모임에 처음 왔을 땐 베르나르 베르베르의 《개미》라는 5편짜리 공상과학소설을 읽고 있던 중2였는데 지금은 귄터 그라스의 《양철북》을 탐독하고 있는 고2가 되어 있는 것이다. 물론 그 와중에 엄청난 횟수의 개그콘서트 시청을 포기해야 했고 숙제를 안 하면 도태된다는 압박감에 밤을 새가며 책을 읽기도 하는 고난과 역경을 거쳤지만 지금 생각해 보면 역시 다 추억일 따름이고 채찍질과 더불어 간식까지 제공해 주셨던 백쌤께 그저 감사할 따름이다.

솔직히 처음에 나는 이 모임에 들어올 생각이 아예 없었다. 중2 때는 개념도 없었고 놀거리만 찾던 때라 '일요일마다 모여서 책을 읽고 토론할 겁니다, 딱 3분, 신청할 기회를 줄 테니 신청할 사람 신청하세요.' 라는 백쌤의 소개에 질겁하고 신청하지 않았던 것이다. 하지만 한 멤버의 미국으로의 이민과 또 다른 멤버이자 내 친구였던 이동근 군의 추천으로 드라마틱하게 이 모임에 참석하게 되었고 왠지 재미가 들려 버린 탓에 지금까지 눌러앉아 있게 되었다.

이 모임에서 내가 얻은 것이 뭐냐고 묻는다면 당연 1순위로 인연이라고 하겠다. 무슨 청승이냐고 할 수도 있겠지만 백쌤은 물론이고 한솔이, 하민이, 동근이, 동한이 모두 이런 기회가 아니었다면 이처럼 만나기 어려웠을 것이다. 그리고 같이 책을 읽고 토론할 수 있는 친구가 있다는 게, 나는 전혀 생각도 할 수 없었던 측면의 말을 해 주는 친구가 있다는 게 얼마나 멋진 일인지 이 모임에서 배웠다. 단순히 긍정과 부정으로만 생각하던 나의 이분법적 논리는 이곳을 통해 '다분법적 논리'라는 다분히 n차원적이고 쿨한 생김새로 변했고 그런 특별한 경험은 이곳 아니었으면 이만큼 자주 느껴 보지도 못했을 것이다.

우리는 매주 책을 읽고 글을 쓰고 신문 스크랩을 하면서 문학, 사회, 정치, 문화, 철학, 언론, 과학, 예술, 역사를 기웃거렸고 앞으로도 그럴 것 같다. 뭐 여러 이유 때문에 못하게 된다 하더라도 모두 지금처럼 책 읽으면서 신나게만 살아갔으면 한다.
- 권기경 | 서초고등학교 2학년

선생님의 권유로 고등학생이 되어 뒤늦게 가정독서모임에 합류하게 되었다. 처음 모임에 가기 전에는 걱정을 많이 했다. 책이라고는 판타지 소설밖에 읽지 않던 나였고, 중학교 때까지만 해도 책을 좋아하지 않았던 내가 과연 몇 년씩이나 책을 읽고 토론을 해 온 친구들과 어울릴 수 있을까? 내가 많이 처져서 친구들이 무시하지는 않을까? 그런 걱정을 안고 첫 모임을 하게 되었다. 그런데 생각과는 달리 선생님과 친구들은 나를 따뜻하게 맞이해 주었고, 금방 친해져서 미흡하지만 내 생각을 말할 수 있게 되었다.

책을 읽고, 신문 스크랩을 하고, 또 나의 생각을 친구들과 토론하면서 세상을 바라보는 시선이 넓어진다는 것을 느낄 수 있었다. 학교에서는 입시 위주로 공부를 하고, 학교 선생님이 말하는 것은 모두 옳다고 받아들여야만 했지만 이 모임에서는 서로의 의견을 교환하고, 신문 스크랩을 해 온 기사에 대해 찬반 토론을 하기도 하면서 내 생각뿐만이 아닌 친구들의 생각을 받아들여 세상을 더 넓게 바라볼 수 있는 나만의 눈을 가질 수 있었다. 처음에는 그저 책 읽기가 귀찮고, 몇 시간씩 앉아서 책을 읽는 것보다는 친구들과 뛰어노는 것이 좋았지만 읽다 보니 책의 가치와 소중함을 깨달을 수 있었다. 책은 단돈 1만원으로 세계 여러 나라와 과거 여행까지 할 수 있게 해 주었고, 내가 겪어 보지 못한 일까지 경험을 하게 해 주었다. 故김수환 추기경 님께서 수입의 10분의 1을 꼭 책을 사는 데 투자하라 하신 말씀이 처음에는 이해가 가지 않았지만 이제는 충분히 이해할 수 있다. 학년이 올라가면 계속해서 이 모임을 할 수는 없겠지만 하는 동안만큼은 친구들에게 많이 배우고 또 내가 줄 수 있는 것이 있다면 서로 교환해서 교과서 외의 지식을 넓힐 것이다. 또한 내가 성인이 되어도 꼭 수입의 10분의 1은 책을 사서 읽는 곳에 투자할 것이고, 선생님처럼 아이들에게 이런 모임을 경험하게 해 주는 것이 나의 목표이다.

- 김동한 | 남강고등학교 2학년